Erfolg mit Sinn

Jörg Ristau

Erfolg mit Sinn

Selbstliebe als Fundament für außergewöhnlichen Erfolg

Bibliografische Information der Deutschen Nationalbibliothek
Die Deutsche Nationalbibliothek verzeichnet diese Publikation in der Deutschen
Nationalbibliografie; detaillierte bibliografische Daten sind im Internet über
http://dnb.d-nb.de abrufbar.

Umschlaggestaltung: Renate Wettach unter Verwendung eines Fotos von Jörg Ristau.
Fotos: Wenn nicht anders angegeben, stammen alle Abbildungen von Jörg Ristau.

ISBN 978-3-98864-017-8 (Print Softcover)
E-ISBN 978-3-98864-018-5 (ePUB)

© LöwenStern Verlag Renate Wettach
Frankfurt am Main 2024, 1. Auflage

Gedruckt auf alterungsbeständigem, säurefreiem Papier.
Druck: CPI Druckdienstleistungen GmbH, Ferdinand-Jühlke-Straße 7, 99095 Erfurt

Verlag, Redaktion, Herstellung, Design & Layout:
Renate Wettach, LöwenStern Verlag,
E-Mail: geschaeftsfuehrung@loewenstern-verlag.de
www.loewenstern-verlag.de

Für meine liebe Mutter

Inhaltsverzeichnis

Vorwort von Frank Otto

Liebe Leserinnen und Leser,

als Freigeist mit einer eigenen Meinung sage ich, wenn mir etwas nicht passt. Bin sensibel, empathisch und nehme die Umwelt wahr. Mit der Freiheit, jeden Tag neu zu entscheiden, was ich mit dem Rest meines Lebens anfangen will.

Umso mehr freue ich mich, dir Jörgs Buch über Freiheit und Erfolg vorzustellen. In dem Buch geht es um die Essenz des Erfolgs jenseits finanzieller Gewinne und betont die Bedeutung sozialen Engagements.

Es ist unsere Verantwortung als Unternehmer und Einzelperson, der Gesellschaft etwas zurückzugeben und positive Veränderungen zu bewirken.

Das Buch zeigt, dass Freiheit und Erfolg erreichbar sind, wenn wir Entschlossenheit, Mut und die Bereitschaft haben, unsere Komfortzone zu verlassen. Jeder von uns hat einzigartige Talente, die es zu nutzen gilt. Es ermutigt uns, unsere Freiheit zu schätzen und eine Verbindung zur Kunst zu pflegen.

Auch die Freiheit der Berufswahl hatte ich. So machte ich zunächst eine erste Ausbildung zum Restaurator. Ich habe mich nicht auf dem Geld meiner Familie ausgeruht, sondern etwas gelernt. Das ist wichtig für das Selbstwertgefühl. Komm' leb deinen Traum und studiere Kunst, sagte ich mir später.

Mit ganzer Leidenschaft setzte ich mich für die Ozeane ein. Überhaupt für die Umwelt. Ich engagiere mich aus einem inneren Antrieb heraus, um zu zeigen, dass wir Verantwortung für unsere Welt übernehmen müssen. Freiheit und Erfolg gehen Hand in Hand mit unternehmerischer Verantwortung und bedeuten, auch anderen zu helfen.

So wie ich ganz viele unterschiedliche Sachen mache, so habe ich auch nicht den EINEN Glaubenssatz oder das EINE Motto. Ich bin großer Fan des Humanismus und der Aufklärung und besitze den festen Glauben an den Menschen. Menschlichkeit ist etwas Positives. Ich bin ein Menschenfreund.

Dieses Buch von Jörg wird dich ebenso inspirieren wie mich. Öffne dein Herz für die Schönheit der Freiheit und die Tiefe des sinnerfüllten Erfolgs.

Herzlichst

Frank Otto
Medienunternehmer aus Hamburg

Vorwort von Holger Hübner – Mr. Wacken himself

Moin. Mit aller nordischen Gelassenheit.

Was bedeutet „die grossefreiheit" für mich persönlich?

Es geht um Freiheit und um Selbstbestimmung und darum, seine Träume zu verwirklichen. So wie mit diesem heftigen „Metal Traum", den ich gemeinsam mit meinem Freund Thomas (Jensen) angepackt und umgesetzt habe. Heavy Metal ist genau unsere Musik und unsere Passion, also haben wir unser ganzes Herzblut in das Projekt gesteckt. Über die Jahre – mittlerweile mehr als 30 – gehört ein langer Atem dazu, und eben auch, Menschen mitzunehmen auf diesem Weg. Ein „verrückter Kram", den wir ins Leben gerufen haben. Mit Herz und Leidenschaft alles auf Rot. Anders funktioniert es nicht.

Mein Leben hat trotz vieler Herausforderungen immer auch Freiheit für mich bedeutet, weil ich mein eigenes Ding gemacht habe. Thomas und ich ergänzen uns mit unseren Stärken und Leidenschaften. Unser gegenseitiges Vertrauen ist das Stück Freiheit, das wir uns täglich geben.

Mit ganz viel Begeisterung, Emotion und Sehnsucht nach Freiheit haben wir das Wacken-Festival zu dem gemacht, was es heute ist. Die Heldenreise, wie Jörg unseren Weg beschreibt, so hätte ich unseren Weg selbst nicht bezeichnet. In meiner mir eigenen bescheidenen Art hebe ich nicht ab, sondern stehe und bleibe mit beiden Beinen auf dem Boden.

Aufgeben war keine Option. Hinfallen darf jeder, nur liegenbleiben geht nicht. Auch durch Tiefen sind wir gegangen, sind daran gewachsen, mit dem Gedanken „jetzt erst recht". Trotz Rückschlägen waren wir fest entschlossen, es zumindest zu versuchen. Viel zu groß war unsere Leidenschaft, als mittendrin hinzuschmeißen.

Meine Mission: „Menschen glücklich machen!" Nicht nur andere, sondern mich selber natürlich auch. Mein eigenes Ding durchziehen, meinen eigenen Weg gehen, mit meinen Talenten.

Musik ist für mich nach wie vor das Wichtigste in meinem Leben und dieses Gefühl möchte ich teilen. Mit dem Wacken Open Air habe ich meinen eigenen Schatz gehoben. Ganz nach meinen eigenen Vorstellungen, die ich lebe.

Immer noch will ich jede Menge lernen, niemals stehenbleiben – und auch zurückgeben von dem, was ich geschenkt bekommen habe vom Leben. Voller Dankbarkeit und Demut!

Also – mein Tipp: „Nicht lang schnacken – einfach machen!"

See you in Wacken – rain or shine!

In heavy metal we trust.

Holger Hübner

Vorwort von Jörg Ristau

Hey du, ja genau du!

Du hältst gerade „Erfolg mit Sinn – Selbstliebe als Fundament für außergewöhnlichen Erfolg" in deinen Händen. Vielleicht fragst du dich, was dieses Buch für dich bereithält.

Lass mich klarstellen: Dies ist kein sanfter Spaziergang durch die Welt der Selbsthilfe. Dieses Buch ist ein Weckruf, ein Schlag ins Gesicht der Konformität.

Du stehst vielleicht jetzt schon auf dem Gipfel des Erfolgs, oder vielleicht kriechst du noch durch das Tal der Zweifel. Egal, wo du stehst, ich wette, es gibt etwas in dir, das nach mehr schreit – mehr Authentizität, mehr Leidenschaft, mehr Leben.

„Warum sollte ich mir das antun?", fragst du. Weil du es verdammt nochmal wert bist!

Weil du tief in dir weißt, dass da noch mehr ist. Mehr als dieses Hamsterrad aus Arbeit, Schlaf, Essen, Wiederholen. Mehr als diese Oberflächlichkeit, die uns Tag für Tag umgibt.

Dieses Buch ist eine Reise – deine Reise. Eine Reise zur Selbstliebe, die so viel mehr ist als nur ein flüchtiger Trend oder ein Instagram-Hashtag. Es ist die Essenz dessen, wer du wirklich bist und sein kannst.

Ich fordere dich heraus: Tauche ein in diese Seiten, stelle dich den unbequemen Fragen, brich durch die Mauern deiner Selbstzweifel und finde heraus, was es wirklich bedeutet, erfolgreich zu sein – auf eine Art und Weise, die Sinn ergibt – für dich und für den Rest der Welt.

Wenn du dieses Buch zuschlägst (nachdem du es gelesen hast), wirst du nicht mehr derselbe[1] sein. Du wirst klarer sehen, wer du bist und was du tatsächlich willst.

Du wirst verstehen, dass dein größter Erfolg nicht das ist, was du hast, sondern wer du bist.

Bist du bereit? Dann lass uns loslegen. Dein neues Kapitel beginnt jetzt.

Inspirierende Grüße

Jörg Ristau

---

[1] Ich werde in diesem Buch der besseren Lesbarkeit wegen nicht gendern, aber ich richte mich selbstverständlich an alle Geschlechter.

Part I – Selbstliebe ist die „grossefreiheit" unseres Lebens

Ohne dass wir uns persönlich kennen müssen, weiß ich, dass du ein wunderbarer Mensch bist mit einmaligen Fähigkeiten und ich weiß, dass ein großes Erfolgspotenzial, ein großer Schatz, in dir schlummert. Hebe diesen Schatz. Dieses Buch wird dich dabei unterstützen.

Einleitung – Eine Schritt-für-Schritt-Anleitung für dein freies und außergewöhnlich erfolgreiches Leben

Lerne den MM-Faktor kennen für mehr Erfolg mit Sinn. Geschrieben als eine Reise zu deinem wahren ICH. Achtung, es wird auch emotional.

Ziel: Der Leser erkennt, was er davon hat, dieses Buch zu lesen.

Willkommen in der neuen Welt! Eine Welt, in der Erfolg anders geht. Sicherlich ist diese Welt noch in Gänze eine Zukunftsvision. Doch ich glaube an das Gute, das in jedem Menschen steckt.

Dieses Gute liegt nur meist unter einem Seelenschmerz verborgen. Mit Blick auf das Thema Erfolg heißt das, dass es für die meisten Menschen Erfolg bedeutet, viel Geld zu verdienen, mit dem sie dann ihren Seelenschmerz vergessen wollen. Das Gute und damit die Schöpferkraft im Menschen wird erst dann sichtbar, wenn er den Schmerz nicht mehr spürt.

Mein Buch soll dazu beitragen, Menschen, die ihren Schmerz dauerhaft loswerden oder zumindest gut mit ihrem Schmerz umgehen wollen, auf diesem Weg zu begleiten.

Ein Weg, der sie zu einem inneren Frieden, zu ihrem wahren Selbst bringen wird. Jeder – ich meine damit auch tatsächlich jeder – Mensch ist einmalig schön und wunderbar. Jeder auf seine eigene Weise, auf seine ganz eigene Art.

Leider glauben nur die wenigsten Menschen an sich selbst. Der Grund dafür ist, dass ihnen von klein auf erzählt wird, was sie nicht können. Was dann in ihrer Seele hängen bleibt, ist der tiefe Glaube, „nicht gut genug zu sein".

Da kein Mensch „nicht gut genug" sein will, besteht die Kernmotivation im Leben der meisten Menschen darin, es anderen, am liebsten den eigenen Eltern zu beweisen, dass sie doch gut genug sind.

Da sie nicht an sich glauben, passen sie sich anderen Menschen an. Sich anderen Menschen anzupassen, ist nicht nur schwer, sondern verlängert letztendlich nur den Schmerz, der ihnen schon längst zu einem vertrauten Begleiter geworden ist.

Fische gehören nicht auf den Baum

Diese einfache Aussage illustriert sehr gut, was sich die meisten Menschen in ihrem Leben antun und sich dann wundern, dass sie ständig im Stress leben und oft auch depressiv werden und unter Angststörungen leiden.

Menschen, die sich anpassen, fragen sich nicht, wer sie sind, sondern machen einfach nach. Wenn ein Fisch sich an einem Affen orientiert, wird er versuchen zu klettern. Will dieser Fisch dann auch noch erfolgreich sein, strengt er sich besonders an.

Es ist also kein Wunder, warum so viele Menschen dauerhaft gestresst sind. Es ist nicht ihr Job, der sie stresst, sondern ihr „falsches" Leben.

Meine Zukunftsvision

In meiner Vision der Zukunft ist Erfolg vor allem ein persönlicher Erfolg – ganz individuell. Nur wenn ein Fisch weiß, dass er ein Fisch ist, wird er im Schwimmen erfolgreich sein wollen und nicht im Klettern. Auf diese Weise steigen gleichzeitig innerer Frieden und äußerer Erfolg. Dann ist Erfolg auch mehr als zu funktionieren und zu konsumieren. Der größte Erfolg, den wir Menschen erreichen können, ist, ein Leben mit einem tiefen inneren Frieden zu verwirklichen. Ein innerer Frieden, der uns befähigt, der zu sein, der wir in Wahrheit sind.

Erfolg wird immer mehr davon bestimmt, wie gut ein Mensch in der Lage ist, Vertrauen zu anderen aufzubauen und zu erhalten. Vertrauen ist das Wichtigste in jeder Beziehung – ob rein privat oder beruflich.

Das Vertrauen in andere Menschen entsteht immer aus dem Vertrauen, das jemand in sich selbst hat. Je höher das Selbstvertrauen, desto höher das Vertrauen in andere.

Hier geht es nicht um blindes Vertrauen, sondern um ein Vertrauen, das auf einer guten Intuition fußt. Menschen, die sich selbst lieben, haben die beste Intuition, die ein Mensch haben kann.

Leider ist es inzwischen zur Regel geworden, dass Vertrauen ausgenutzt wird. Aktuell erleben wir, wie Konzerne, Konzernlenker, große und kleine Unternehmer täglich das Vertrauen ihrer Kunden missbrauchen. Jemanden zu übervorteilen, gehört schon fast zum guten Ton – wer das nicht tut, wird belächelt. Immer geht es nur um die eine vermeintlich große Sache – die Maximierung ihres Profits. Doch ist Profit tatsächlich die große Sache? Geht es im Business nicht eigentlich um etwas viel Größeres? Ist diese Art von ergaunertem Profit nicht etwas, das uns insgesamt mehr schadet als nützt?

Vielleicht ist der Grund dafür, dass es bei so vielen Menschen nur um das Geld geht, wenn sie an Erfolg denken, dass in unserer Gesellschaft Erfolg mit viel Geld und Konsum gleichgesetzt wird. Dabei bedeutet Erfolg doch im Ursprung nur, dass man etwas tut, worauf etwas erfolgt.

Erfolg bedeutet damit das Erreichen von selbst gesteckten Zielen. Neben wirtschaftlichem Erfolg gibt es unendlich viele Möglichkeiten, erfolgreich zu sein. Reich an Erfolg bedeutet nicht zwangsläufig reich an Geld oder reich an Vermögen zu sein. Dass Menschen erfolgreich sind, ist nach wie vor wichtig und notwendig. Es ist ein natürliches menschliches Bestreben, das eigene Leben, die Lebensqualität kontinuierlich zu verbessern. Dieses natürliche Bestreben ist die Grundlage für Wachstum. Darum ist Erfolg nach wie vor wichtig, um unsere Welt zu retten. Denn es wird immer klarer, dass pures Gewinnstreben keinen Sinn ergibt. Mehr Geld bedeutet schon längst nicht mehr automatisch eine höhere Lebensqualität.

Was wir brauchen, um unsere Lebensqualität zu verbessern, sind erfolgreiche Menschen und Unternehmen, die daran interessiert sind, dass Entwicklungen für so wichtige Themen wie z. B. Umwelt und Sicherheit vorangebracht werden. Dafür brauchen wir echte, authentische Menschen mit einer Berufung, einer Bestimmung. Menschen, die mit einem echten Sinn erfolgreich sein wollen. Menschen, denen es um viel mehr geht als darum, ihren Profit zu maximieren.

Menschen, die gute Werte haben und vor allem eine gute Absicht mit ihrem Erfolg. Ein Erfolg, der auf diese Weise zustande kommt, kann gar nicht groß genug sein. Menschen, die auf Basis ihrer Werte ein Erfolgsbusiness zum Wohle anderer Menschen aufbauen, sollten damit gern maximal viel Geld verdienen. Je mehr sie verdienen, desto mehr Nutzen und Gutes bringen sie damit in die Welt.

Deine Seele weiß, was gut für dich ist

Jeder von uns kommt mit einer Seele auf die Welt, die genau weiß, welche Erlebnisse, Partnerschaften, materielle Dinge sie in diesem Leben möchte. Dann werden wir, mit bester Absicht, konditioniert. Wir werden nach herkömmlichen Rollenbildern erzogen – ein Mann weint nicht und ist immer stark, eine Frau hält sich zurück. Auf diese Weise werden wir schon früh mit den Vorstellungen unserer Gesellschaft konfrontiert. Dahinter stehen die impliziten und expliziten Erwartungen, dass wir uns dieser Gesellschaft anpassen, den Rollenbildern gerecht werden.

Dieser Anpassungsprozess ist unsere bereits beschriebene Konditionierung. Man könnte auch sagen, dass wir so (um)geformt werden, dass wir in die Rollenbilder der Gesellschaft passen. Das bisherige Funktionieren unserer Gesellschaft ist vergleichbar mit einer analogen Uhr.

Die Rollenbilder sind wie die Rädchen in einem Uhrwerk. Jedes Rädchen in einem Uhrwerk hat seine Aufgabe, damit die Uhr funktioniert. Jedes Rädchen folgt einer festen Struktur. Alles, was nicht in diese Struktur passt, ist für die Gesellschaft nicht relevant.

Blick in die Zukunft

In unserem digitalen Zeitalter löst sich diese starre Struktur bereits mehr und mehr auf. Es ist immer weniger notwendig und wenig hilfreich, dass wir Menschen funktionieren wie Rädchen in einem Uhrwerk. Was auch bedeutet, dass unser Schulsystem dringend revolutioniert werden muss! Denn dieses Schulsystem stammt noch aus einer Zeit, in der die Gesellschaft zu funktionierenden Soldaten erzogen wurde.

Vertrauen entstand bisher durch ein Vertrauen in das System. Menschen mussten sich entsprechend anpassen. Man vertraute dem, der sich anpassen konnte. Je mehr sich das Individuum anpassen konnte, desto stärker war das System.

Die Digitalisierung sowie die gesellschaftlichen Veränderungen erfordern viel mehr Flexibilität. Die Starrheit des bisherigen Systems macht langsam und unbeweglich. Vertrauen entsteht nicht mehr durch die Struktur, sondern durch den einzelnen Menschen selbst. In einem derartigen Umfeld gilt: Starkes ICH – starkes WIR.

Flexibilität statt starrer Struktur

Auch wenn es paradox klingt, wird unsere Gesellschaft in der Funktionsweise einem natürlichen Organismus immer ähnlicher. Individualität und damit individuelle Stärken werden immer gefragter. Das bedeutet, dass unsere bisherigen starren Konditionierungen in einer Gesellschaft, die wie ein Organismus funktioniert, nicht mehr sinnvoll und sogar hinderlich sind.

Zudem ist unsere Zukunft nicht mehr vorhersehbar, wie noch vor ein paar Jahren. Sie ist komplexer und schneller geworden mit steigender Tendenz. Starre Strukturen sind in einem solchen Umfeld hinderlich.

Diese Konditionierungen, die den Einzelnen zu einem Rädchen im System machen, gilt es aufzulösen, um die wahre, die individuelle Struktur erkennbar zu machen. Anders ausgedrückt: Wenn dein wahres ICH eine runde Form hat, du aber die Form eines Zahnrades angenommen hast, dann ist es an der Zeit, die ursprüngliche, runde Form wieder herzustellen. Vielleicht fragst du dich gerade, wie es sein kann, dass du eine andere Form angenommen hast.

Warum wir konditioniert sind

Wir lassen uns konditionieren, weil wir Menschen im Gegensatz zu den Tieren über eine lange Zeit abhängig sind. Abhängig von unseren Eltern bzw. unseren Erziehungsberechtigten. Unser Überleben ist von klein auf so abhängig von der Liebe unserer Eltern, dass wir früh damit beginnen, unser wahres, unser authentisches Ich zu unterdrücken. Um uns die Liebe unserer Eltern zu sichern, wollen wir ihnen gefallen, es ihnen leicht mit uns machen. Evolutionär betrachtet, sichern wir damit unser Überleben.

Dieser Moment, der alles verändert

Irgendwann gibt es bei jedem Menschen diesen Moment, in dem ihm bewusst wird, dass er so, wie er ist, nicht OK ist. Dann lernt der Mensch, dass er nicht nur auf sein inneres Gefühl hören darf, sondern auch seinen Kopf benutzen muss.

Das kann in einem guten und positiven Kontext geschehen. Es mag beispielsweise einen riesigen Spaß machen, wenn Kinder mit Buntstiften ganz wild irgendwelche weißen Wände anmalen. Selbst wenn es im eigenen Kinderzimmer erlaubt ist, ist es in einer fremden Umgebung, wie beispielsweise einem Restaurant, nicht so gut. Ungesund ist es, wenn einem Kind immer wieder erzählt wird, dass es zu dumm ist. Dieser Moment verändert etwas in uns allen. Doch auch hier kommt es auf die Intensität an.

Wir leben in einer Wohlstandsgesellschaft voller unglücklicher Menschen

Problematisch wird die Entwicklung eines Kindes jedoch dann, wenn die Kinder nur dann geliebt werden, wenn sie bestimmte Dinge tun. Leider werden die meisten Kinder nicht ihrer selbst wegen geliebt, sondern nur dann, wenn sie etwas tun, was von ihnen erwartet wird.

Das ist dann genau genommen keine Erziehung mehr, sondern Dressur. Und ich wage die Behauptung, dass die meisten Menschen dressiert und nicht erzogen werden. Das mache ich daran fest, dass die meisten Menschen unglücklich sind. Selbst wohlhabende Menschen sind unglücklich.

Die Unterdrückung des Selbst als Folge

Du beginnst dein wahres Selbst zu unterdrücken, indem du anfängst, nicht mehr auf dich zu hören. Deine Außenwelt sagt dir, was du fühlen sollst. Du wirst konditioniert, indem du lernst, dass das, was du eigentlich fühlst, nicht OK ist. Damit beginnt der Weg, auf dem du dich immer weiter von deinem wahren Selbst entfernst. Du beginnst immer mehr, gegen deine Intuition zu handeln. Du entscheidest dich mit deinem Kopf gegen die Dinge, von denen du eigentlich träumst. Du handelst unterbewusst gegen das Leben, das du von Herzen leben möchtest. Du glaubst, es muss so sein – selbst wenn du dich dabei schlecht fühlst.

Manchmal erscheint noch ein Bild von deinem Traumleben vor deinen geistigen Augen. Doch du wirst es schnell als unrealistisch abtun, damit es nicht so weh tut. Dieses Bild schickt dir dein Unterbewusstsein, weil es eigentlich richtig für dich und dein Leben ist. Deine Träume sind wichtige Hinweise für dich, Hinweise auf dein wahres Selbst, denen du nachgehen solltest.

Entscheide dich für dich

Stell dir vor, du stehst an einer Weggabelung. Du musst dich entscheiden. Gehst du den gewohnten Weg weiter wie bisher? Lebst du weiter mit deinen alten Konditionierungen? Oder nimmst du die Abzweigung – gehst du den Weg hin zu dir, zu deinem wahren Selbst? Bist du bereit, das Wagnis einzugehen, auf diesem unbekannteren Weg immer auch nur so weit zu gehen, wie du sehen kannst, um dann zu schauen, wie es weiter geht?

Der Weg zu dir führt dich auf eine ganz natürliche und leichte Weise in deine Selbstliebe und deine Selbstakzeptanz. Beides ist für deinen außergewöhnlichen (Lebens-)Erfolg und damit für dein Glück die wichtigste Voraussetzung. Beides macht dich innerlich stark – eine innere Stärke, die du brauchst, weil die Sicherheit der starken Strukturen wegfällt.

Träume

Dazu gehört es, groß zu träumen – je größer desto besser! Verfolge deine Träume! Sie sind da, um dich glücklich zu machen!

Der Weg zu dir führt dazu, dass du Altes verlernst und deinen eigenen Platz in diesem Wunder des Lebens findest und einnimmst. So beginnt sich die starre Struktur aufzulösen und dein wahres Selbst wird immer sichtbarer.

Deine Wahrheit steckt in deinen einzigartigen Talenten, in deinen Bedürfnissen, Stärken und vor allem in deinen Träumen.

Intuition und Authentizität

Deine Wahrheit zu leben und mit anderen zu teilen, bedeutet, erfolgreich deine Berufung auszuleben. Das, was sich verändern wird, ist, dass du Dinge, die dich erfolgreich machen, nicht mehr erzwingen musst.

Du kannst die Dinge einfach auf dich zukommen lassen. Du brauchst deinem Erfolg nicht mehr länger hinterherzulaufen. Gehe deinem Erfolg einfach entspannt entgegen. Dazu brauchst du nur deiner Intuition zu folgen.

Nutze deinen Kopf, deinen Verstand erst dann, wenn dich deine Intuition in die richtige Richtung geleitet hat. Je mehr du denkst, Erfolg muss hart sein, umso mehr will dein Ego diese Anerkennung: „Ich bin hier, weil ich all diese harten Sachen durchgemacht habe." Das ist vermutlich wahr – aber es ist vor allem wahr, weil du es so wahrgenommen hast. Es ist deine alte Art zu denken, aufgrund deiner alten Konditionierung.

Eine entscheidende Frage habe ich direkt an dich: „Bist du bereit, deine alte Art zu denken loszulassen?"

Frage dich immer wieder: Wer bin ich? Wie geht es mir gerade? Was wünsche ich mir? Finde heraus, was dich wirklich glücklich macht!

Es scheint ein allgemein anerkannter Glaubenssatz zu sein: „Ohne harte Arbeit kriegst du im Leben nichts hin, du wirst keinen Erfolg haben." Niemand scheint diesen Glaubenssatz mehr zu hinterfragen. Darum frage ich dich: „Glaubst du auch, dass du für deinen Erfolg hart arbeiten musst?"

Wenn das so ist, dann wird es dich vielleicht freuen, wenn ich dir sage, dass das so pauschal nicht stimmt. Es stimmt nur dann, wenn du nicht mit deinem wahren Selbst in Kontakt bist. „Je weniger du mit deinem wahren Selbst in Kontakt bist, desto härter musst du für deinen Erfolg arbeiten."

Jeder „Typ Mensch", jedes wahre Selbst, hat andere Talente, Motive, Stärken und Bedürfnisse. Jedes wahre Selbst braucht andere Wege, um erfolgreich zu sein. Je mehr du versuchst, so zu sein wie die Mehrheit der Menschen in deinem Umfeld, desto mehr verrätst du dein wahres Selbst und damit deine Möglichkeiten, die dir in die Wiege gelegt wurden.

Fisch oder Affe

Wenn du als Fisch zur Welt gekommen bist und deine Eltern dich zu einem Affen erziehen wollen, wirst du nie entdecken, wie schnell und wendig du im Wasser schwimmen kannst. Du wirst immer glauben, du seist nicht gut genug.

Mit Hilfe dieses Buches wirst du herausfinden, wer du wirklich bist, wo deine Talente, Stärken und Bedürfnisse liegen. Du wirst dich auf eine spannende Reise zu dir selbst begeben, bei dem du die alten Muster und Konditionierungen, die nicht zu dir passen, loslassen und durch neue Muster und Konditionierungen ersetzen kannst.

Du bist gut genug

Klappen Dinge nicht so, wie wir sie uns vorstellen, wie wir sie erwarten, beginnen wir mit negativen Selbstgesprächen, wie: „Ich schaff das nie, ich bin es nicht wert, ich bin nicht gut genug ... Vielleicht kennst du das auch von dir."

Kannst du dir vorstellen, damit aufzuhören, Dinge zu tun, die dir nicht guttun, die nicht deinem wahren, deinem authentischen Selbst entsprechen? Kannst du dir vorstellen, dir und dem Leben mehr zu vertrauen?

Ja?

OK, dann höre sofort damit auf, mit dem Kopf durch die Wand zu laufen und gegen dich selbst zu arbeiten. Das habe ich selbst jahrelang oft genug getan. Nach jedem vermeintlichen Erfolg folgte eine Erschöpfungswelle, weil ich mich zu sehr anstrengen musste. Seitdem ich begonnen habe, mehr und mehr mein wahres Selbst zu entdecken und zu leben, fühle ich mich immer leichter und freier. Mein jetziger Erfolg ist eine automatische Folge aus dem Handeln meines authentischen Ichs.

Lebst du dein wahres Selbst, wirst du mit der Hälfte an Aufwand ein Vielfaches an Erfolg haben. Oft kann ich es selbst kaum glauben, aber du musst einfach lernen, loszulassen und immer mehr zu vertrauen – dir und deinem Leben. Aus eigener Erfahrung kann ich dir sagen, dass sich das anfangs sogar noch falsch anfühlt.

Wenn du jahrelang geklettert bist und du plötzlich entdeckst, dass du einfach nur zu schwimmen brauchst, weil du in Wahrheit ein Fisch bist und kein Affe, fühlt sich das noch ungewohnt und damit falsch an.

Weil du die alte Sicherheit aufgeben musst, kann es sein, dass es dir zunächst Angst machen wird, beim Schwimmen einfach die Kraft des Flusses und seiner Strömung zu nutzen. Die Leute um dich herum werden vielleicht versuchen, dich davon abzuhalten. Sie werden sagen: „Lass das lieber sein, das bringt doch nix." Vielleicht sagen sie aber auch: „Wie? Du traust dir das zu?"

Fange einfach an

Beginne in deiner Geschwindigkeit. Wenn du einen Vollzeitjob hast, dann nimmt dir einen Tag am Wochenende, an dem du dich nur mit dir beschäftigst, um so auf deinen Weg zu kommen. Vielleicht passt es für dich, dass du dir täglich ein bis zwei Stunden Zeit für dich nimmst. Wichtig ist, dass du einfach anfängst.

Mache kleine Schritte. Es ist wie beim Training in einem Fitnessstudio. Du baust einen Muskel auf. Dafür trainierst du regelmäßig, erhöhst langsam das Gewicht und du wirst jeden Tag ein bisschen stärker.

Von Herzen wünsche ich dir vor allem viel Spaß bei deinem Training – bei dem Entdecken der Liebe zu deinem wahren Selbst.

Herzlichst, Dein Jörg

Auch das beste Produkt braucht ein gutes Marketing – erfolgreich als Mensch-Marke – der MM-Faktor

Bevor wir gleich in den aktiven Arbeitsmodus einsteigen, geht es um deinen Erfolg. Persönlicher Erfolg entsteht heute anders als noch vor einigen Jahren. Du erinnerst dich, dass unsere Zukunft keiner festen Struktur mehr folgt, in der du ein Rädchen bist, sondern diese so flexibel wie ein Organismus ist. Gesamterfolg entsteht immer mehr durch eine Co-Creation – starkes ICH wird zu einem starken WIR.

Das bedeutet, dass du selbst für dich erfolgreich sein musst, damit du in diesem flexiblen System gemeinsam mit anderen einen erfolgreichen Beitrag leisten kannst. Hier nutze ich das Bild der Mensch-Marke, da es vor allem um Sicherheit geht, Sicherheit durch Vertrauen in den Einzelnen.

Marke heißt vor allem Sicherheit

Man weiß genau, was man bekommt. Für dich als Mensch gilt: Je mehr du dir selbst vertraust, desto mehr werden dir andere Menschen vertrauen. So wirst du zu einer Mensch-Marke.

In diesem Buch lernst du, wie du dein stabiles Fundament zu einer erfolgreichen Mensch-Marke ‚baust'. Die Entwicklung deiner starken Persönlichkeit ist das Fundament für deinen Erfolg. Du lernst, den MM-Faktor für dich umzusetzen – Schritt für Schritt anhand eines leicht nachvollziehbaren Prinzips.

Dein Fundament: Positioniere dich mit deinem ‚wahren Selbst' als Grundlage für deinen Erfolg. Deine Einmaligkeit ist dein ‚wahres Selbst', deine DNA die Voraussetzung für deinen MM-Faktor.

„Deine DNA, dein wahres Selbst, ist die Grundlage deiner natürlichen ‚Marke‘, die dich von allen anderen unterscheidet.“

In der Welt des Marketings ist eine Marke etwas Einmaliges, etwas nicht Austauschbares. Das bedeutet, dass du, um erfolgreich als ‚Mensch-Marke‘ zu sein, vor allem loslassen musst. Du musst nichts „machen“. Deine größte Herausforderung besteht darin, deine alten Konditionierungen loszulassen und durch deine Eigenarten, deine Bedürfnisse und Träume zu ersetzen. „Mit deinem wahren Selbst bist du ganz automatisch deine eigene ganz natürliche Marke.“ Dein ultimatives Erfolgsgeheimnis: „Je mehr du dich selbst akzeptierst, respektierst und liebst, desto höher ist der Wert deiner Marke.“ Das bedeutet, dass du deinen Wert unweigerlich steigerst, wenn du dieses Buch bis zum Ende durcharbeitest.

Liebst du dich selbst, nehmen das andre Menschen wahr. Erfolg entsteht im ersten Schritt durch Wahrnehmung. Niemand kann objektiv bemessen, was ein Produkt oder ein anderer Mensch wert ist. Der Wert bemisst sich letztendlich immer durch den individuellen Nutzen.

Respektierst du dich selbst, liebst du dich, dann nehmen dich andere Menschen entsprechend wahr. Sie schließen daraus auf den Nutzen für sich selbst. Je authentischer sie dich wahrnehmen, desto mehr vertrauen sie dir und damit der von dir angebotenen Leistung. Das gilt immer, unabhängig von dem, was du anbietest. Ob du als Unternehmer oder Selbstständiger ein Produkt anbietest oder ob du Führungskraft bist.

Eigentlich ganz einfach, und dennoch machen sich so viele Menschen das Leben selbst schwer, indem sie vorgeben, jemand anderes zu sein, als sie in Wahrheit sind. Sie ‚blenden‘ sich selbst und andere Menschen und wundern sich dann, warum ihr Erfolg nicht nachhaltig ist.

Ein Blick auf die Welt von heute

Wir leben in einer Zeitenwende. Unser materieller Wohlstand hat ein Maximum erreicht. Unser materieller Wohlstand hat den Zenit sogar überschritten! Materialismus ist nicht mehr relevant für die Qualität unseres Lebens. Jeder materielle Überfluss, den wir weiterhin produzieren, gefährdet unseren Planeten. Um das zu stoppen, brauchen wir Menschen, die mutig genug sind, sich gegen diesen Missstand zu stellen. Menschen, die erkennen, dass die Qualität unseres Lebens anderen Parametern folgt, als auf Teufel komm raus Dinge zu produzieren und zu verkaufen.

Wir brauchen Menschen, die zudem in der Lage sind, ihre Kreativität zu nutzen, um Ideen zu entwickeln, wie wir zukünftig unsere Lebensqualität erhalten und steigern. Dafür brauchen wir heute und zukünftig die individuellen Gaben, die Talente und Stärken der einzelnen Menschen. „Der übertriebene Materialismus gefährdet unsere Umwelt und damit unsere Lebensqualität." Der Beweis dafür ist die zunehmende Umweltverschmutzung durch unseren Wohlstandsmüll sowie der dramatisch zunehmende Klimawandel.

„Unser ‚schneller – höher – weiter'-Lebensstil gefährdet die seelische und körperliche Gesundheit vieler Menschen und damit die Lebensqualität."

Psychische Krankheiten wegen eines zu schnellen und komplexen Lebenswandels aufgrund von Stress und Druck in der Arbeitswelt sind klar auf dem Vormarsch. „Wir haben eine neue große Aufgabe: Wir müssen unsere Welt retten."

Eine Aufgabe, die wir nur gemeinsam bewältigen können – mit Menschen, die in der Lage sind, sich ihre eigenen Gedanken zu machen, anstatt den Gedanken der Masse zu folgen. Der Klimawandel und die starke Verschmutzung unseres Planeten durch unseren Wohlstandsmüll gefährdet uns alle.

Und jetzt kommst du ins Spiel!

Wir brauchen dich

Wir brauchen deinen Erfolg. Wir brauchen deinen inneren Frieden, deine Freiheit, deinen Mut. Warum? „Wir sind gerade dabei, den Ast abzusägen, auf dem wir sitzen." Um es noch drastischer auszudrücken: Krebs ist eine dumme Krankheit, weil sie ihren Wirt umbringt. Wir handeln wie Krebs, weil wir unsere „Mutter Erde" zerstören, von der wir alle abhängig sind. Für unseren materiellen Wohlstand beuten wir die Ressourcen dieser Welt aus. Dazu gehört auch die Tierwelt. „Wir müssen aufhören, die Welt, die Natur, als etwas zu sehen, was wir benutzen und ausbeuten können." Wir müssen uns wieder bewusst machen, dass wir ein Teil dieser Natur sind. Um dieses radikale Umdenken zu bewerkstelligen, brauchen wir den individuellen Erfolg des Einzelnen. Deinen Erfolg!

Wir brauchen eine große Gemeinschaft, in der jeder einzelne Erfolg ein neues großes Ganzes ergibt. Ein gemeinschaftlicher Erfolg, mit dem wir unsere Welt retten werden. Du bist ein Teil des Ganzen, darum ist auch dein Erfolg gefragt – je mehr, desto besser.

Höre auf, dich anzupassen!

Die Wahrheit ist – passt du dich an, wirst du nichts verändern können. Davon abgesehen, wirst du nur Mittelmaß erreichen, oder du musst dich sehr anstrengen, um erfolgreich zu sein. Warum? Weil du das tust, was von dir erwartet wird, weil du nicht deine dir mitgegebenen Gaben, deine einmaligen Fähigkeiten und deine Einzigartigkeit nutzt. Weil du nicht deinen eigenen Kopf, deine eigene Intuition nutzt.

Lebe nach deinen eigenen Vorstellungen

Willst du nach deinen eigenen Vorstellungen leben, musst du dich zuallererst von diesen alten Mustern, Glaubenssätzen und Rollenbildern trennen. Sie stecken tief in deinen Gewohnheiten. Verlerne das Alte und lerne, auf dich selbst zu hören. Ändere deine Gewohnheiten. Achte auf die Geschichten, die du dir tagtäglich erzählst – stärken oder schwächen sie dich?! Mache dich davon frei, was andere über dich denken.

Änderst du deine Gewohnheiten, änderst du dein Leben. Du wirst beruflich und privat erfüllter, erfolgreicher leben. Dieses Buch hilft dir dabei.

Erfolg geht heute anders

Schon vor Corona hat sich die Arbeitswelt durch die Digitalisierung und den demographischen Wandel verändert. Individualität wird immer mehr zu einem Erfolgsfaktor. Persönliches Vertrauen spielt eine immer größere Rolle.

Authentizität ist der Weg zum Vertrauen. „Vertrauen in andere beginnt immer bei dem Vertrauen in dich selbst." Nur wenn du dir selbst vertraust, werden dir andere vertrauen können.

In der Schule lernen die Kinder heute noch zu funktionieren. Sie werden mit vermeintlichem Wissen vollgestopft. Wissen, das sie in unserer digitalen Welt auch „googlen" können.

Selbstliebe als Schulfach

Selbstliebe entsteht in der praktischen Anwendung von Wissen, im echten Leben. Es geht um Werte, Einstellungen und Haltung. Nur das echte Leben bildet Persönlichkeiten. Die Schule sollte die Kinder und Jugendlichen dabei unterstützen, anstatt sie mit Fakten zu fluten.

Zu wissen, wer man ist und was man im Leben erreichen will, sollte man in der Schulzeit herausfinden können. Das erhöht und festigt die Selbstliebe und entscheidet über den Lebenserfolg. Die Stärke einer Persönlichkeit entscheidet darüber, ob ein Mensch aus purem Egoismus, purer Selbstoptimierung handelt, oder ob er sein Wissen und Können zum Wohle der Gemeinschaft gewinnbringend nutzt.

Starke Persönlichkeiten sind gefragt

In der Gemeinschaft sind Menschen gefragt, die innerlich stark sind, Menschen, die sich selbst vertrauen. Menschen, die nach Lebenssinn streben, anstatt nach Status. Selbstvertrauen ist eine grundlegend wichtige Eigenschaft, um echten Erfolg zu haben. Noch stärker als Selbstvertrauen ist die Selbstliebe. Innerlich stark zu sein bedeutet, sich jederzeit flexibel auf neue Umstände, neue Situationen einstellen zu können.

Wie uns Corona und der Klimawandel zeigen, ist die Welt längst nicht mehr so vorhersehbar und planbar wie noch von einigen Jahren. Flexibilität ist zu einer Kernkompetenz geworden. „Ein starkes ICH führt in einer guten Gemeinschaft zu einem starken WIR." Aus diesem Grund ist es so wichtig, dass sich jeder vor allem auf sich selbst verlassen kann, dass er sich selbst vertraut, an sich glaubt. Die Sicherheit, die im Außen wegfällt, muss durch eine Sicherheit im Inneren eines jeden Menschen ersetzt werden.

„Innere Stärke = Erfolgsfaktor Nr. 1 = Selbstliebe"

Und genau diese deine innere Stärke, das Bewusstsein über deinen Selbstwert, ist das Ziel dieses Buches. Dazu gehört es auch, dass du so viel ‚glückliches‘ Geld verdienst, wie du es dir für dich erträumst. Was es mit dem ‚glücklichen Geld‘ auf sich hat, erfährst du weiter hinten in dem Kapitel über Geld. Je größer deine persönliche Stärke ist, desto insgesamt erfolgreicher wirst du sein können. Je erfolgreicher du bist, desto erfolgreicher wird die Gemeinschaft sein können.

„In einer Welt, in der sich jeder mit seinen individuellen Gaben und Eigenschaften als ‚Mensch-Marke‘ positioniert, gibt es keinen Wettbewerb. Das bedeutet, JEDER kann ein Gewinner sein!" Das war schon immer so, nur ist es heute noch viel wichtiger, weil es alternativlos ist. Wir können die Welt nur retten, wenn wir das gemeinsam tun – miteinander statt gegeneinander – wenn jeder Einzelne maximal erfolgreich ist – auf seine ganz eigene Herzensweise.

Finde heraus, wer du wirklich bist und was du wirklich willst– das führt zu deiner persönlichen Meisterschaft. Wahre Meister sind immer Lernende. „Die Eintrittskarte zu deinem erfolgreichen Traumjob ist die Klarheit über und die Liebe zu deinem wahren Selbst."

Warum – Wieso – Weshalb

Für wen ich dieses Buch schreibe

Während ich dieses Buch schreibe, schaue ich in die Augen von Menschen, die den Wunsch haben, mit Herz, Sinn und Verstand, mit dem Wunder ihrer Einmaligkeit, ihr eigenes Leben sowie das Leben anderer Menschen besser zu machen.

In letzter Zeit lerne ich immer mehr Menschen kennen, die die Nase voll davon haben, noch mehr Produkte herzustellen oder zu verkaufen, die die Welt nicht (mehr) braucht. Produkte, die es bereits im Überfluss gibt. Produkte, die in Wahrheit völlig überflüssig sind. Produkte, die hergestellt werden, weil den Unternehmen nichts Besseres einfällt. Produkte, die hergestellt werden, weil unser System darauf aufgebaut ist, dass es immer mehr gibt – auch wenn es überhaupt nicht mehr sinnvoll ist. Diese Menschen, die da nicht mehr mitspielen, sind Menschen, die mehr mit ihrem Leben vorhaben, als einfach nur so weiterzumachen wie gewohnt. Das sind Menschen, die mehr mit ihrem Leben vorhaben, als nur zu funktionieren. Sie wollen auch mehr, als nur für sich selbst zu sorgen. Menschen, die für das, was sie tun, auch eine gesellschaftliche Verantwortung übernehmen wollen. Dabei habe ich diese transformatorischen Lebenssituationen vor Augen:

1. Zu Beginn des Berufslebens – mit etwas starten, das Sinn und glücklich macht.
2. In der Lebensmitte – nachdem die Familie gesichert ist, beginnt nun die Suche nach dem Sinn.
3. Kündigung – eine Kündigung kann die große Chance sein, sich selbst neu auszurichten.
4. Im Rentenalter – nicht zum alten Eisen gehören, die Suche nach einer sinnvollen Aufgabe.

Frage: Was ist dein wichtigster Beweggrund, etwas in deinem Leben zu verändern?

Die „normalen" Karrierewege hinterfragen

Meine Erfahrung, auch in der Zusammenarbeit mit vielen Klienten hat gezeigt, dass es zwei „Kernwege" gibt, wie Menschen ihre Karriere starten.

Karriere heißt im Übrigen einfach nur „Weg", und zwar ganz neutral, ohne jegliche Wertung.

1. Der eine Weg ist der über das Vorbild Elternhaus.

Wir erleben unsere Eltern über viele Jahre bei dem, was sie tun, wie sie ihr Leben bestreiten, und dazu gehört ganz wesentlich die Art und Weise, wie sie ihren Lebensunterhalt verdienen. Wir sehen unsere Eltern tagtäglich und gewöhnen uns an ihren Job und an das damit verbundene Leben.

In der Pubertät haben dann viele Jugendliche rebellische Ideen, was sie alles anders und besser machen wollen. Sind die größten Wogen der rebellischen Pubertät vorüber, kehrt emotionale Ruhe ein. Diese Ruhe führt häufig dazu, dass sie die sichere Gewohnheit der Eltern übernehmen. Dies führt dann oft dazu, dass die Berufswahl sich an derjenigen der Eltern orientiert.

2. Ein zweiter Weg kann sein, dass man den Wunsch hat, materiell besser dazustehen, als es die Eltern taten. Dieser Wunsch lässt den Suchenden sich dann daran orientieren, wo er am meisten Geld verdienen kann. Geht der Fokus zu früh auf das Thema Geld, sind vermutlich relativ schnell die materiellen Wünsche befriedigt. Doch was kommt dann?

Häufig ist es so, dass sobald man sich an Geld und Materielles gewöhnt hat, sich die Frage nach dem Sinn durch die Hintertür einschleicht. Diese daraus entstehende innere Leere ist nicht mehr durch reinen Konsum zu kompensieren.

Aus meiner Sicht ist der einzig wahre der dritte Weg. Bei diesem Weg geht es weder um Bequemlichkeit noch um das große Geld. Und doch ist beides nebeneinander möglich.

3. Der dritte Weg erfordert allerdings eine „Investition", und diese Investition erfordert Zeit und vielleicht auch etwas Geld. Der dritte Weg ist der Weg von Sinn, von Leidenschaft, von Erfüllung.

Dieser dritte Weg ist der Weg, bei dem ich dich durch dieses Buches begleiten werde. Wie schon erwähnt, habe ich vieles ausprobiert. Hätte ich ein Buch wie dieses gehabt, wäre ich ganz sicher viel schneller und fokussierter an mein Ziel gekommen. Du hast nun die Möglichkeit, von meinen eigenen Erfahrungen zu profitieren und dich auf deine ‚Heldenreise' zu begeben – die Reise zu dir. (Zum Thema Heldenreise kommen wir später noch ausführlich.) Bevor wir tiefer einsteigen, noch eine kleine Geschichte: Eine Geschichte von zwei Wölfen, die uns von den beiden Seiten erzählt, die wir alle in uns tragen. Diese Geschichte ist auch eine Geschichte über Motivation.

Die grundsätzliche Frage ist: Warum bewegst du dich? Es gibt im Kern nur zwei Beweggründe:

„Du bewegst dich entweder aus Angst oder aus Liebe!"

Und nun die Geschichte – es geht um zwei Wölfe:

Eines Abends erzählte ein alter Cherokee-Indianer seinem Enkelsohn am Lagerfeuer von einem Kampf, der in jedem Menschen tobt. Er sagte: „Mein Sohn, der Kampf wird von zwei Wölfen ausgefochten, die in jedem von uns wohnen. Einer ist böse. Er ist der Zorn, der Neid, die Eifersucht, die Sorgen, der Schmerz, die Gier, die Arroganz, das Selbstmitleid, die Schuld, die Vorurteile, die Minderwertigkeitsgefühle, die Lügen, der falsche Stolz und das Ego. Der andere ist gut. Er ist die Freude, der Friede, die Liebe, die Hoffnung, die Heiterkeit, die Demut, die Güte, das Wohlwollen, die Zuneigung, die Großzügigkeit, die Aufrichtigkeit, das Mitgefühl und der Glaube."

Der Enkel dachte einige Zeit über die Worte seines Großvaters nach, und fragte dann: „Welcher der beiden Wölfe gewinnt?" Der alte Cherokee antwortete: „Der, den du fütterst."

Meine grundsätzliche Frage gleich zu Beginn an dich: Welchen Wolf fütterst du?

WARUM ich dieses Buch schreibe

Ich schreibe dies Buch, weil ich darin meinen Beitrag für eine bessere Zukunft leisten will: „Erfolg muss wieder vor allem ein persönlicher, ein menschlicher Erfolg aufgrund von Werten sein, anstatt ein vorwiegend materieller Erfolg. Erfolg darf nicht länger eine Egobefriedigung des Einzelnen sein, sondern muss wieder dem Gemeinwohl dienen."

Zusammengefasst haben wir in unserer Gesellschaft ein gewaltiges Problem. Ein Problem, das dazu führt, dass wir uns Schritt für Schritt selbst sabotieren.

Der Dalai Lama hat dieses Problem mit den folgenden Worten auf den Punkt gebracht: „Menschen wurden erschaffen, um geliebt zu werden. Dinge wurden geschaffen, um benutzt zu werden. Der Grund, warum sich die Welt im Chaos befindet, ist, weil Dinge geliebt und Menschen benutzt werden." „Ich bin felsenfest davon überzeugt, dass Selbstliebe der Schlüssel für die Lösung dieses Problems sowie der daraus folgenden Probleme ist."

Sobald wir beginnen, uns selbst so zu lieben, wie wir sind, sind wir frei davon, Dinge zu kaufen, die uns zu dem machen sollen, was wir gern wären. Anstatt uns selbst, lieben wir die Dinge – dann ersetzen die Dinge gleichzeitig unseren Selbstwert. Das bedeutet, verlieren wir die Dinge, fühlen wir uns wertlos. Das ist ungesund! Sobald wir beginnen, uns selbst mehr zu lieben, sind wir wieder frei. Dann sind wir wieder unabhängig von Statussymbolen. Dann sind wir wieder frei für uns selbst, für das, was wesentlich ist. Wir sind frei, unser wahres Selbst zu wertschätzen und das zu tun, was uns wirklich glücklich macht. Das, was uns Menschen miteinander verbindet, ist der Wunsch, glücklich zu sein. Projizieren wir unsere Liebe auf materielle Dinge, stehen wir uns selbst im Wege.

Mit diesem Buch trage ich dazu bei, dass dein Weg, aus dir selbst heraus glücklich zu sein, frei wird. Das Ziel ist es, dass es dir gut geht, du erfolgreich und glücklich bist. Geht es dir gut, wirst du automatisch dazu beitragen, dass es auch anderen gut geht. Auf diese Weise kommt die Welt Schritt für Schritt wieder in ihr Gleichgewicht.

Du stehst an erster Stelle

Wichtig dabei ist, dass du dich zuerst um dich selbst kümmerst. Es ist wie bei der Ansage im Flugzeug: „Sollten die Sauerstoffmasken aus der Decke fallen, ziehen Sie eine zu sich und beginnen Sie ruhig zu atmen. Erst dann helfen sie anderen." Warum ist das so? Wenn du selbst keine Luft bekommst, wie willst du anderen helfen? Ebenso ist es in deinem Leben. Wenn du nicht glücklich bist, wie willst du dann anderen dabei helfen, glücklich zu werden?

Liebst du dich selbst, ist es dir ein inneres Anliegen, andere dabei zu unterstützen, an sich zu glauben, sich selbst zu lieben. Deine Stärke dafür ziehst du aus der Liebe zu dir selbst. Stell dir einmal vor: „Jeder, der es selbst geschafft hat, von innen heraus glücklich zu sein, hilft anderen dabei, glücklich zu werden. Wie würde unsere Welt dann bald aussehen? Wie sehr würde sich unsere Lebensqualität dann verbessern?"

Momentan glauben die meisten Menschen daran, dass die Höhe ihres Bankkontos hauptsächlich über ihr Glück entscheidet. Das ist ein fataler Glaubenssatz. „Kein Geld der Welt bringt dich dazu, wirklich glücklich zu sein, wenn du dich nicht magst, nicht an dich glaubst, dich nicht selbst liebst."

Dein Job steht im Zentrum

Das, womit wir Menschen unseren Lebensunterhalt verdienen, steht im Mittelpunkt unseres Lebens. Hiermit verdienen wir unser Geld. Unser Geld bestimmt zu einem großen Teil darüber, wie wir leben. In welcher Qualität wir uns ernähren, welche Qualität unsere Kleidung hat und wie oft wir uns gute Produkte leisten können, um unseren Körper zu pflegen. Doch nicht nur was wir uns mit dem Geld leisten, hat einen Einfluss auf unsere Lebensqualität, es ist ebenso entscheidend, welche Energie das Geld besitzt, das wir verdienen und ausgeben. Welche Energie dieses Geld hat, ob es glückliches Geld oder unglückliches Geld ist, hängt davon ab, wie wir unser Geld verdienen.

Immerhin verbringen wir den größten Teil unseres Lebens damit, unseren Lebensunterhalt zu verdienen. Je nachdem, wie glücklich und zufrieden wir dabei sind, strahlt das auf alle unsere Lebensbereiche aus. Je glücklicher wir sind mit dem, was wir tun, um unser Geld zu verdienen, desto höher ist die Energie dieses Geldes – oder kurz gesagt – umso glücklicher ist das Geld.

„Viele Menschen scheinen bei ihrer Berufswahl zu vergessen, wie wertvoll diese Lebenszeit ist, die sie damit verbringen, ihren Lebensunterhalt zu verdienen."

Du hast den Schlüssel in der Hand

Mit deiner Selbstliebe, dem Glauben an dich und deinem Selbstvertrauen, hast du den Schlüssel zu deinem erfüllten, deinem glücklichen und erfolgreichen Leben selbst in deiner Hand. Ist das nicht wunderbar?

Glaube mir, vieles andere habe ich probiert und nichts hat geholfen, innerlich wirklich frei zu werden. „Deine Liebe zu dir ist der Schlüssel zu deinem erfüllten Traumleben."

Im Laufe meiner beruflichen Karriere habe ich so viele Menschen kennengelernt, denen einfach der Mut fehlt, ihren Traum zu leben. In ihren Augen konnte ich eine Traurigkeit und gleichzeitig eine tiefe Sehnsucht sehen. Auch ich gehörte zu diesen Menschen, die traurig und voller Sehnsucht waren. Auch mir fehlte der Mut, mein wahres ICH zu leben, zu mir zu stehen. „Selbstliebe lässt dich sein, wie du bist, sie ermutigt dich, dein wahres ICH zu leben." Gern lade ich dich ein, diese Erfahrung mit mir zu teilen!

Deine authentische Positionierung

Der berühmte Maler Picasso hat einmal gesagt: „Unter den Menschen gibt es mehr Kopien als Originale." Sobald du beginnst, dich selbst zu lieben, wirst du Schritt für Schritt zu einem Original. Sobald du bereit bist, dich selbst zu lieben, wird dir deine individuelle Schönheit immer bewusster, du hörst auf, dich mit anderen zu vergleichen.

Der Vergleich mit anderen macht dich unglücklich, weil es immer jemanden gibt, der schöner, schneller, talentierter oder intelligenter ist als du. Doch darauf kommt es nicht an. Entscheidend sind nicht die einzelnen Eigenschaften, sondern der Mensch als Gesamtheit. Du, so wie jeder andere Mensch auch, hast bestimmte Gaben, Talente und Eigenschaften, die dich einmalig machen.

Warum ich meine Geschichte erzähle

Meine eigenen Geschichten erzähle ich dir, weil ich dich inspirieren will. Mein Ziel ist es, dich zum Nachdenken anzuregen und dich zu ermutigen. Ich habe selbst erlebt, wie sehr mich die Geschichten anderer Menschen weitergebracht haben. In diesen Geschichten habe ich immer wieder Parallelen zu meiner Situation entdeckt. Auf diese Weise konnte ich immer etwas für mich selbst lernen.

Mein erster Tipp: Besorge dir eine Kladde – dein Erfolgsbüchlein. In der Schule habe ich einen wichtigen Satz gelernt, der mir während meiner ganzen Schulzeit geholfen hat. Der Satz heißt: „Wer schreibt, der bleibt." Darum habe ich es mir angewöhnt, alles, was mir wichtig ist, aufzuschreiben.

Durch das Aufschreiben habe ich es viel schneller verinnerlicht. Außerdem brauchte ich nicht mehr irgendwelche Literatur zu wälzen, ich brauchte einfach in meine Kladde zu schauen und schon hatte ich alles Wichtige beisammen. Was ich dir gern ans Herz legen möchte ist: Besorge dir auch eine solche Kladde. Eine Kladde ist dein Erfolgsbüchlein, idealerweise in der Größe DIN A5. Dazu nimm deinen Lieblingsstift, einen Stift, mit dem du gerne schreibst. Ich selbst habe es mir angewöhnt, mit einem Füller zu schreiben. Ein Füller fühlt sich für mich an, als würden die Buchstaben einfach aus der Feder fließen. Wähle vielleicht sogar deine Lieblingsfarbe als Farbe der Tinte. In dieses Büchlein kannst du auch deine Gedanken schreiben, die dir gerade durch den Kopf gehen. Natürlich kannst du auch ein iPad oder Notebook nutzen. Meine Erfahrung ist, dass handgeschriebene Dinge sich besser einprägen.

Zudem werde ich unter den Übungen und Aufgaben im Buch immer etwas Platz lassen. So kannst du die wichtigsten Dinge, die für dich wichtigsten Antworten und Gedanken sofort in das Buch hineinschreiben. Für alles, was darüber hinausgeht, nutzt du einfach dein Erfolgsbüchlein.

Mache die Übungen

Ein altes Sprichwort heißt: „Übung macht den Meister." Angenommen, du willst Skifahren lernen. Reicht es dir dann, aus einem Buch darüber zu lesen? Oder lernst du Klavierspielen, indem du ein Buch über Klavierspielen liest? Natürlich nicht. Wenn du einen Führerschein hast, wie hast du das Autofahren gelernt? Wenn du, wie die meisten Menschen Übung und Erfahrung brauchst, dann lade ich dich ein, nimm dir die Kladde und nutze sie auch für die Übungen. So hast du alles, was für dich wichtig ist, immer beisammen.

Achtung: Mit dem Buch und seinem Inhalt wirst du dich auf eine Reise zu dir selbst begeben. Es ist sehr wahrscheinlich, dass du auf der Suche nach dir auch zu deiner Vergangenheit ein neues Verständnis erhältst. Aus eigener Erfahrung kann ich sagen, diese Reise zu sich selbst wird sehr emotional. Lasse es zu und es wird dir helfen, dein wahres Ich zu finden.

Lies mehrfach! Hast du den Eindruck, dass bestimmte Passagen eine außergewöhnliche Bedeutung für dich haben, dann wiederhole diese Passagen. Du wirst sehen, dass dir immer wieder neue Erkenntnisse kommen und du immer tiefer verstehen wirst. Verlasse dich dabei einfach auf deine Intuition. Du kannst auch ganze Kapitel immer wieder durcharbeiten.

Lass dich von meinen Geschichten inspirieren! Genau genommen besteht unser Leben aus vielen Geschichten. Wir durchleben schöne und weniger schöne Dinge. Daraus leitet sich ab, welche Geschichten wir uns ständig selbst erzählen.

Wenn du deinen Gedanken zuhörst, wird dir auffallen, dass du dir selbst ständig irgendwelche Geschichten erzählst.

Übung: Achte einmal bewusst darauf, was du selbst zu dir sagst.

Geschichten haben die Eigenschaft, dass sie nachhaltig in unserem Unterbewusstsein wirken. Sie beeinflussen unser Verhalten, ohne dass wir es bewusst mitbekommen. Diese Geschichten beeinflussen deine Emotionen. Wir wundern uns nur über unsere Reaktionen, im Positiven, wie auch im Negativen.

Beispiel: Angenommen, du hast im Sportunterricht in der Schule eine bestimmte Übung nicht gut hinbekommen. Anstatt dich zu unterstützen, hat dein Sportlehrer dir zu verstehen gegeben, dass du unfähig bist. Die anderen Schüler haben gelacht, während du es immer wieder probiert hast.

Dieses Erlebnis wird sich so sehr bei dir verfestigt haben, dass du vermutlich bis heute glaubst, dass du es einfach nicht kannst. Dieses Erlebnis ist zu deiner Wahrheit geworden. Vielleicht ist es ein Erlebnis gewesen, das dich glauben lässt, du seist unsportlich. Das hat vielleicht dazu geführt, dass du in deinem Leben jegliche sportliche Übung vermieden hast. Und natürlich ist es dann so, dass du ohne Übung unsportlich wirkst, was du vermutlich nicht bist.

Immer wenn du in die Verlegenheit kommst, deine Sportlichkeit unter Beweis zu stellen, hast du die Worte deines Lehrers und das Lachen deiner Mitschüler gehört. Du hast es nie wieder wirklich probiert. Auf diese Weise hast du dich selbst in der Vergangenheit gefangen gehalten. Du hast dich in denselben energetischen Zustand gebracht wie damals in der Schule. Damit war es tatsächlich nicht möglich, es besser zu machen als damals.

Was wäre, wenn du ab jetzt daran glauben würdest, du hättest damals vielleicht in der Schule nur einen schlechten Tag gehabt? Was, wenn du davon sogar überzeugt wärest, an jedem anderen Tag hättest du es ganz einfach geschafft? Was wäre geschehen, wenn dein Lehrer damals an dich geglaubt hätte? Du hättest es vermutlich geschafft! Hättest du es geschafft, hättest du dir selbst vertraut bzw. hättest du an dich geglaubt. Dieser Glaube wäre zu deiner Wahrheit geworden, die du vermutlich immer wieder verteidigst – stimmt's? „Es ist das, woran wir glauben, was den Erfolg in unserem Leben bestimmt." Mit diesem Buch hast du die Möglichkeit, deinen Glauben an dich zu verändern. Das funktioniert jedoch nur dann, wenn du in Aktion trittst, also wenn du die Übungen bewusst machst und anschließend reflektierst. Wiederhole die Übungen so lange, bis du mit dem Ergebnis zufrieden bist.

Echte Marken werden geboren – nicht gemacht

In einem Interview mit zwei eineiigen Zwillingen, die bereits fast achtzig Jahre alt waren, habe ich die Frage gestellt, wie sie zur Marke geworden sind.

Noch nie hatte ich in solche fragenden Gesichter geschaut. Ein Modewort, das unmenschlicher kaum sein kann, ist „employer branding". Irgendwelche Marketingmenschen wollen aus Menschen Marken machen. Dabei vergessen sie, dass Menschen keine Produkte sind, die gemacht werden können.

Als ich in die fragenden Gesichter der beiden Surftwins Manfred und Jürgen Charchulla von Fehmarn schaute, wusste ich, wie absurd „employer branding" ist. Menschen werden als Marken geboren und der Gesellschaft angeglichen. Manfred und Jürgen hatten keine Ahnung, was ich mit dieser Frage von ihnen wollte. Ihnen war nicht bewusst, dass sie in der heutigen Welt „Marken" sind. Sie sind einfach so, wie sie sind – ganz authentisch eben. Weiter hinten im Buch kannst du mehr von den beiden Surftwins und ihrer Geschichte lesen.

Nun zu dir. Wenn du heutzutage erfolgreich sein willst, reicht es nicht mehr, ein gutes materielles Produkt zu haben und zu verkaufen. Mehr als je zuvor gilt es, dich selbst als Mensch zu „verkaufen". Heute geht es vor allem um Vertrauen. Vertrauen ist die wichtigste Währung im Business geworden. Daher ist es wichtig, wie ein Magnet auf andere zu wirken. Du bist Produkt und Verkäufer in einer Person.

In der Essenz dieses Buches geht es darum, wie du das auf eine ganz natürliche Weise anstellst. Wie gesagt, die wichtigste Erfolgswährung ist das Vertrauen, das andere in dich haben. Je mehr du dir selbst vertraust, desto mehr werden dir andere Menschen vertrauen. Je mehr du dich selbst liebst, desto mehr werden andere Menschen dich lieben. „Wenn du selbst nicht an dich glaubst, werden es deine Kunden auch nicht tun." (Jack Ma, Alibaba)

Andere Menschen sind dein Spiegel

Andere Menschen sind immer dein Spiegel. Das, was du selbst über dich denkst, wirst du im Kontakt mit anderen Menschen gespiegelt bekommen. Denkst du großartig von dir, werden die anderen auf eine großartige Weise mit dir umgehen. Aber auch umgekehrt ist es der Fall. Denkst du schlecht über dich, werden die anderen dich auch schlecht behandeln. Liebst du dich selbst, werden die Menschen dich als Person lieben und sehr wahrscheinlich auch das, was du tust. Das ist die Basis für echten Erfolg.

Authentizität ist das, was zählt

Spielst du dir selbst und anderen etwas vor, dann wirst du keinen echten Erfolg haben können. Das ist der Grund, warum Authentizität so wichtig ist. Andere Menschen merken sehr schnell, ob das, was du von dir zeigst, echt ist oder ob du nur eine Rolle spielst.

Mit deinem MM-Faktor boostest du deinen Erfolg

Im Gegensatz zu Produktmarken, die gemacht werden, entstehen Mensch-Marken (MM-Faktor) auf eine ganz natürliche Weise. Eine Mensch-Marke wird geboren. Sie ist die gelebte Individualität, eine Individualität, die jeder Mensch von Geburt an besitzt. Mit dem MM-Faktor boostest du deinen Erfolg.

Von erfolgreichen Künstlern lernen

Das beste Beispiel für Mensch-Marken sind erfolgreiche Künstler. Sie sind Mensch-Marken, weil sie nicht nur den Mut haben, zu ihrer Einzigartigkeit zu stehen, sie sind geschickt darin, ihre Einmaligkeit in Szene zu setzen. Sie haben eine Botschaft, eine Mission und wollen einen sinnvollen Beitrag leisten. Sie machen etwas aus ihrer Einzigartigkeit, anstatt sich der Gesellschaft anzupassen. Das tun sie über ihre Songtexte, ihre Bilder, ihre Skulpturen. Und dahinter steht immer eine Aussage, eine Botschaft, eine Haltung, mit der sich andere Menschen identifizieren können.

Künstler, die anderen nacheifern, haben keinen oder nur geringen Erfolg. Erfolgreiche Künstler sind immer eine Marke, und zwar ganz natürlich. Wären sie so wie alle anderen Menschen, warum sollte man ihnen dann zuhören, ihre Kunst kaufen?

Die Voraussetzung für ihren Erfolg ist, dass sie sich so zeigen, wie sie sind. Sie versuchen gar nicht erst, eine Rolle zu spielen. Würden sie das tun, würden sie ihre Marke verwässern. Verwässern sie ihre Marke, gefährden sie ihren Erfolg.

Künstler verdienen ihr Geld mit etwas, das für sie Sinn ergibt, das ihnen selbst Freude bereitet. Je mehr sie den Nerv der Gesellschaft treffen, desto erfolgreicher sind sie. So wie die Künstler zu einer Marke werden, so solltest auch du zu einer Mensch-Marke werden. Wie das geht, erfährst du weiter hinten im Buch mit dem „Künstler-Prinzip".

Mensch-Marke – oder der „MM-Effekt"

Für den Fall, dass dich der Begriff Marke im Zusammenhang mit dir als Mensch noch irritiert: Meine Mutter hat früher über Menschen, die anders waren als andere, gesagt – „Das ist aber eine Marke". Das meinte sie immer positiv, denn es ist etwas Besonderes, es ist bereichernd, wenn sich jemand nicht der Masse anpasst, eine individuelle Persönlichkeit mit Ecken und Kanten ist.

Das grundsätzlich Entscheidende an einer Marke ist die positive Unverwechselbarkeit. Diese positive Unverwechselbarkeit ist die Voraussetzung für ihren Wert. Das gilt für Produktmarken ebenso wie für Mensch-Marken.

Eine Definition: Grundgedanke des Markenverständnisses ist die subjektive Wahrnehmung einer Marke im Kopf des Konsumenten, welche in seiner Psyche verankert ist und ein unverwechselbares Bild von einem Produkt oder einer Dienstleistung abbildet. Ein Markenstatus ist beim Konsumenten somit dann erreicht, sobald dieser einem Produkt oder einer Dienstleistung ein positives unverwechselbares Image zuweist (vgl. Wikipedia).

"Eine ‚Mensch-Marke' entsteht bei der Geburt."

Das bedeutet, dass eine „Mensch-Marke" ihre Unverwechselbarkeit automatisch bei der Geburt bekommt. Sie muss ‚nur 'authentisch gelebt werden, damit sie erstrahlen kann. In diesem Buch erfährst du, wie das geht.

Wie du am meisten von diesem Buch profitieren kannst

Klar kannst du dieses Buch konsumieren wie einen Roman. Doch dann wird es dir auch nicht mehr bringen als ein Roman – reine Unterhaltung. Unterhaltung ist toll und auch mit diesem Buch will ich dich unterhalten – doch das ist nicht alles. Meine Absicht ist, dich so zu berühren, dass du selbst ins Handeln kommst. Willst du mehr, willst du deine persönliche Entwicklung voranbringen, dann lade ich dich ein, aktiv mitzumachen.

Die Struktur ist thematisch aufgebaut. Es gibt immer wieder eine Geschichte, die ich selbst erlebt habe, und dazu entsprechenden Input über die dahinterliegende Theorie. Zwischendrin bist immer wieder du gefragt. Dann hast du die Möglichkeit, den größten Nutzen für dich zu ziehen, indem du die Übungen machst. Das können Fragen sein, Zusammenfassungen, Aufgaben oder Tipps. Alles dient nur einem Zweck – dass du die Inhalte in der Tiefe verinnerlichst. Idealerweise übst du so lange, bis dir das, was dir wichtig ist, in Fleisch und Blut übergeht. Dafür solltest du dir genug Zeit einplanen.

Part II –
Jetzt geht's ans TUN –
Die Transformations-Reise
beginnt

Genug ist immer dann, wenn du entschieden hast, wie viel du in dich investieren willst. Das wiederum hängt davon ab, was du erreichen willst.

Welche Absicht hast du? Was ist dein Ziel?

Eines ist klar: Je mehr Zeit du investierst, desto größer wird dein Nutzen sein. Wichtig ist, dass du Geduld mitbringst. Veränderungen entstehen durch Veränderung von Gewohnheiten, und das ist ein Prozess.

Kapitel 1 – Selbstliebe und Erfolg

Ziel: Der Leser erfährt, wie er ein Leben lang auf leichte Weise sinnvoll erfolgreich und glücklich sein kann.

Wir leben in verschiedenen Lebensrollen. Solche Lebensrollen sind zum Beispiel: Sohn oder Tochter, Bruder oder Schwester, Vater oder Mutter, Freund oder Freundin. Eine zentrale Rolle in unserem Leben ist unsere Rolle als Erwerbstätige(r) und damit unser Beruf. Er steht im Zentrum unseres Lebens, weil wir damit fast alles andere in unserem Leben finanzieren. Ohne Geld könnten wir weder uns selbst noch unsere Familie in angemessener Weise ernähren. Ohne Geld könnten wir uns kein Hobby leisten. Selbst um Freundschaften zu pflegen, brauchen wir ein gewisses Maß an finanziellen Mitteln.

Hast du dich schon einmal gefragt, welche Rolle dein Beruf in deinem Leben spielen soll? Ist Arbeit für dich etwas, das du in erster Linie tust, um dein Leben finanzieren zu können? Oder ist der Beruf für dich eher etwas, das dich mit Freude und Sinn erfüllt bzw. erfüllen soll?

„Wenn du einen Tag lang glücklich sein willst, geh fischen. Wenn du ein Jahr lang glücklich sein willst, habe ein Vermögen. Wenn du ein Leben lang glücklich sein willst, liebe deine Arbeit." (aus China)

Status oder Lebenssinn?

Für Menschen, die an sich glauben, sich selbst lieben, ist der Beruf meist mehr als nur der reine Gelderwerb, es ist eine Berufung. Für diese Menschen ist ihr Leben ein ganzheitliches Konzept. Sie streben nach einem ganzheitlichen Lebenssinn. Das führt dazu, dass sie auf ihr Herz hören. Ihre Arbeit ist nicht nur Mittel zum Zweck, sondern auch Sinn und Zweck an sich. Das, was sie tun, um Geld zu verdienen, erfüllt sie gleichermaßen mit Freude und Sinn. Alles andere empfinden sie als eine Art Verrat an sich selbst. Dieser Lebenssinn ist ihnen wichtiger als ihr Status. Sie können auf Titel, große Autos, teure Uhren und alles, was es sonst noch an Statussymbolen gibt, verzichten. Sie brauchen niemandem, nicht einmal sich selbst, etwas zu beweisen. Sie füttern den guten Wolf.

Jede ihrer Beziehungen ist von Liebe geprägt, angefangen bei sich selbst. Und genau hier liegt der wesentliche Unterschied. Sie sind unabhängig davon, was die Gesellschaft über sie denkt. Ihr Status entsteht aufgrund einer ganz natürlichen Entwicklung ihrer Persönlichkeit.

Menschen, die sich selbst lieben, führen ausschließlich Liebesbeziehungen – und das nicht nur zu sich selbst und damit zu ihrem Beruf, sondern auch zu anderen Menschen.

Menschen, die sich selbst lieben, sind in der Lage, auch andere Menschen um ihrer selbst willen zu lieben, ohne jegliche Erwartungshaltung. Ebenso lieben sie die Welt, in der sie leben. Das wiederum macht sie automatisch zu guten Führungskräften, doch dazu kommen wir später noch.

Nimmt man das alles zusammen, wird deutlich: „Für Menschen, die sich lieben, ist ihr Beruf vor allem ein Ausdruck ihrer Liebe."

Wie Glück entsteht

Es gibt unzählige Forschungen, die besagen, dass Glück immer dann entsteht, wenn wir etwas für andere tun. Ursächlich für unser eigenes langanhaltendes Glück ist somit, dass wir Menschen mit dem glücklich machen, was wir selbst gern tun. Mehr Glück ist in einem beruflichen Kontext dann kaum möglich.

Die Bedeutung von Erfolg

Betrachten wir hier den Begriff Erfolg. Was bedeutet Erfolg? Führt Erfolg automatisch dazu, das persönliche Glück zu erhöhen? Umgangssprachlich wird Erfolg mit dem Verdienen von viel Geld gleichgesetzt. „Genau genommen bedeutet Erfolg das Erreichen von Zielen – ganz wertneutral." Erfolg bedeutet, dass etwas erfolgt.

In einer Langzeitstudie über Glück, durchgeführt von George E. Vaillant, habe ich schon als Student gelernt, dass Geld zunächst glücklich macht, aber nur zunächst. Das Problem dabei ist, dass man sich schnell an das Geld gewöhnt und es dann nicht mehr ursächlich für das empfundene Glück sein kann.

Als Kind wurde John Lennon in der Schule gefragt, was er einmal werden will. Daraufhin sagte er: „Glücklich." Die Lehrerin erwiderte: „John, du hast die Frage nicht verstanden." Daraufhin sagte John: „Doch ich habe die Frage verstanden – aber Sie haben das Leben nicht verstanden."

Was ist der Traum hinter dem Traum?

Schon als Kind begann es, dass ich einem bestimmten Rollenmuster entsprechen sollte. „Als Junge weint man nicht", ist nur eine dieser Facetten. Später kam hinzu, dass es aus Sicht meines Vaters selbstverständlich war, dass ich als ältester Sohn in seine beruflichen Fußstapfen treten würde.

Vermutlich geht es vielen Menschen in ihrer Kindheit und Jugend ganz ähnlich. Dahinter steckt in der Regel eine gute Absicht der Eltern. Diese Absicht heißt: „Wir bereiten unser Kind auf das (harte) Leben da draußen vor." Weil wir in dieser Gesellschaft erfolgreich überleben sollen, werden wir für das Anpassen an diese Gesellschaft belohnt. Je weniger die Individualität des Kindes von den Erwartungen der Eltern oder der Gesellschaft entfernt ist, desto leichter wird es für das Kind, aber auch für die Eltern. „Hat ein Mensch ungewöhnliche Träume oder Bedürfnisse, stellt das für die normale Gesellschaft ein Problem dar."

Will ein Kind beispielsweise Künstler werden, dann ist das aus Sicht der Eltern ein Art Bedrohung für das Kind. Sie glauben zu wissen, dass die meisten Künstler als Taxifahrer oder gleich auf der Straße enden. So war es zumindest bei mir. Mein Traum was es, entweder Sänger, Tänzer oder Schauspieler zu werden. Mein inneres Bild war es, auf einer großen Bühne zu stehen und den Zuschauern ein Lächeln ins Gesicht zu zaubern. Natürlich war das für einen nüchternen, zahlenorientierten Menschen wie meinen Vater nur eine „brotlose Kunst". Nun hätte ich meinen Leben lang dem Dasein als Künstler hinterhertrauern können. Stattdessen habe ich mir irgendwann die Frage gestellt, was hinter meinem Traum steht, ein Künstler zu sein. Was ist die Essenz dieses

Traums? Was ist es, das mich daran glücklich macht? Was ist mein Bedürfnis? Ich wollte herausfinden, was mein Traum hinter meinem Traum ist. Ich wollte wissen, wer ich tatsächlich bin und was ich von Herzen will.

Herausgefunden habe ich schließlich, dass die Essenz ist, dass ich Menschen ein Lächeln in ihr Gesicht zaubern, sie glücklich machen möchte. Doch dazu später mehr.

Die Komfortzone verlassen

Zugegeben, ich hatte sehr viel Glück in meinem Leben. Das lag sicher auch daran, dass ich immer wieder meine Komfortzone verlassen habe, um Dinge auszuprobieren. Was ich aus Sicht meiner Freunde und Familie tat, schien für sie oft einfach nur verrückt zu sein. Doch ich folgte einfach nur meiner Intuition.

Als ich nach meinem erfolgreich abgeschlossenen BWL-Studium zunächst in einem Konzern als Trainee mit Blick auf eine Karriere im Vertrieb startete, war das für meine Eltern und die meisten meiner Freunde ein guter Schritt. Als ich jedoch nach einem Jahr kündigte, dachten einige Leute, ich hätte womöglich den Verstand verloren.

Der Grund, warum ich das tat, war meine Intuition. Nachdem ich in meinem ersten Urlaub nach meinem Studienabschluss eine Jugendreise als sogenannter „Teamer" begleitet hatte und zurück in meinem Büro am Schreibtisch saß, schrie sie „Was machst du hier?" „Warum tust du etwas, das dir so wenig Spaß macht?" „Soll so dein Leben weitergehen?" „Dann kannst du ja gleich vom Hochhaus springen!"

Moment mal, dachte ich, vom Hochhaus springen? Auf keinen Fall! Da haue ich hier lieber ab! Schließlich wusste ich doch inzwischen, was mir Freude macht, was ich als sinnvoll empfinde. „Die Prägung aus unserer Kindheit lenkt uns immer wieder von unserem eigenen Weg ab." Ich liebe es, mit Menschen zu arbeiten, dazu beizutragen, dass sie glücklicher sind. Und jetzt saß ich in meinem Büro und wollte etwas Ähnliches tun wie mein Vater? Etwas, was überhaupt nicht zu mir passte, für mich keinen Sinn ergab? Da wurde mir bewusst, wie stark doch die Prägung aus unserer Kindheit und Jugend ist. Mir wurde bewusst, dass ich in ein altes Muster zurückgefallen war.

Nun wollte ich da so schnell wie möglich wieder raus, ich wollte wieder mein Ding machen! Auf die Empfehlung eines Freundes hin bewarb ich mich bei dem Unternehmen ‚Robinson Club' als Sportanimateur. Dass ich das tat, fand selbst ich sogar irgendwie verrückt, zumal ich ‚Robinson Club' damals nicht einmal kannte.

Genau mein Ding

Ein Sportanimateur machte alles, was ich auch gern tat. Den ganzen Tag gemeinsam mit anderen Menschen Sport treiben, was für eine wunderbare Vorstellung. Außerdem gehört es dort zum Konzept, abends auf der Bühne zu stehen, um zu singen, zu schauspielern und zu tanzen.

Das klang für mich zu schön, um wahr zu sein. Alles, was dort zu meinen Aufgaben gehören sollte, waren Dinge, die ich von Herzen gern machte. Als mir so klar wurde, dass damit ein Traum in Erfüllung gehen würde, kam auch etwas Druck auf. Ich befürchtete, wenn ich es zu sehr will, dann besteht die Gefahr, es auch zu vermasseln. Doch dann beruhigte ich mich mit dem Gedanken: „Was habe ich schon zu verlieren? Wenn sie mich nicht wollen, habe ich es zumindest probiert."

Und was soll ich sagen? Nach einem spannenden Assessment-Center wurde ich tatsächlich angenommen. Es kam sogar noch besser: Sie nahmen mich nicht nur als Sportanimateur, sondern als Jugend- und Sportanimateur. Das war für mich wie ein Sechser im Lotto. Jetzt konnte ich nicht nur Sport machen, sondern konnte mich den ganzen Tag mit meiner Lieblingszielgruppe, den Jugendlichen, beschäftigen. Ich liebe diese Zielgruppe, weil sie neugierig ist, weil sie flexibel ist, weil sie sich über vieles noch freuen kann. Aus meiner Sicht passte jetzt alles zusammen. Ich war seit meinem Studium nebenbei Jugendtrainer für Leichtathletik und durfte das jetzt auch noch mit meinem Kindheitstraum „Bühne" verbinden. Besser konnte es für mich nicht kommen. Dass ich dabei wesentlich weniger Geld bekam, spielte für mich überhaupt keine Rolle. Zu dieser Zeit war ich noch in der komfortablen Situation, dass ich keine finanziellen Verpflichtungen hatte. Mein Auto stellte ich abgemeldet in eine Garage und meine Möbel lagerte ich bei meinem Vater auf dem Dachboden ein. Allerdings war ich so entschlossen, dass ich es auch getan hätte, wären da finanzielle Verpflichtungen gewesen. Wo eine echte Absicht ist, da gibt es auch einen Weg – davon bin ich absolut überzeugt.

Frage: Angenommen, du hast die Möglichkeit, eine einzige Sache erfolgreich zu tun – nur eine einzige Sache, sonst nichts. Allerdings hast du auch nur einen einzigen „Versuch". Was würdest du tun?

Es muss nicht immer DER Traum sein – der Trick für mehr Power

So eine Möglichkeit, wie ich sie zunächst hatte, und dessen bin ich mir durchaus bewusst, war ein Geschenk für mich. Das ist absolut nicht die Regel. Und auch heute lebe ich noch meinen Traum, ohne jeden Abend auf der Bühne zu stehen. Auf jeden Fall sagt dein Traum eine Menge über dich aus. Es ist dabei kein Unterschied, ob du den Traum hast, Feuerwehrmann zu werden oder Sänger. „Hinter deinen Träumen stecken deine wahren Bedürfnisse." Dazu musst du allerdings etwas genauer hinschauen. Weiter hinten im Buch begleite ich dich mit wirksamen Analysemethoden dabei, deine wahren Bedürfnisse herauszufinden. Mir wurde irgendwann klar, dass es nicht schlimm ist, kein berühmter Sänger geworden zu sein.

Schlimm jedoch wäre es, wenn ich das Bedürfnis, welches hinter diesem Wunsch steht, nicht in meinem Leben befriedigt hätte. Mir würde etwas Wichtiges fehlen, wenn ich mit meinem Beruf nicht die Möglichkeit hätte, Menschen glücklich zu machen, indem ich ihnen ein Lächeln in ihr Gesicht zaubere. Und genau darin steckt das Geheimnis. „Du musst nicht unbedingt deinen Traum absolut leben, um 100 % erfüllt zu sein. Viel wichtiger ist, dass du die Bedürfnisse hinter deinem Traum erfüllst." Es ist immer der richtige Zeitpunkt, deinen Traum oder dein dahinterliegendes Bedürfnis zu leben.

Deine Wurzeln

Deine Wurzeln werden in deinem Elternhaus gelegt. In deinem Verhältnis zu deinem Vater und deiner Mutter lernst du zunächst alles über das Leben. Das, was wir über das Leben und über uns glauben, saugen wir unbewusst in uns auf. Das nennt man auch Introjekte. Darum ist es zu Beginn dieses Buches wichtig, das Verhältnis zu deinen Eltern zu reflektieren.

Deine ersten Beziehungen sind die Beziehungen zu deinen Eltern. Die Beziehung, in der du die ersten Urteile überhaupt gefällt hast, war die Beziehung zu deinen Eltern. Dies war deine erste Beziehung zu einem anderen menschlichen Wesen. Die Beziehung zu deinen Eltern war und ist der Ausgangspunkt für deine Beziehung zu dir selbst sowie zu allen anderen Menschen. Diese Beziehung legte den Grundstein für deine Liebe zu dir selbst. Um in deinen aktuellen Beziehungen wirklich präsent zu sein und frei lieben zu können, ist es essenziell, die Verbindung zu deinen Eltern anerkannt, verstanden und geheilt zu haben.

Du wirst es nicht schaffen können, deine Wurzeln zu bekämpfen. Dabei würdest du nur deine Energie verschwenden, Energie, die dir fehlt, auf eine leichte Weise erfolgreich zu sein. Es geht vielmehr darum, deine Wurzeln zu verstehen, anzuerkennen und zu heilen. Ohne eine verständnisvolle, eine heile Beziehung zu deinen Eltern, ist Selbstliebe nicht möglich. Lehnst du deine Wurzeln ab, lehnst du automatisch einen Teil von dir ab. Je mehr du von dir ablehnst, desto schwerer wirst du es haben, erfolgreich zu sein.

Dein Vater

Väter sind unser Tor zu wichtigen Bereichen des Lebens, wie zum Beispiel:

- den Umgang mit Autoritäten & Regeln
- Selbstdisziplin & Integrität
- Vision & Erfolg

Ist deine Beziehung zum väterlichen Prinzip gestört, wirst du sehr wahrscheinlich in diesen Bereichen Blockaden erfahren.

Deine Mutter

Deine Mutter steht am Anfang deiner Beziehung zu allen Frauen. Die Beziehung zu deiner Mutter seht zudem stellvertretend für die elementaren Themen des Lebens:

- Was ist eine Frau?
- Was ist Liebe?
- Was ist Nähe?
- Was bedeutet es, zu vertrauen und mich zu öffnen?

Wenn die Beziehung zu deiner Mutter belastet ist, zahlst du einen hohen Preis dafür: Ein Teil von dir hat sich seitdem nicht weiterentwickelt.

Tipp: Wie viel weißt du darüber, wie deine Mutter aufgewachsen ist? Wenn du die Wurzeln deiner Mutter verstehst, kann allein das deine Urteile über sie stark relativieren.

Frieden in der Beziehung zu Mutter und Vater zu finden, ist für manchen von uns eine Lebensaufgabe. Doch welche Alternative hast du? Ohne deine Bereitschaft, Frieden mit deinen Eltern zu schließen, wirst du immer wieder an deine Grenzen stoßen. Der Grund dafür ist, dass du einen Teil von dir ablehnst. Öffne dich für einen Heilungsprozess und du wirst wirklich frei werden können. Dieses Buch wird dich dabei unterstützen.

Wir leben immer in irgendwelchen Beziehungen. Selbst wenn wir nur ein Brötchen beim Bäcker kaufen, ist das eine (meist kurzfristige) Beziehung. Je freier und unbelasteter wir uns auf diese Beziehungen einlassen können, desto erfolgreicher werden wir in unserem Leben sein können.

Für mich war es ein entscheidender Schritt, mich mit meinen Eltern zu versöhnen. Besonders schlimm war es für mich, dass sich meine Eltern getrennt haben und ich Familie nicht als einen sicheren Raum erfahren konnte, in dem ich mich entwickeln konnte. Nicht die Scheidung war der Kern des Problems, sondern ihre gestörte Beziehung, die meinen Bruder und mich immer wieder in Angst und Schrecken versetzt hat. Der ständige laute Streit führte dazu, dass wir lieber bei fremden Leuten waren als zu Hause.

Um mit all dem in einen Frieden zu kommen, war es wichtig für mich, meinen Vater und meine Mutter besser kennenzulernen. Entscheidend war für mich zu verstehen, welchen Gefahren sie während des Krieges auf der Flucht und in der Nachkriegszeit als Flüchtlinge ausgesetzt waren. Diese Entbehrungen, diese Erfahrungen haben sie geprägt, ihre Werte und Einstellungen bestimmt. Schwäche beispielsweise bedeutete zu dieser Zeit eine echte Gefahr für Leib und Leben.

Auf diese Weise war es mir später möglich, meinen inneren Frieden mit ihnen zu schließen. Das bedeutet nicht, dass das, was sie mich erleben ließen, besser wird. Nein, es ist, was es ist. Doch mir fiel es dann leichter, genauer hinzusehen, um zu heilen, was zu heilen war.

Die folgenden Fragen helfen dir dabei, herauszufinden, wie dich deine Eltern geprägt haben.

Die Beziehung zu deinem Vater

Die Beziehung zu meinem Vater beschreibe ich so:

Mein Vater hat meine Vorstellung von „Mannsein/Frausein" so geprägt:

Was hat mich mein Vater über Männer/Frauen gelehrt?

Welche negativen Eigenschaften und Handlungen habe ich in meinem Vater erlebt? Habe ich diese übernommen oder kämpfe ich dagegen an?

Was sind die Geschenke meines Vaters an mich? Wofür bin ich ihm dankbar?

Wo erlebe ich heute immer noch den Einfluss dieser Beziehung?

Gibt es etwas, was ich meinem Vater vorwerfe?

Gibt es etwas, was ich meinem Vater unbedingt noch kommunizieren möchte, bevor er stirbt? (Falls er bereits tot ist: ... was ich ihm gern kommuniziert hätte?)

Die Beziehung zu deiner Mutter

Die Beziehung zu meiner Mutter beschreibe ich so:

Wo erlebe ich heute immer noch den Einfluss dieser Beziehung?

Was hat mich meine Mutter über Frauen/Männer gelehrt?

Wie hat meine Mutter positiv oder negativ mein „Frausein/Mannsein" beein-flusst?

Gibt es etwas, was ich meiner Mutter vorwerfe?

Was sind die Geschenke meiner Mutter an mich? Wofür bin ich ihr dankbar?

Gibt es etwas, was ich meiner Mutter unbedingt noch kommunizieren möchte, bevor sie stirbt? (Falls sie bereits tot ist: … was ich ihr gern kommuniziert hätte?)

Im nächsten Kapitel geht es darum, wie sich Arbeit in der heutigen Welt verändert und was das für dich bedeutet bzw. bedeuten kann.

Kapitel 2 – Was bedeutet Arbeit in der heutigen Welt? Was bedeutet das für dich?

Ziel: Der Leser erkennt, warum er heute andere Fähigkeiten braucht, um Erfolg zu haben, als früher.

Schauen wir in die Vergangenheit: Arbeit hatte den Sinn, das (Über)leben zu sichern. Somit stand die Arbeit automatisch im Mittelpunkt des Lebens.

Jäger und Sammler

Bevor das Geld erfunden wurde, waren wir Menschen Jäger und Sammler. Wir mussten mit den Tieren ziehen, um sie jagen zu können. Die Route der Tiere bestimmte unser Leben.

Bauern

Um nicht mehr von der Route der Tiere abhängig zu sein, wurden die Tiere domestiziert. Anstatt zu sammeln, wurden Felder bestellt. Auch hier bestimmte die Arbeit das Leben. Es gab Notwendigkeiten, Aufgaben, die erledigt werden mussten, und niemand fragte nach einem Sinn, da er offensichtlich war. Es fragte allerdings auch niemand danach, wer die anfallenden Tätigkeiten machen will – es wurde getan, was getan werden musste.

Industrie

Durch Arbeitsteilung, Spezialisierung und die Erfindung der Dampfmaschine entwickelte sich die Industrialisierung. So entstanden nicht nur ganz neue Arbeitsfelder, sondern auch andere Lebensformen. Städte entstanden.

Gearbeitet wurde mehr und mehr in Fabriken. Das war für viele Menschen eine deutliche Erleichterung im Vergleich zu Ackerbau und Viehzucht.

In dieser Zeit begann es, dass Arbeit immer mehr Mittel zum Zweck wurde. In der Fabrik arbeitete der Mensch eine gewisse Anzahl an Stunden und bekam dafür Geld. Mit diesem Geld konnte er seinen Lebensunterhalt bestreiten. Der Arbeiter tauschte also Zeit gegen Geld.

Lebensstandard wuchs

Geld rückte immer mehr ins Zentrum. Es sollte immer leichter und in größeren Mengen verdient werden. Längst ging es nicht mehr nur um Ernährung und ein Dach über dem Kopf. Durch die wachsenden Fabriken konnten immer mehr Dinge in einer immer größeren Stückzahl und somit zu sinkenden Preisen hergestellt werden. Dinge, die das Leben angenehmer machten.

Bestes Beispiel ist das Automobil, das die Pferdekutsche ablöste. Dank der Fließbandtechnologie, die sich Henry Ford in einer Schlachterei abgeschaut hatte, konnte es immer schneller und damit immer kostengünstiger produziert werden. Somit konnten sich immer mehr Menschen ein eigenes Auto leisten. Die breite Masse konnte sich so viele andere Produkte aus unterschiedlichen Lebensbereichen leisten, da diese nun auch in großer Stückzahl und zu günstigen Preisen hergestellt werden konnten.

„Arbeit bedeutete damit mehr, als nur die bloße Existenz zu sichern. Arbeit und das damit verdiente Geld bestimmten immer mehr über Lebensqualität und damit über den gesellschaftlichen Status."

Dienstleistungen

Neben den reinen Produkten entstanden Berufszweige, die die Menschen in ihrem Alltag unterstützen. Neben dem Produktionssektor entwickelte sich ein großer Dienstleistungssektor. Damit gab es eine Reihe an neuen Berufszweigen und Berufsfeldern. So zum Beispiel entstanden immer mehr Banken, Versicherungen und Beratungen. Diese Dienstleistungen haben unsere Lebensqualität auch weiter verbessert.

Digitalisierung

Durch die Digitalisierung kam es zu der nächsten großen Veränderung, die immer noch anhält. Die künstliche Intelligenz nimmt uns Menschen mehr und mehr die einfachen Arbeiten ab. Der Arbeiter in der Fabrik wird zusehends durch immer bessere Roboter ersetzt. Auch im Dienstleistungssektor werden Jobs durch die Digitalisierung ersetzt.

Zukünftig wird es nur noch Berufe geben, die nicht durch künstliche Intelligenz abgelöst werden können. Dazu gehören zum Beispiel beratende und kreative Berufe, also all die Berufe, die nur durch den Menschen ausgeübt werden können. Deshalb hat die Individualität des Menschen Zukunft.

Mangel war gestern

Inzwischen leben wir in einer Zeit, in der Mangel selbst in der breiten Masse kein Thema mehr ist. Die jüngeren Generationen sind im Wohlstand groß geworden. Unser Sozialsystem macht es möglich, auch ohne Arbeit Geld zu bekommen.

Unbestritten ist, dass wir mit unserer Lebensqualität auf einem sehr hohen Niveau angekommen sind. Die letzte große Innovation, die unser Leben nachhaltig verändert hat, war die Entwicklung des iPhone, das im Jahre 2008 auf den Markt kam.

Lebensqualität weiter verbessern

Nun stellt sich die Frage, ob es in diesem Maße noch neu entwickelte Produkte geben wird, die unsere Lebensqualität so umfangreich verändern werden.

Wir sind an einem Wendepunkt!

Die Frage ist, auf welche Weise wir unsere Lebensqualität Stand heute weiter verbessern können. Wir erleben täglich, wie wir unseren Planeten mit unserem Wohlstandsmüll belasten. Der Klimawandel wird durch unsere konsumorientierte Art zu leben beschleunigt. „Wir müssen radikal umdenken, da wir uns gerade selbst sabotieren." Dazu brauchen wir Menschen mit kreativen Ideen. Wir brauchen neue Lösungen, um unser Leben so zu gestalten, dass unser Planet für die Nachwelt erhalten bleibt.

Und genau hier kommst du ins Spiel. Hier wirst du gebraucht mit deiner Individualität, mit deiner Kreativität, deinen Ideen, deiner Mission, deinem Beitrag. Das funktioniert nur, wenn du dich traust, deine eigenen Gedanken zu denken, unabhängig davon, was andere davon halten. Nur wenn du den Mut hast, gängige Regeln und Konventionen zu brechen, wirst du wirklich erfolgreich sein können. „Es ist enorm wichtig, dass du dir selbst vertraust, an dich glaubst, dich selbst liebst." Eine wichtige Notwendigkeit, unsere Welt von zu viel unnötigem Konsum zu befreien, ist, Glück von Konsum zu trennen.

Unser System ist darauf aufgebaut, dass wir uns „glücklich kaufen" sollen. So entstehen viele unsinnige Glückskäufe. Darum brauchen wir einen anderen Weg, um glücklich zu sein. Es liegt in unserer Natur, es ist uns ein natürliches Bedürfnis, dass wir unsere Lebensqualität weiter verbessern wollen. Die Frage ist jetzt, wie wir das zukünftig tun wollen.

Game Changer – Konsumglück vs. Werteglück

Mit der Frage, was unsere Lebensqualität weiter verbessern kann, weil es die Produkte in der Form nicht mehr können, sind wir sehr schnell bei der Glücksforschung. Grundsätzlich wird unterschieden zwischen Konsumglück und Werteglück. Über viele Jahrzehnte war unser Konsumglück die Nummer 1. Das bedeutete, dass Produkte unser Leben leichter und besser gemacht haben. Inzwischen setzen immer mehr Menschen ein Fragezeichen hinter das exzessive Konsumverhalten des Gros der Gesellschaft. Wir sägen uns quasi mit unserem Konsumverhalten und der damit einhergehenden Umweltverschmutzung den Ast ab, auf dem wir sitzen.

Werteglück bedeutet, genau zu wissen, was ein Individuum für sein (immaterielles) Glück braucht und was nicht. Hier geht es um Fragen wie Sinn und Erfüllung. Hier geht es darum, sich die Frage zu stellen, welchen Beitrag der Einzelne leisten kann, unsere Zukunft auf diesem Planeten zu sichern.

Arbeit, Glück und Sinn

Wie hast du Arbeit bei deinen Eltern (Vater und/oder Mutter) wahrgenommen?

Welche Bedeutung hatte ihre Arbeit für sie?

Was hast du für dich aus diesem Erleben bei deinen Eltern abgeleitet?

Wie glücklich, glaubst du, waren deine Eltern mit ihrer Arbeit?

Inwieweit haben deine Eltern deine Berufswahl beeinflusst – direkt und indirekt?

Kennst du deine fünf wichtigsten Werte?

Schreibe alle Werte, die dir wichtig sind, auf ein Blatt Papier.

Anschließend bilde eine Reihenfolge. Finde heraus, welche deine fünf wichtigsten Werte sind.

Wo in deinem Leben gibst du diesen Werten Raum?

Es gibt den schönen Satz, der sehr bezeichnend ist: „Wir machen einen Job, den wir nicht mögen, um uns Dinge zu kaufen, die wir nicht brauchen, um damit Menschen zu beeindrucken, die uns nicht interessieren."

Kennst du das auch von dir? Wenn ja, in welchen Bereichen deines Lebens handelst du so? Angenommen, eine gute Fee kommt zu dir und sagt: „Du hast jetzt die Möglichkeit, dir eine Lebensaufgabe auszusuchen. Diese Lebensaufgabe wird ein 100%-iger Erfolg. Dafür musst du allerdings auf alle anderen Tätigkeiten verzichten. Welche Tätigkeit wählst du?"

Wenn wir an einem Wendepunkt stehen und Arbeit neu definieren, welche Möglichkeiten ergeben sich dann für dich? Darum geht es im nächsten Kapitel.

Kapitel 3 – Selbstliebe und Arbeit

Ziel: Der Leser erfährt, warum sich so wenige Menschen selbst lieben, und wie er es schaffen kann.

„Wenn du täglich einer Arbeit nachgehst, die du nicht von Herzen gern tust, verrätst du dich jeden Tag selbst. Damit schadest du genauso deiner Seele, als würdest du mit einem Menschen dein Leben teilen, den du nicht liebst."

Dank der Digitalisierung und der künstlichen Intelligenz ist es möglich, dass viele einfache Tätigkeiten nicht mehr von Menschen gemacht werden müssen. Das verändert den Kontext von Arbeit und Geld erneut drastisch. Immer mehr Menschen haben so die Möglichkeit, von ihrem Erwerbsmodell, in dem sie „Zeit gegen Geld" tauschen, loszukommen – sie brauchen nur noch die Chance zu ergreifen.

Auch das Thema Führung verändert sich. Die Menschen werden zusehends auf Augenhöhe geführt werden müssen. „Führungskräfte müssen zu Dienstleistern, zu Befähigern ihrer Mitarbeiter werden." Auf den nächsten Seiten wirst du erfahren, warum Selbstliebe als der absolute Erfolgsfaktor immer wichtiger wird. Ebenso erfährst du, wie du deinen Marktwert auf eine ganz natürliche Weise steigern kannst.

Die Bedeutung von Selbstliebe und warum sie gerade heute so wichtig ist

Das, was Selbstliebe am klarsten kennzeichnet, ist, sich so anzunehmen, wie man ist. Das klingt vielleicht im ersten Augenblick nicht so schwierig. Doch bei genauerem Hinsehen geht es darum, das „wahre Selbst" auch mit seinen sogenannten Schattenseiten anzunehmen. Deine Schattenseiten sind die Seiten, die mit Angst besetzt sind und die du aus diesem Grund vor dem Rest der Welt versteckst. Wir kommen unschuldig auf die Welt, voller Liebe. Wir sind perfekte Wesen, jedes mit seiner ganz eigenen Seele. Unsere Seele bleibt immer da, sie ist still – in unserer Seele ist es still. Dann beginnt ein Anpassungsprozess, der sich Erziehung nennt. Irgendwann haben wir gelernt, so zu sein, wie die Gesellschaft uns haben will. Das spiegelt sich in unserem angepassten Verhalten wider. Unsere Eltern handeln in guter Absicht. Darum erziehen sie uns so, dass wir von der Gesellschaft nicht nur akzeptiert, sondern in diesem System möglichst erfolgreich sind.

Erfolgreich sein bedeutet, dass Kinder ein besseres Leben haben sollen als ihre Eltern. In unserer heutigen Denkwelt bedeutet das vor allem eine höhere Lebensqualität durch materielle Dinge. Die Nachkriegsgenerationen kennen noch den Mangel. Meine Oma hat immer gesagt: „Haste was, dann biste was." Sie hat den Krieg miterlebt und viel entbehrt. In guter Absicht hat sie meinem Vater ‚eingeimpft‘, dass er sich viel leisten können muss, wenn er jemand sein will. Das, was meinem Vater guttat, davon ging er zumindest aus, muss auch mir guttun. So wurde auch ich darauf gepolt, dass es das Wichtigste ist, möglichst viel Geld zu verdienen.

Unser Schulsystem tut dann sein Übriges. Dort müssen wir „funktionieren" – das ist der Anspruch. Wir werden ausgebildet, um als „Soldaten" das System am Laufen zu halten. Das System ist unser Wirtschaftssystem, auf dem unser Wohlstand beruht. Dieser Wohlstand entsteht durch Konsum – je mehr desto besser.

Individualität

Was dabei in der Regel auf der Strecke bleibt, ist die Individualität. Individualität stört den Ablauf. Das lernen wir spätestens in der Schule. Es galt der Grundsatz, je mehr desto besser. Das Problem ist, dass die Masse nur Mittelmaß hervorbringen kann. Zu funktionieren, verhindert einmaligen Erfolg des Einzelnen.

Für einige Menschen ist das OK, weil sie von ihren Anlagen ohnehin eher durchschnittlich sind. Das meine ich nicht abwertend, sondern diese Menschen passen einfach besser in das System. Dann gibt es wiederum die Menschen, die große Schmerzen spüren, weil sie einfach anders sind, nicht in das System zu passen scheinen. Diese Menschen sollen dann angepasst werden. Sie werden so zu jemandem erzogen, der sie in Wahrheit nicht sind. Ecken und Kanten werden glattgebügelt. Bestes Beispiel sind die Menschen mit ADS, das sogenannte Aufmerksamkeits-Defizit-Syndrom. Das sind die Menschen mit einem überdurchschnittlichen Bewegungsdrang. Für die Gesellschaft ist dieser Drang an Bewegung ein „Zuviel", sie müssen ruhiggestellt werden, damit sie so sind wie alle anderen. Diese Menschen bekommen Medikamente, um sie künstlich ruhigzustellen, anstatt ihrem Bewegungsdrang nachzugehen.

Ich passe nicht

Ich passe weder in das typische männliche Rollenbild, weil ich dafür zu empathisch und feinfühlig bin, zudem macht mich mein starker Bewegungsdrang einmalig. Heute nennt man das ADS. Als Kind bin ich mit ausgebreiteten Armen in einer ständigen Drehbewegung zur Schule geflogen. Dort konnte ich einfach nicht stillsitzen und interessierte mich für alles Mögliche, aber wenig für das, was die Lehrer uns erzählten. Dabei ging es weniger um das, „was" sie uns vermitteln wollten, sondern um das „wie". Ich wollte keine Maschine sein, in die man Wissen hineinschüttet. In meinen Zeugnissen kann man heute noch lesen: „Jörg ist häufig abgelenkt." Es war mir oft zu langweilig, was dort von vorne in unsere Köpfe getrichtert werden sollte. Ich fühlte mich wie ein Vogel, den man in einen Käfig gesperrt hatte. So sah ich oft aus dem Fenster und träumte davon, zu fliegen wie ein Vogel. Schon früh begann ich zu singen und zu tanzen. Mit einer Bürste stand ich schon als kleiner Junge vor dem Spiegel und habe gesungen. Die Rundbürste meiner Mutter war mein Mikrofon, in das ich die ABBA-Lieder ‚performt' habe. Die Texte las ich vom Blatt ab, ohne inhaltlich auch nur einen Hauch davon zu verstehen.

Sobald es die Möglichkeit gab, Theater zu spielen, stand ich auf der Bühne. Das tatsächlich typisch Jungenhafte an mir war mein Faible für Autos. Noch ganz klein konnte ich jedes vorbeifahrende Auto am Geräusch erkennen. Alles andere an mir war eher ungewöhnlich. Das habe ich auch bald zu spüren bekommen. Als mein Lehrer wollte, dass ich in den Schulchor komme, hätte ich das gern gemacht, aber ein Teil meiner Freunde hat mich dafür ausgelacht. Das sei nur etwas für Mädchen, haben sie gesagt. Ich hatte nicht den Mut, es einfach doch zu tun. Schließlich wollte ich auch dazugehören und so bin ich dann nicht in den Chor gegangen. So funktioniert Anpassung. Solche Beispiele gibt es noch viele. Was ich damit sagen will ist, dass ich früh begonnen habe, zu jemandem zu werden, der ich eigentlich nicht bin. Um gemocht und akzeptiert zu werden, habe ich mich dem angepasst, was von mir erwartet wurde.

Meine Eltern lebten zu dieser Zeit in einer Art Dauerkrieg, der in einer unschönen Scheidung endete. So gab es nicht die Möglichkeit, Rückenstärkung von zu Hause zu bekommen. Auf diese Weise hat sich ein neues ICH entwickelt, mein „angepasstes ICH", das sich deutlich von meinem „wahren ICH" unterschied.

Mein Vater glaubte zu wissen, dass das Leben hart ist und man sich nur als harter Kerl in dieser Welt durchsetzen und überleben kann. Er sah auch den Alltag in seiner Firma als eine Art Kampf – diesen Eindruck hatte ich zumindest.

Durch all das wuchs in mir das Gefühl „nicht gut genug" zu sein, so wie ich bin. Daraus wurde im Laufe der Zeit eine Scham. Ich schämte mich dafür, nicht so zu sein, wie der, der ich sein sollte.

Mein neues angepasstes ICH passte sich den Erwartungen an. Zumindest äußerlich trat ich so auf, wie ich dachte, dass es von mir erwartet wird. Vermutlich hätte ich mit diesem ICH auch alt werden können. Vermutlich wäre ich auch finanziell sehr schnell sehr erfolgreich geworden.

Das wahre ICH machte sich immer wieder bemerkbar

Doch tief in mir gab es das wahre ICH, das nicht einverstanden war mit dem, was ich da gerade nach außen präsentierte. Meine wahren Werte passten nicht zu den Werten, die ich meinte leben zu müssen. Das führte zu einem inneren Konflikt, den ich munter mit allerlei Aktivitäten überspielte.

„Wie lange kann es ein Mensch aushalten, hinter einer angepassten Fassade zu leben?" Als ich Anfang zwanzig war, habe ich mich auf eine Reise begeben, auf eine Reise zu mir selbst. Diese Reise war immer ein spannendes Abenteuer. Das bedeutet, die Reise war nicht immer leicht, so wie Abenteuer auch nicht immer leicht sind – aber eines war garantiert: Immer wieder habe ich Neues für mich entdecken können. Diese Reise war auch ein Wechselspiel, ein Hin- und Herschwenken zwischen alten Mustern, alten Prägungen und dem starken inneren Drang, authentisch, also mein „wahres ICH", zu leben. Der Grund für dieses Wechselspiel war meine tiefsitzende Scham. Wie von Geisterhand bin ich immer wieder in alte Verhaltensmuster zurückgefallen. Dieses Hin und

Her dauerte viele Jahre. Erst als ich auf meiner tiefen emotionalen Ebene angekommen war, mir bewusst wurde, dass ich gut bin, so wie ich bin, wurde es besser. Mir wurde klar, dass es kein Gut oder Schlecht gibt – es gibt nur ein „So-bin-ich".

Auch wenn es erst einmal paradox klingt, ist es nur möglich, sich zu verändern, wenn man sich so annimmt, wie man ist. Heute nehme ich mich an, so wie ich bin. Ich kenne und mag meine Werte, ich sage JA zu meinen Schwächen. JA zu sagen, bedeutet nicht, sie gut zu finden. JA zu sagen bedeutet, den inneren Widerstand aufzugeben, der so viel Kraft kostet. JA zu sagen, bedeutet nicht automatisch, dass es nicht etwas gibt, was ich ändern möchte. Der Unterschied ist, dass ich meinen inneren Frieden habe und mich für nichts verurteile, was ich bin oder einmal getan habe.

Selbstliebe. Selbstliebe kann nur entstehen, wenn du deine schönen Seiten genauso liebst, wie deine Schattenseiten.

In deiner vermeintlichen Schwäche verbirgt sich deine größte Stärke

Meine Schattenseite war meine „weiche" Seite. Diese Seite habe ich versteckt und oft so getan, als wäre ich ein harter Kerl. Meine Befürchtung war es, als ein „Weichei" gesehen zu werden. Ich hatte Angst davor, von anderen verletzt zu werden. Als Schutz habe ich mir eine Fassade aufgebaut, die mich als harten Kerl gezeigt hat. Hinter meiner Fassade war ich sicher, brauchte keine Emotionen an mich heranzulassen. Der Preis, den ich dafür gezahlt habe, waren keine tiefen Beziehungen. Das Gute an einer Fassade ist die Sicherheit dahinter, die Kehrseite der Medaille ist, dass nicht nur die Gefahr abgehalten wird, sondern auch das Schöne.

Schwere. Indem ich meine „dunkle" Seite versteckt habe, wurde mein Leben viel schwerer. Um zu erreichen, was ich erreichen wollte, musste ich viel mehr kämpfen. Mir fehlte das Vertrauen zu meiner Intuition, und damit fehlte mir das Vertrauen in mich selbst. Die Folge war, dass ich alles mit dem Kopf entschied. Fast jede Entscheidung war eine Kopfentscheidung, oft sogar gegen meine Intuition. Es gab nur einige wenige Momente, in denen meine Intuition so laut war, dass ich ihr vertraute.

Doch zurück zu meiner dunklen Seite: „Heute ist mir bewusst, dass meine dunkle Seite meine größte Stärke ist."

Der Schmerz, den ich erlitten habe durch die Ablehnung meiner ‚zarten' Seite, ist zu meiner größten Kraftquelle geworden. Die Ablehnung hat meine feinfühlige Seite sowie meinen Bewegungsdrang gestärkt. Das mag paradox klingen, doch es bedeutet, dass ich zu ihr stehe und sie ganz bewusst einsetze. Inzwischen weiß ich, dass ich auf diese Weise ein echtes „Alleinstellungsmerkmal" besitze, was mich zu einer „Mensch-Marke" macht.

Das ist es, was die dunkle Seite oft ausmacht. Sie ist eine große, teils unerschöpfliche und dabei ganz natürliche Kraftquelle.

„Das Einzige, was du da zu tun brauchst, ist, dich mit deiner Schattenseite auszusöhnen und sie anzunehmen."

Vergleichen schwächt

Es gab eine Zeit, da habe ich mich mit anderen verglichen. Das war ein echtes Hindernis auf dem Weg, mich selbst anzunehmen, mich selbst zu lieben. Zum einen vergleicht man immer nur bestimmte Eigenschaften oder Ausprägungen. Es gibt immer jemanden, der schöner, schneller, größer oder was auch immer ist. Es gibt auch immer jemanden, der mehr besitzt als du. Zum anderen sagen die einzelnen Eigenschaften nur wenig über den Menschen aus. Entscheidend ist das ‚Gesamtkunstwerk' Mensch. „Der einzige Mensch, mit dem du dich vergleichen solltest, bist du selbst. Vergleiche dich mit dem Menschen, der du noch gestern warst."

Warum sich so wenige Menschen selbst lieben

Weil Eltern ihre Kinder auf das Leben vorbereiten wollen, beginnen sie automatisch mit dem Vergleichen – immer in bester Absicht. Das beginnt schon im Babyalter. Sie beobachten und stellen sich Fragen wie: „Das Kind von der Freundin kann schon krabbeln, warum meines noch nicht?" „Die Kinder im Kindergarten können schon fließend sprechen, warum ist das bei meinem

Kind noch nicht der Fall?" Dahinter steht immer die Befürchtung, dass das eigene Kind nicht mit den anderen Kindern, die in diesem Alter schon repräsentativ für die Gesellschaft stehen, mithalten kann.

All das passiert, wie schon gesagt, immer in bester Absicht der Eltern. Eltern wollen, dass ihr Kind alleine lebensfähig ist. Sie wollen ihr Kind auf die Gesellschaft vorbereiten. Sie wollen etwas tun, damit ihr Kind mit den anderen Kindern mithalten kann. Sie sagen zu ihren Kindern Dinge wie: „Du musst dich mehr anstrengen, alle anderen sind besser als du – willst du etwa auf der Straße landen?"

Es gilt: „Das, was Eltern ihren Kindern sagen, sagen die Kinder später zu sich selbst."

Gut genug

Schon ganz früh bekommen die Kinder mit, wenn sie mit anderen verglichen werden. Automatisch und ohne Absicht der Eltern beginnen die Kinder zu glauben, dass sie nicht gut genug sind. Das ständige Vergleichen führt dazu, dass sie sich in einem permanenten Wettkampf glauben, bei dem es einen Gewinner geben muss. Und in dem Glauben, immer gewinnen zu müssen, liegt die Ursache für fehlende Selbstliebe und fehlenden inneren Frieden.

„Selbstliebe entsteht aus einem tiefen inneren Frieden mit deinem wahren Selbst."

Selbstliebe und Erfolg

Nun könnte man annehmen, dass Menschen, die glauben, nicht gut genug zu sein, immer motiviert sind. Motiviert, besser zu werden, um irgendwann gut genug zu sein. „Man könnte meinen, der Glaube ‚ich bin nicht gut genug' ist ein Erfolgstreiber."

Doch hier sind wir schnell bei der Frage, welche Lebensqualität diese Menschen leben. So könnte man sich auch fragen, ob eine „Pistole im Nacken" nicht auch ein Erfolgstreiber ist. Wie hoch ist die Lebensqualität mit einer Pistole im Nacken?

Auch ich hatte lange Zeit die Pistole „ich bin nicht gut genug" im Nacken und wurde damit erfolgreich. Aber zu welchem Preis? Ständig fühlte ich mich vom Leben gehetzt, sah überall nur Gegner, glaubte, es könne nur Gewinner oder Verlierer geben. Dieses Spiel spielte ich so lange, bis ich mich selbst in die totale Überforderung gebracht hatte und mich leer und ausgebrannt fühlte.

„Menschen, die aus der Angst, nicht gut genug zu sein, motiviert und erfolgreich sind, füttern den bösen Wolf."

Wie denkst du darüber? Würdest du diese Form von Erfolg überhaupt als Erfolg bezeichnen?

Gesellschaftskrankheit „Ich bin nicht gut genug"

In einem „Ich bin nicht gut genug" zeigt sich die pure Angst, von der Gesellschaft abgehängt zu werden. Das sind Ängste, ausgelöst von Eltern, die in den Köpfen ihrer Kinder dauerhaft nachklingen. Das sind Ängste, die sich die Kinder selbst glauben machen, weil andere vermeintlich besser sind als sie selbst. Diese Form von Angst macht abhängig – abhängig davon, was andere von ihnen denken.

Zurück zum Thema Motivation

Nun kannst du dir die Frage stellen, wie denn Menschen erfolgreich werden, die um ihrer selbst geliebt werden und keinem Erwartungsdruck seitens der Eltern oder anderer Erziehungspersonen ausgesetzt sind.

Sind sie vielleicht gar nicht so motiviert wie die anderen, weil sie keine Angst haben, weil sie niemandem etwas beweisen müssen – nicht einmal sich selbst?

Liebe ist die stärkste und gesündeste Kraft für Erfolg

Es gibt eine Kraft, die mindestens genauso stark ist wie Angst, aber wesentlich gesünder. Diese große Kraft nennt sich Liebe. Kinder, die um ihrer selbst willen geliebt wurden, machen sich schon früh auf den Weg, sich selbst zu erkunden. Sie entdecken schon früh ihre „Diamanten". Da es kein Richtig oder Falsch gibt, nehmen sie die Gaben, die sie finden, an, ohne sie zu bewerten.

Kinder, die von ihren Eltern um ihrer selbst willen geliebt werden, entwickeln sich in einem Raum, in dem sie sich ausprobieren können. Auf diese Weise finden sie heraus, wo ihre echten Stärken und Talente liegen. Zig Untersuchungen bestätigen, dass Menschen, die in ihren Stärken- und Interessenfeldern unterwegs sind, quasi unerschöpflich sind. Und genau hier liegt die Ursache für ihren nachhaltigen großen Erfolg.

Nur du weißt, wie es dir geht

Für einen Dritten, der von außen schaut, ist es auf den ersten Blick schwer erkennbar, ob jemand erfolgreich ist, weil er Angst hat, ‚nicht gut genug‘ zu sein, oder ob jemand erfolgreich ist, weil er sich ‚selbst liebt‘.

„Auf den ersten Blick ist es nicht sichtbar, ob jemand den bösen oder den guten Wolf füttert."

Wie steht es um dich? Niemand weiß, wie es in deinem Inneren aussieht, niemand weiß, was du fühlst, niemand weiß, was du denkst. Du kannst vielleicht allen anderen etwas vormachen – aber nicht dir selbst.

Deine Gedanken

Wie sehr unsere Gedanken für unsere Realität verantwortlich sind, illustriert die folgende Geschichte aus der buddhistischen Mythologie:

Ein Mann war auf Reisen und gelangte unerwartet in das Paradies. Er setzte sich unter den Wunschbaum und legte sich schlafen. Als er wach wurde, verspürte er großen Hunger und dachte sich: Ich bin hungrig, etwas zu essen wäre jetzt toll. Wie aus den Nichts tauchte sofort Essen vor ihm auf. Der Mann war so hungrig, dass er nicht lange nachdachte, woher das Essen kam, und verschlang es. Als der Hunger gestillt war, sah er sich um, und ihm kam der Gedanke, dass etwas zu trinken genau das Richtige für ihn wäre. Das Paradies kennt keine Verbote und sofort erschien ein voller Krug Wein. Nun, wo der Mann gut gesättigt war, legte er sich bequem unter den Baum und trank genüsslich seinen Wein. Von einer leichten Brise erfrischt, fragte er sich: Was geht hier vor? Träume ich? Oder gibt es hier Geister, die sich über mich lustig machen? Prompt erschienen die Geister und machten sich über ihn lustig. Sie waren genauso furchterregend, grausam und abstoßend, wie in seinen Gedanken. Der Mann fing vor Furcht an zu zittern und dachte: Sie werden mich jetzt sicher umbringen. So geschah es.

Laut der buddhistischen Lehre geht jeder Gedanke irgendwann in Erfüllung. Manchmal passiert das erst nach einiger Zeit, wenn die ursprünglichen Gedanken längst vergessen sind.

Die Macht der Gedanken taucht aber auch in anderen Religionen auf – im jüdischen Talmud genauso wie in der christlichen Bibel.

Auch ein altes chinesisches Sprichwort sagt:

„Achte auf deine Gedanken, denn sie werden Worte.
Achte auf deine Worte, denn sie werden Handlungen.
Achte auf deine Handlungen, denn sie werden Gewohnheiten.
Achte auf deine Gewohnheiten, denn sie werden dein Charakter.
Achte auf deinen Charakter, denn er wird dein Schicksal."

In der Moderne findet sie ihren Spiegel in der Richtung des positiven Denkens oder im sogenannten realistischen Optimismus. Womit unser Geist voll ist, dahin geht unsere Energie und Kraft – im Positiven und leider auch im Negativen.

Positive Affirmationen

Positive Affirmationen sind selbst- und lebensbejahende Sätze, die du immer wieder wiederholst. So verändern sie dauerhaft deine Denkmuster. Möchtest du zum Beispiel dein Körpergefühl verbessern, kann ein solcher Satz lauten: Ich fühle mich in meinem Körper jeden Tag ein bisschen wohler. Wichtig ist, dass du diese Sätze in der Gegenwart formulierst. Ebenso solltest du Verneinungen zwingend vermeiden. Der Grund dafür ist, dass unser Gehirn kein Bild für ein „Nein" hat. Beispiel: Denke NICHT an einen lila Elefanten. Und wenn es nur für einen Bruchteil von Sekunden ist – du denkst an einen lila Elefanten. Sätze wie „Ich bin nicht mehr ängstlich" solltest du daher nicht verwenden, da dein Gehirn das Signal bekommt „Ich bin mehr ängstlich". Stattdessen kannst du sagen: Ich werde jeden Tag selbstsicherer und mutiger.

Viele Menschen machen außerdem den Fehler und verwenden starke Affirmationen wie „Ich liebe mich selbst". An sich ist daran auch nichts auszusetzen. Das Problem ist jedoch, dass sich dann oftmals der innere Kritiker zu Wort meldet und das Gesagte ablehnt. Dein Unterbewusstsein wird dir sagen: „Was redest du da, du liebst dich gar nicht selbst." Daher ist es sinnvoll, die Sätze ganz auf deine Bedürfnisse abzustimmen und sie so zu formulieren, dass sie auch wirklich glaubwürdig für dich erscheinen. Das könnte dann zum Beispiel lauten: „Ich liebe mich von Tag zu Tag ein bisschen mehr"

Außerdem ist es wichtig, welches Gefühl der Satz in dir auslöst. Dieses sollte positiv sein. Dabei kann ein und derselbe Satz bei verschiedenen Menschen komplett unterschiedliche Gefühle auslösen. Wenn zum Beispiel der Satz „Ich bin immer mutiger und selbstbewusster" aus irgendeinem Grund ein Unbehagen in dir auslöst, dann formulierst du ihn so lange um, bis er sich gut für dich anfühlt.

Zu Beginn kannst du dir vielleicht 10-15 solcher Affirmationen aufschreiben. Am besten, du liest sie dir morgens nach dem Aufstehen und abends vor dem Schlafen aufmerksam durch. Je häufiger du das machst, desto besser. Du kannst sie auch aufschreiben und sie dann gut sichtbar z. B. auf deinen Spiegel kleben.

Wenn du diese Sätze häufig wiederholst, lösen sich irgendwann alle gegensätzlichen (negativen) Überzeugungen vollständig auf. Diese Glaubenssätze manifestieren sich in deinem Unterbewusstsein und erschaffen so deine Realität neu.

Visualisierung - Nutze deine Vorstellungskraft

Es gibt Studien, die zeigen, dass unser Gehirn zwischen einer Visualisierung und der Realität nicht unterscheiden kann. Dieses Wissen kannst du nutzen, indem du dir das Erreichen deiner Ziele so real wie möglich vorstellst.

Du hast gerade ein Wohnungsinserat gesehen und wünschst dir nichts sehnlicher als diese Wohnung? Dann stell dir immer wieder vor, wie du den Mietvertrag unterzeichnest. Lass dabei keine Details weg. Was hast du an? Wie fühlst du dich dabei? Stell dir vor, wie dir dein neuer Vermieter die Hand reicht und dir den Wohnungsschlüssel übergibt.

Visualisierungen sind nur dann erfolgreich, wenn dabei besonders viele Emotionen im Spiel sind. Wie du inzwischen weißt, sind es vor allem deine Emotionen, die deine Wahrnehmung, dein Verhalten und somit auch deine gesamte Realität beeinflussen. Je klarer und realer deine Visualisierung ist, desto schneller wirst du erfolgreich sein.

Werde aktiv

An diesem Punkt scheitern vermutlich die meisten Menschen. Darum ist er auch so besonders wichtig. Du kannst noch so positiv denken, visualisieren, affirmieren –, wenn du nicht aktiv wirst und deine Ziele tatkräftig verwirklichst, wird sich nichts tun. Liegst du den ganzen Tag auf dem Sofa und verstrickst dich in deine Gedanken, wird sich nichts ändern, selbst wenn deine Gedanken positiv sind. Du wirst deinen Traumjob nur dann bekommen können, wenn du in Aktion kommst und dich bewirbst. Schreibst du keine Bücher, wirst du kein Schriftsteller. Eigentlich ist das gut nachvollziehbar – oder? Ist doch logisch, oder?

Auch ich habe lange geglaubt, dass die Dinge schon passieren werden, sobald die Zeit dafür reif ist. Dann habe ich gemerkt, dass meine Träume nur dann wahr werden können, wenn ich mir die richtigen Gedanken mache und in Aktion komme. Also wirf alle Zweifel über Bord, höre auf zu zögern und leg los. Ich wette mit dir, dass genau hier die meisten Menschen scheitern.

Sinn

Ein gesunder, nachhaltiger Erfolg basiert in jedem Fall auf Selbstliebe, also auf den richtigen Gedanken über dich selbst. Zum persönlichen Glücksempfinden und dem inneren Frieden kommt noch ein Faktor hinzu, der eine immer wichtigere Rolle spielt: Sinn.

Jemand, der sich selbst liebt, macht etwas, was in seinem Leben einen Sinn ergibt. Sinn bedeutet, seine Werte zu leben. Sinn bedeutet, die Welt jeden Tag ein bisschen besser zu machen. Jemand, der sich selbst liebt, nutzt seine Gaben dafür, andere Menschen glücklich zu machen, indem er etwas tut, was ihn selbst glücklich macht.

„Das tiefste Glücksgefühl entsteht dann, wenn man seinen Lebenssinn gefunden hat."

Selbstliebe im Business bedeutet: „Ich mache keine Filme, um Geld zu verdienen. Ich verdiene Geld, damit ich weiter Filme machen kann." (frei übersetzt nach Walt Disney)

Und: „Mache deine Sache so gut, dass Menschen dir gerne dabei zusehen. Und dass sie wiederkommen und ihren Freunden davon erzählen."

Menschen, die etwas mit großer Leidenschaft tun, sind ansteckend. Andere Menschen folgen ihnen gerne.

... so entsteht über die Selbstliebe echter Erfolg!

Frage: Hast du bereits eine Idee, was deinem Leben einen tieferen Sinn geben kann?

Warum Selbstliebe und Arbeit für ein gesundes Leben zusammengehören

Inzwischen ist es ein offenes Geheimnis, dass übermäßiger Stress ungesund ist. Ich behaupte, dass negativer Stress im Vergleich mit Rauchen und Alkohol die ungesündere Form der Selbstzerstörung ist. Doch sprechen wir mal nur in Zeiteinheiten. Hast du einmal darüber nachgedacht, wie viel von deiner wertvollen Lebenszeit du damit verbringst, deinen Lebensunterhalt zu verdienen?

Gehen wir davon aus, dass wir im Schnitt achtzig Jahre alt werden. Die ersten zwanzig Jahre lassen wir mal außer Acht, da sie fremdbestimmt sind. Dann bleiben noch sechzig Jahre übrig. Von den sechzig Jahren ziehen wir mal fünfzehn Jahre ab, da wir ungefähr bis zu unserem 65. Lebensjahr arbeiten. Bleiben noch 45 Jahre übrig. 45 Jahre, in denen wir uns, bis auf Wochenenden und Urlaub, primär mit einer Sache beschäftigen.

Hand aufs Herz: Wie lohnenswert ist es aus deiner Sicht, dir ganz genau zu überlegen, womit du diese 45 Jahre zubringen willst?

Und für alle, die glauben, das aktive Leben sei mit Eintritt des Rentenalters vorbei: Von 30 bis 60 ist es genauso lang wie von 60 bis 90.

Die grundsätzliche Frage ist: „Was willst du mit dieser deiner so wertvollen Lebenszeit anstellen? Was macht Sinn für dich?"

Lebensbereiche

Natürlich gibt es noch weitere Bereiche, die auch eine wichtige Rolle in deinem Leben spielen:

- Familie/Freunde
- Gesundheit/Fitness
- Hobby
- Persönliche Weiterentwicklung

Aus meiner Sicht steht unsere Arbeit im Zentrum aller anderen Lebensbereiche. Warum? Weil ich damit all die anderen Bereiche finanziere. Die Früchte meiner Arbeit, also das Geld, das ich damit verdiene, bestimmt zu einem erheblichen Teil darüber, welche Lebensqualität ich lebe.

Doppeltes Glück

Glücklich macht es dich ganz sicher, wenn du dir einen gewissen Standard in den anderen Lebensbereichen leisten kannst. Die Finanzierung der Lebensbereiche ist dennoch nur die halbe Wahrheit. Ist es nicht leicht auszumalen, welchen Einfluss ein positiver Arbeitstag auf alle anderen Lebensbereiche hat?

Das Geheimnis richtig erfolgreicher Menschen

Stell dir vor, deine Arbeit erfüllt dich mit Sinn und einer tiefen Zufriedenheit. Mich macht allein diese Tatsache schon glücklich.

So bin ich auch gern bereit, mehr zu arbeiten als die üblichen acht Stunden am Tag. Weil ich mich ganz bewusst dafür entschieden habe, etwas zu tun, mit dem ich klar erkennbar die Welt anderer Menschen besser mache, erhöht sich mein Glücksgefühl weiter. In diesem Glückszustand bin ich in der Lage, meine anderen Lebensbereiche auf einem viel höheren Glückslevel zu genießen – vor allem immateriell, aber auch materiell.

Keine Kompromisse

Stelle dir einmal vor, du machst bei deinem Job Kompromisse in Sachen Authentizität. Angenommen, du machst einen Job, den du eigentlich nicht magst, nur damit du im materiellen Wettbewerb mit den anderen mithalten kannst. Wie wahrscheinlich ist es dann, dass du in deinen anderen Lebensbereichen ähnlich handelst?

Hast du eine Ahnung, welche Auswirkung das auf deine Lebensqualität hat?

Stelle dir vor, du tust jeden Arbeitstag etwas, an dem du keine Freude hast, etwas, das dir vielleicht sogar völlig sinnlos erscheint. Mit welcher Energie gehst du dann nach Hause, um Zeit mit deiner Familie, deinen Freunden zu verbringen?

„Mit einem sinnlosen Job vergeudest du einen großen Teil deiner etwa 45 Jahre Arbeitszeit."

Es ist nie zu spät für ein 100% erfülltes Leben

Unabhängig davon, wie du aufgewachsen bist und erzogen wurdest, die beste Zeit damit zu beginnen, etwas zu verändern, ist JETZT. Jeder Tag zählt.

Je eher du damit beginnst, deine Arbeit in das Zentrum deines Lebens zu stellen – nicht als Mittel zum Zweck, sondern als Selbstzweck, mit dem allein du glücklich bist. Je eher du damit beginnst, desto mehr Zeit bleibt dir an echter Qualitäts-Lebens-Zeit.

Wie das geht, wie du das anstellen kannst, das zeige ich dir ab jetzt. Glaube mir, ich habe sehr vieles ausprobiert, bin sehr viele Umwege gegangen und warum? Damit ich dir jetzt zeigen kann, was wirklich funktioniert. Auf diese Weise kannst du dir eine Menge Zeit und Geld sparen. Das, was ich dir ab jetzt zeige, sind Wege, die universal sind. Das bedeutet, sie funktionieren unabhängig davon, welcher Typ du bist. Diese Methoden sind für jeden Typ Mensch geeignet.

Neulich habe ich eine schöne Metapher gelesen: „Die Schildkröte kennt den Weg besser als der Hase."

Was mich angeht, habe ich mir viel Zeit gelassen, um den Weg zu studieren. Das ist der Grund, warum ich jetzt auf den Punkt sagen kann, was der richtige Weg ist. Ich weiß, was für wen wie funktioniert und was nicht. Weiter oben in diesem Kapitel habe ich davon gesprochen, dass in unserer vermeintlichen

Schwäche unsere größte Stärke liegt. In der folgenden Übung hast du die Möglichkeit, deinem Glauben über Schwäche auf den Grund zu gehen.

Durch diese Reflexion hast du die Möglichkeit, deine vermeintlichen Schwächen aktiv in Stärken zu wandeln. Vielleicht hast du Beispiele aus deinem eigenen Leben, in dem deine gesunde Schwäche stärker war als eine ungesunde Stärke.

Deine Erziehung in Bezug auf Schwäche

Wie sind die Vorbilder in deiner Familie mit Schwäche umgegangen?

Wo und wie haben sie Schwäche unterdrückt?

Wo und wie waren sie zu schwach?

Wie wurdest du in Bezug auf Schwäche erzogen?

Kapitel 4 – Beziehungen und Selbstliebe

Ziel: Der Leser erfährt, warum die Beziehung zu sich selbst die wichtigste (Liebes-) Beziehung ist.

Die „Mutter" aller Beziehungen – ob immateriell, also zu Menschen, wie auch materiell, zu deinem Job, deinem Auto, deinem Haus – ist die Beziehung zu dir selbst.

„Deine sozialen Beziehungen sind das A und O in deinem Leben."

Wir leben immer in Beziehungen, außer wir setzen uns auf eine einsame Alm. Selbst wenn wir nur ein Brötchen beim Bäcker kaufen oder einen Telefonvertrag abschließen, sind wir in Beziehungen. Je besser du in der Lage bist, Beziehungen zu anderen Menschen aufzubauen und zu pflegen, desto erfolgreicher wirst du in deinem Leben sein können.

„Gegenseitiger Respekt und Anerkennung sind Grundbedürfnisse jedes Menschen."

Evolutionsmäßig ausgedrückt bedeutet Anerkennung, einen Rang zu haben, um in einer Herde überleben zu können. Diejenigen, die von der Herde ausgestoßen werden, werden als erste von den Fressfeinden heimgesucht. Diese tiefe Angst sitzt schon seit Jahrtausenden fest verankert in uns.

Da andere Menschen unser Spiegel sind, ist die Grundvoraussetzung für ein freies Leben, dass man sich selbst anerkennt. Wer das nicht tut, gerät in eine Abhängigkeit. Er muss um die Anerkennung anderer kämpfen.

Das bedeutet für dich: Wenn du dir selbst keine Anerkennung geben kannst, brauchst du sie von bzw. durch all deine Beziehungen. Ist das der Fall, musst du viel tun, damit andere dich anerkennen. Das ist anstrengend und erfordert viel Kraft von dir. In der Regel musst du dich dafür ‚verbiegen', kannst deine Individualität nicht zum Ausdruck bringen, weil es die anderen stören kann.

Der Ersatz für die echte Anerkennung, die man sich selbst gibt, ist häufig ein materieller Status. Das Auto, die Wohnung, der Urlaub, die Uhr, einfach alles wird dazu benutzt, um sich die Anerkennung anderer zu sichern.

Es gilt: „Je geringer die Anerkennung für sich selbst, desto größer der Wunsch nach sichtbarem Status durch Statussymbole."

Statussymbole nehmen dir deine Freiheit, sobald du glaubst, dass sie deinen Wert symbolisieren. Selbst die Beziehungen zu anderen Menschen werden zu einem Statussymbol, je nachdem, welchen Status die andere Person besitzt.

Fazit: Je besser die Beziehung zu dir selbst ist, desto besser, desto freier sind alle deine anderen Beziehungen. Allein du hast es in der Hand, mit welcher Leichtigkeit und welchem Erfolg du durch dein Leben gehst.

„Willst du deine Beziehungen verbessern, brauchst du nur an einer einzigen Beziehung zu arbeiten – an der Beziehung zu dir selbst."

Du brauchst dich nur um die wichtigste Person zu kümmern und alles wird gut.

Aus meiner eigenen Erfahrung, wie auch aus den Rückmeldungen vieler meiner Klienten, kann ich eines mit Gewissheit sagen: „Ob die Beziehung zu deinen Eltern, deinen Geschwistern, deinen Freunden, zu deinen Arbeitskollegen: Alles wird sukzessive besser, je mehr du dich selbst magst, je mehr du dir selbst vertraust, je mehr du dich selbst liebst."

Erwartungen – Beziehungskiller Nr. 1

Das Problem in den meisten Beziehungen sind die Erwartungen, die wir an diese Beziehung stellen. Wir erwarten, dass uns die andere Person das gibt, was wir uns selbst nicht geben können. Wir erwarten, dass uns die andere Person in einer bestimmten Weise behandelt.

Aufgrund dieser Erwartungen sind diese Beziehungen eigentlich keine echten Beziehungen. Diese Beziehungen sind „Deals". Der Deal lautet: „Ich akzeptiere dich und mag dich, wenn du dich mir gegenüber in einer bestimmten Weise verhältst." Eine solche Haltung ist die eines Verhandlungspartners, aber nicht eines Achtenden, Liebenden. Diese Erwartungshaltung belastet die Beziehungen, die Leichtigkeit geht verloren.

Sobald du anfängst, dich selbst zu lieben, ist es dir nicht wichtig, dass sich die Person in einer bestimmten Weise dir gegenüber verhält. Dann kannst du dir die Anerkennung, die du brauchst, selbst geben. Dann bist du innerlich so frei, dass du dem anderen wirklich bedingungsfrei begegnen kannst.

Das Motto: „Liebe dich selbst und du kannst den anderen so sein lassen, wie er ist."

Ein Beispiel: Ich kenne eine Frau, für die ist eine Freundschaft nur möglich, wenn man sich regelmäßig sieht und regelmäßig telefoniert. Ansonsten ist es für sie keine Freundschaft. Eigentlich verstehen wir uns gut, aber dieser hohe Anspruch erdrückt diese Freundschaft. Ich kann und will mich nicht in eine solche Verpflichtung begeben. Diese Frau hat ein hohes Defizit an Selbstakzeptanz, von Selbstliebe möchte ich gar nicht sprechen. Wenn sie nicht regelmäßig durch Anrufe und Treffen die Bestätigung bekommt, dass sie noch gemocht wird, empfindet sie das als Ablehnung. Ihre Freunde müssen ihr das geben, was sie sich selbst nicht geben kann.

Loslassen

Wie wäre es, wenn diese Frau sich selbst lieben würde? Dann gäbe es keine Abhängigkeit, dann könnte sie ihre Freunde loslassen und darauf vertrauen, dass man dann zusammenkommt, wenn es passt. Sie könnte darauf vertrauen, dass ich mir Zeit für sie nehme, wenn mir danach ist. Das wäre echte Freiheit. Ein schlauer Mensch hat einmal gesagt: „Lass los, was du liebst, wenn es zu dir zurückkommt, dann gehört es zu dir." Um loslassen zu können, braucht es ein hohes Maß an Selbstvertrauen, eine Liebe zu sich selbst.

Beziehungen zu materiellen Dingen

Wie ist es mit den Beziehungen zu materiellen Dingen? Nehmen wir als Beispiel ein Auto. Man sagt, das Auto ist des Deutschen liebstes Kind. Auch hier gibt es zwei Arten von Beziehungen:

1. Diese Beziehung wird von Angst genährt.
2. Es ist eine Liebesbeziehung.

Zu 1: Jemand, der von sich glaubt, er sei nicht gut genug, und sich selbst aus diesem Grund nicht anerkennt, der will die Anerkennung anderer provozieren. Das gelingt ihm, indem er Dinge tut, die in der Gesellschaft anerkannt werden. Dazu gehört vor allem, viel Geld zu verdienen, um sich dann die Dinge kaufen zu können, die in der Gesellschaft eine breite Zustimmung erfahren. Eines dieser Dinge ist das Auto. Das Auto ist gerade in Deutschland immer noch ein wichtiges Statussymbol.

Ein Statussymbol zeigt eigentlich den Status eines Menschen. Ein hoher Status bringt gesellschaftliche Anerkennung. Mit einem großen Auto wird dieser Status zur Schau gestellt. Er tut das, was er tut, um andere zu beeindrucken.

Zu 2: Jemand, der an sich glaubt, der sich liebt, verdient seinen Lebensunterhalt mit etwas, an das er glaubt, das ihn mit Sinn erfüllt.

Das führt zu einem inneren Glücksgefühl. Aus diesem Glücksgefühl heraus leistet er sich ein Auto, das ebenfalls dieses Glücksgefühl widerspiegelt, ein Auto, das zu ihm passt. Dieses Auto symbolisiert seinen natürlichen Status. Inwieweit dieser Status von anderen wahrgenommen wird, spielt für ihn eine untergeordnete Rolle. Das, was er tut, tut er nicht, um andere zu beeindrucken, sondern um seiner Persönlichkeit Ausdruck zu verleihen.

Was ist Status? Status ist ein neutrales Wort und bedeutet Stellung, Zustand oder Lage.

Mir ist durchaus bewusst, dass die meisten Menschen unter Status den finanziellen Zustand meinen. Wenn ich von Status spreche, meine ich den inneren Zustand eines Menschen, die innere Stärke, die innere Unabhängigkeit, die Souveränität eines Menschen. Eine innere Größe, aus der heraus er erfolgreich durch sein Leben geht.

Mit Status meine ich nicht die Titel auf der Visitenkarte, ich meine auch nicht Zertifikate und schon gar nicht die Höhe des Bankkontos.

Menschen mit einer stabilen, starken inneren Haltung werden als charismatisch wahrgenommen. Es ist typisch für sie, dass sie nach ihren Werten handeln.

Menschen mit einem schwachen inneren Zustand werden oft als egoistisch wahrgenommen. Sie handeln so, dass sie möglichst viel von anderen bekommen, um ihren fehlenden Selbstwert „zu reparieren". Sie tun alles dafür, um von anderen Anerkennung zu erhalten.

Fragen und Aufgaben zu deiner Beziehung zu dir selbst

Hinweis: Die Fragen haben es in sich. Nimm dir auf jeden Fall ausreichend Zeit dafür. Es gibt weder ein Falsch noch ein Richtig. Vielleicht kannst du einige Fragen auch erst etwas später beantworten.

Bitte beschreibe in fünf Sätzen deine Beziehung zu dir selbst. Ein guter Hinweis dafür ist das, was dein „Mann im Ohr" zu dir meistens sagt. Beispiel: Sagt er eher „Du schaffst das schon" oder „Du schaffst das doch eh nicht"? Dein Denken ist die Kommunikation mit dir selbst – wie sprichst du mit dir?

Kennst du den Unterschied zwischen „dich für etwas belohnen" und „dich einfach so lieben"?

Angenommen, dein bester Freund/Freundin fragt dich: Liebst du dich selbst? Was antwortest du?

Ist deine Antwort ein klares JA? Woran erkennst du deine Liebe zu dir?

Wie fühlt sich deine Liebe zu dir selbst an?

Wie zeigst du sie dir ganz konkret?

Wir alle haben gute und nicht so gute Tage oder Momente. In welchen Momenten merkst du, dass du deine Liebe zu dir nicht fühlen kannst?

Was macht diesen Moment aus?

Was fehlt dir in diesem Moment?

Wie fühlst du dich dann?

Was tust du in diesem Moment zu viel und was zu wenig?

In Momenten, in denen du die Liebe zu dir nicht spüren kannst: Was machst du dann? Wo holst du dir dann Liebe, Anerkennung, Trost ...?

Gibt es Dinge, die du immer wieder tust, von denen du genau weißt, dass sie dir schaden? Welche Dinge sind das?

Gibt es Dinge, die du nicht tust, obwohl du weißt, dass sie dir guttun?

Bitte antworte einfach aus dem Bauch heraus: Auf einer Skala von 1 (Ich liebe mich überhaupt nicht.) bis 10 (Ich liebe mich genauso, wie ich bin.) Wie hoch ist der Grad deiner Selbstliebe in normalen Momenten deines Lebens?

1   2   3   4   5   6   7   8   9   10

Was magst du an dir?

Was magst du gar nicht an dir?

Wo und wie hast du dich in deinem Leben selbst im Stich gelassen, dich verraten, warst hart zu dir?

Wenn du auf dein Leben zurückschaust und die Art, wie du dich behandelt hast bzw. hast behandeln lassen, gibt es etwas, was du sehr bereust und was du dir vergeben möchtest?

Die Beziehung zu deinem inneren Kind

Stell dir vor, du stehst in einem Raum. Wenn du jetzt an dein inneres Kind denkst, wo steht es in diesem Raum. Vor dir, hinter dir, wie weit ist es entfernt? Woran wirst du dein inneres Kind wiedererkennen?

Wie beschreibst du die Beziehung zu deinem inneren Kind?

Wie ist deine Beziehung zu deinem inneren Jugendlichen?

Dein Wendepunkt

Bitte stell dir vor, dass heute der Tag ist, an dem du beginnst, dich selbst mehr zu lieben und zu achten ...

Wie kannst du dir das konkret jeden Tag zeigen?

Was wirst du ab jetzt mehr fühlen?

Was wirst du endlich sein lassen?

Was wirst du weniger tun, einfach weil es dir nicht guttut?

Was wirst du mehr tun, weil es dich stärkt?

Woran wirst du ab jetzt merken, dass du dir selbst treu bist und zu dir stehst?

Dein Versprechen an dich

Wenn du es ernst mit dir meinst, dann nimm dir in dieser Woche einmal ausführlich Zeit für dich. Gehe an einen für dich ganz besonderen Ort und schreibe dir selbst einen Liebesbrief. Ja, ich weiß, wie ungewöhnlich das klingt. Doch du kannst nur etwas verändern, wenn du ungewöhnliche Dinge so lange tust, bis sie für dich zur Gewohnheit werden.

Schreibe diesen Brief in deinen Worten. Schreibe alles auf, was dir in den Sinn kommt. Schreib mit deinem Herzen, deiner Seele. Lasse es einfach fließen. Wenn du den Anfang gefunden hast, wird es leicht, dann wirst du merken, dass du nicht so schnell schreiben kannst, wie dein Herz dir diktiert. Sollten dich deine Emotionen überfluten – lass es einfach zu. Hinterher wird es dir besser gehen – versprochen.

Vielleicht gibt es auch etwas, das du dir verzeihen willst – schreibe es auf. Sei wirklich ehrlich mit dir. Versprich dir, für dich da zu sein, wie eine Mutter für ihr Kind. Versprich dir, dich zu lieben, wie Eltern ihre Kinder lieben.

Unabhängig von dem, was du bisher in deinem Leben erlebt hast. Versprich dir selbst, ab jetzt immer für dich da zu sein. Nimm dir diese Freiheit – übernimm ab jetzt die volle Verantwortung für dich und dein Leben.

Kapitel 5 – Selbstliebe und Menschenführung

Ziel: Der Leser erkennt, dass Selbstliebe die wichtigste Voraussetzung für eine erfolgsorientierte Menschenführung ist.

Anfangs habe ich überlegt, wo das Thema Führung am besten aufgehoben ist. Mein Gedanke war zunächst, bei Beruf und Erfolg. Dann wurde mir bewusst, wo Führung eigentlich beginnt.

Führung beginnt bei dir, in deiner Primärfamilie, bei den Beziehungen zwischen deinen Eltern oder Erziehungsberechtigten und dir. Hier lernen wir, wie man mit anderen Menschen umgeht. Führung ist nichts anderes als Beziehung zu Menschen und hat erst zweitrangig etwas mit Beruf und Erfolg zu tun.

Welche Rolle spielt hier die Selbstliebe?

„Selbstliebe ist die Grundvoraussetzung für eine gute, eine typgerechte Führung von Menschen."

Je mehr sich die Eltern oder Erziehungsberechtigten selbst lieben, desto wertschätzender und liebevoller gehen sie mit ihren Kindern um. Sind Eltern hingegen mit sich selbst nicht im Reinen, übertragen sie ihre Ängste in Form von Erwartungen auf ihre Kinder. Diesen Druck geben die Kinder ihrerseits in ihren Beziehungen, ob im Kindergarten, in der Schule oder bei ihren Freunden, unbewusst weiter. Dasselbe geschieht bei Führungskräften. Je weniger Führungskräfte mit sich selbst im Reinen sind, desto belasteter sind die Beziehungen zu ihren Mitarbeitern. Es gibt die schöne und passende Aussage:

„Wer Menschen führt, muss Menschen mögen – idealerweise sogar lieben."

Das ist aus meiner Sicht die absolute Mindestanforderung an eine Führungskraft, wenn sie den Anspruch hat, erfolgsorientiert zu führen.

„Wenn Menschen andere Menschen nicht mögen, dann resultiert das daraus, dass sie sich selbst nicht mögen. Dieses Nichtmögen übertragen sie auf andere."

Warum müssen Menschen geführt werden?

Die Frage ist, warum Menschen überhaupt geführt werden müssen. Bei Kindern ist das nachvollziehbar. Kinder müssen auf das selbstständige Leben vorbereitet werden. Aber warum müssen erwachsene Menschen geführt werden?

Ein Fossil aus der Vergangenheit

Eigentlich ist Führung, so wie wir sie gemeinhin kennen, ein Relikt aus der Vergangenheit. Zur Zeit der Industrialisierung unterstellte man den Arbeitern zum einen, dass sie nicht arbeiten, wenn niemand aufpasst. Zum anderen unterstellte man ihnen, dass sie nicht wissen, was sie tun sollen, sofern man es ihnen nicht sagt. Beides stimmte für diese Zeit tatsächlich. Arbeit war für die meisten Menschen ein reines Mittel zum Zweck. Je weniger sie für ihr Geld tun mussten, desto besser war es für sie. Da Arbeit zu dieser Zeit körperlich sehr anstrengend war, ist das gut nachvollziehbar. Der Glaubenssatz: „Mitarbeiter sind faul und dumm" hat sich im Grunde bis in die heutige Zeit gerettet.

Viele Führungskräfte haben Menschenführung von ihren Führungskräften gelernt. Auf diese Weise hat sich ein antiquierter Führungsstil gehalten. Es wird heute noch in vielen Unternehmen geführt, als würden wir noch in den Anfangszeiten der Industrialisierung leben.

Inzwischen haben viele Menschen nicht nur wesentlich mehr Wissen, sondern immer Menschen machen ihren Beruf aus einer anderen Motivation heraus, als nur, um Geld zu verdienen. Je nach Unternehmen und dessen Kultur gibt es zwischen diesen beiden Polen eine Menge anderer Führungsaufgaben. Heute geht es immer mehr darum, Menschen zu befähigen. Diese Befähigung richtet sich nach den Fähigkeiten des jeweiligen Menschen. So sind wir von einem aufgaben- und damit sachgetriebenen Führungsstil auf dem Weg in einen menschenorientierten Führungsstil.

Irgendwo habe ich mal gelesen: „Glückliche Kühe geben die beste Milch."
Auch wenn der Vergleich etwas merkwürdig anmutet, ist da etwas Wahres
dran, denn: „Glückliche Mitarbeiter leisten am meisten."

Für eine Führungskraft bedeutet das, dass es in ihrem absoluten Interesse liegen muss, dass es den Mitarbeitern gut geht. Damit das so funktioniert, gibt
es allerdings eine Voraussetzung. Eine Voraussetzung an der es meist scheitert. Die Voraussetzung dafür, dass eine Führungskraft dafür sorgt, dass ihre
Mitarbeiter glücklich sind, scheitert daran, dass die Führungskraft selbst nicht
wirklich glücklich ist.

„Der Gipfel des Glücks und gleichzeitig die größte innere Freiheit ist die Liebe
zu sich selbst."

So kann man logisch schlussfolgern: „Je mehr sich eine Führungskraft selbst
liebt, desto größer wird ihre Leistung, ihre Performance sein." Der Grund
dafür ist, dass die Führungskraft in der Lage ist, dafür zu sorgen, dass ihre Mitarbeiter glücklich sind. Das tut sie, indem sie sich ernsthaft für ihre Mitarbeiter
interessiert und herausfindet, welche Stärken und Bedürfnisse ihre Mitarbeiter
haben.

In einem nächsten Schritt sorgt die Führungskraft dafür, dass ihre Arbeiter
entsprechend ihren Stärken und Bedürfnissen eingesetzt werden. Die Krönung
der Leistung einer Führungskraft liegt dann darin, alle ihre Mitarbeiter für eine
emotionale Vision zu gewinnen, an der alle arbeiten wollen.

Gemeinsam auf der gleichen emotionalen Basis an einer Vision oder einem
Projekt zu arbeiten, führt dann wiederum zu guten Beziehungen innerhalb
des Teams. Alles zusammen führt dazu, dass die Mitarbeiter sich wohlfühlen,
weil sie gute Beziehungen untereinander haben und einen sinnvollen Beitrag
leisten können.

Führungskräfteentwicklung heute

Denkt man darüber nach, eine Führungskraft zu entwickeln, ist die beste
Investition dahingehend, dass diese Führungskraft sich selbst achtet, an sich
selbst glaubt, sich selbst liebt.

Es klingt leicht und tatsächlich ist es so leicht, weil man dann im Grunde nicht mehr viel machen muss, damit eine Führungskraft erfolgreich wird.

Wer sich selbst liebt, für den sind Begriffe wie Haltung, Respekt, Ethik und Aufrichtigkeit selbstverständlich. Damit ist Selbstliebe der Schlüssel zum Erfolg.

„Eine aus sich heraus glückliche, eine sich selbst liebende Führungskraft ist der größte Wert für ein Unternehmen."

Aus meiner Sicht ist es ein großer Fehler, dass Menschenführung immer noch als Schritt auf der Karriereleiter gesehen wird. Die besten Mitarbeiter sind nicht automatisch die besten Führungskräfte. Hier können die Unternehmen aus dem Sport lernen. Der langjährige Erfolgstrainer im Tennis, Nick Bollettieri, war ein Star unter den Trainern. Er selbst war nie ein herausragender Tennisspieler. Es sind unterschiedliche Fähigkeiten, die man braucht, um ein guter Tennisspieler zu sein, oder um Menschen zu trainieren, was bedeutet, Menschen zum Erfolg zu verhelfen. Eine gute Führungskraft und ein guter Trainer haben eines gemeinsam – sie wollen Menschen erfolgreich machen. Ihnen ist bewusst, dass ihr eigener Erfolg von dem Erfolg ihrer Sportler bzw. ihrer Mitarbeiter abhängt.

„Der einzig sinnvolle Führungsstil ist der, der Mitarbeiter befähigt, das Beste aus sich zu machen. Der einzig gewinnbringende Führungsstil ist der, der dafür sorgt, dass Mitarbeiter aus sich heraus glücklich sind."

Führung als Statussymbol – no!

Ist die Position Führungskraft ein Karriereschritt, zieht sie auch Menschen an, die Führungskraft zu sein als Statussymbol ansehen. Menschen, die diesen Status als Anerkennung für sich brauchen, werden sich vermutlich nicht tatsächlich für ihre Mitarbeiter interessieren. Somit ist es wahrscheinlich, dass sie ihre eigene Angst, nicht anerkannt zu sein, zum Kern ihres Führungsstils machen. Ihr Umgang mit ihren Mitarbeitern wird entsprechend angstgetrieben sein.

Da sie selbst in der Regel weder ihre Stärken noch ihre Bedürfnisse wirklich kennen, werden sie nicht in der Lage sein, ihre Mitarbeiter entsprechend zu führen.

Angstgetriebene Führungskräfte kosten ein Unternehmen sehr viel Geld, weil sie das Potenzial ihrer Mitarbeiter brachliegen lassen oder sogar unterdrücken und nicht für die Ziele des Unternehmens einsetzen.

Menschenführung und Macht

Eine Führungskraft zu sein, bedeutet auch, Macht zu haben. Macht ist ein Begriff, der in unserer Gesellschaft stark polarisiert. Macht bedeutet eigentlich nur, dass du in relativer Zeit Dinge realisieren kannst. Je mehr Macht, desto kürzer der Zeitraum der Umsetzung.

Was in dieser Zeit umgesetzt wird, hängt davon ab, wie charakterlich stark der Machtinhaber in Bezug auf Ethik und Moral ist. Die wahren Absichten und die Werte des Machtinhabers entscheiden darüber, ob Macht gut oder schlecht ist.

Ein anderes Beispiel: Macht ist wie ein Küchenmesser. Man kann damit ein gesundes Mahl zubereiten, aber man kann damit auch eine andere Person erstechen.

Ich selbst habe Macht lange Zeit abgelehnt, weil ich damit Schlechtes verbunden habe. Allerdings war mir das nicht bewusst. Mit den nachfolgenden Fragen möchte ich dich ermutigen, deinen Kontext, deine Einstellungen zu Macht zu überprüfen.

Aus meiner Sicht brauchen wir viel mehr Menschen mit Macht, die gute Absichten und ein gutes Wertesystem haben. Wir brauchen mächtige Menschen in Politik und Wirtschaft, die ihre Macht für das Gemeinwohl, anstatt nur für ihre Eigeninteressen einsetzen. Vielleicht bist du ein solcher Kandidat.

Macht – was denkst du darüber?

Welche Assoziationen fallen dir zu dem Wort Macht ein?

Gibt es für dich einen Unterschied zwischen guter, konstruktiver und dunkler, destruktiver Macht?

Nenne Beispiele aus deinem Leben, wo du Macht auf eine für dich positive Weise lebst:

Nenne Beispiele aus deinem Leben, wo du (noch) Macht auf eine für dich negative Weise lebst: Bist du bereit, diesen Machtmissbrauch aufzulösen? Was ist dafür wichtig zu tun, zu sagen, zu verändern? Welcher Person musst du eventuell etwas mitteilen, sie um Verzeihung bitten?

Benenne die 4 – 10 wichtigsten Bereiche deines Lebens (Beruf, Liebesbeziehung, Familie, Gesellschaft ...). Schätze auf einer Skala von 1 (absolut hilflos) bis 10 (volle Power) deine Macht in diesem Bereich ein.

Lebensbereich: Meine Macht (1 – 10)

1.
2.
3.
4.
5.
6.
7.
8.
9.
10.

In welchen Bereichen willst du mehr Macht, um Gutes zu erschaffen? Was brauchst du dafür?

Macht(power)ritual

An welche Menschen hast du im Laufe deines Lebens deine Macht abgegeben? Bei welchen Menschen hast du deren Meinung über deine eigene Meinung gestellt? Welche Menschen haben noch Macht über dich?

Schreibe ihre Namen jeweils groß auf ein Blatt Papier. Schreibe ihnen symbolisch einen Brief. Teile ihnen mit, dass du deine Macht zu dir zurücknimmst und was das bedeutet.

Verbrenne dann den Brief und stelle dir dabei vor, wie die Macht zu dir zurückströmt.

Kapitel 6 – Erfolg und Selbstliebe

Ziel: Der Leser erfährt, warum Selbstliebe die entscheidende Voraussetzung für Erfolg in der heutigen Welt ist.

Genau genommen bedeutet Erfolg, sein selbst gestecktes Ziel zu erreichen. Spricht man in unserer Gesellschaft von Erfolg, meint man meist beruflichen Erfolg, der mit dem Verdienen einer Menge Geld einhergeht. Man sagt: „Schau mal, der/die hat es geschafft, der/die ist erfolgreich." Im gleichen Atemzug sprechen die meisten Menschen dann von Glück.

Es scheint so, als würde man vor allem viel Geld zu verdienen mit Erfolg und Glück gleichsetzen. Aus meiner Sicht ist das ein großer Irrtum. Wenn jemand das Lebensziel hat, reich zu werden, frage ich mich, warum er das Ziel hat. Was steckt dahinter? Aus meiner Erfahrung wollen Menschen, deren erstes Lebensziel es ist, reich zu sein, mit dem Geld etwas kompensieren. Geld eignet sich wunderbar, um einen selbst gefühlten Minderwert vor der Gesellschaft zu verschleiern. In diesem Fall ist Erfolg nur Mittel zum Zweck.

Anders ist es, wenn mit dem Ziel, reich zu sein, ein höheres Ziel verbunden ist. Wer mit einer Sache, die ihm am Herzen liegt, viel Geld verdient, dann bedeutet es auch, dass er vielen Menschen etwas Gutes getan hat. Wer zum Beispiel reich sein will, um mit dem Geld soziale Projekte zu unterstützen, für den ist diese Unterstützung das eigentliche Ziel.

Dass Geld eine gewisse Anziehungskraft hat, möchte ich auf keinen Fall bestreiten. Ohne Geld kann man in dieser Gesellschaft kaum etwas bewegen. Zudem finde ich auch, dass es auf eine gewisse Art sexy ist, wenn man viel Geld verdient.

Womit ich absolut nicht übereinstimme, ist Geld zum Selbstzweck, als Erfolg an sich, zu erheben. Es macht für mich keinen Sinn, mit etwas Geld zu verdienen, was keine Freude bereitet, keinen Sinn für einen selbst ergibt und vielleicht sogar noch als anstrengende Dauerbelastung gesehen wird.

Das finde ich, offen gestanden, das emotional Dümmste, was ein Mensch tun kann. Mir ist bewusst, dass ich mich wiederhole, doch wir haben nur das eine Leben und das ist zeitlich begrenzt. Diese Zeit sollte man bestmöglich nutzen und nicht für eine Tätigkeit verschwenden, die man nicht mag. Zumal man dann womöglich das meiste sauer verdiente Geld dafür ausgibt, seinen Frust zu kompensieren.

Mir ist durchaus auch bewusst, dass es Menschen gibt, die einen Job machen müssen, einfach um zu überleben. Doch von dieser Art Job spreche ich hier nicht. Mir ist ebenso bewusst, dass es Zeiten gab, in denen Menschen ihre Arbeit als Pflichterfüllung gesehen haben und das war zu dieser Zeit auch völlig OK. Meinen Vater zähle ich zu diesen Menschen. Er hat als Kind den Zweiten Weltkrieg miterlebt, wuchs nach seiner Flucht in einem aus Trümmern gebauten Haus in einer Gartenkolonie auf. Er wusste, was Mangel bedeutet und hatte sich entschieden, wohlhabend zu werden. Dazu wählte er einen Beruf, in dem das gut möglich war. Er schaute somit nicht darauf, was ihm Freude machte, sondern in welchem beruflichen Umfeld er so viel Geld verdienen kann, um seinem Purpose nachzukommen und seinen Mangel zu beseitigen.

Heute ist die Zeit des Mangels in einem großen Teil der Gesellschaft längst Geschichte. Viele Kinder und Jugendliche kennen in ihrer Familie keinen Mangel mehr. Vielleicht haben sie von ihren Großeltern mal davon gehört, dass es das in ihrer Familie einmal gab. Darum sind sie nicht bereit, mit ihrer Arbeit eine „Pflicht" zu erfüllen – welche sollte das in einer Überflussgesellschaft auch sein?

Nein, die jungen Generationen, Generation Y und Z, wollen das tun, was ihnen Freude bereitet. Sie wollen einen Beruf, in dem sie sich persönlich weiterentwickeln können. Möglich ist das, weil viele junge Menschen mit einem besseren Selbstwertgefühl in die Welt der Erwachsenen gehen, als es früher der Fall war.

In den 60er-, 70er- und frühen 80er-Jahren war ein Kind einfach ein Mensch, der noch nicht erwachsen war. Spätestens seit den 80er-Jahren bekommen die Bedürfnisse eines Kindes ein anderes Gewicht. Das führt dazu, dass Kinder und Jugendliche einen höheren Selbstwert besitzen. Sie gehen selbstverständlicher davon aus, dass ihre Bedürfnisse zählen, und das erwarten sie auch in ihrem Beruf. Natürlich hat der demografische Wandel und die sich dadurch verschiebenden „Machtverhältnisse" eine verstärkende Wirkung auf diese Entwicklung.

Jüngere Generationen haben ihre eigenen Herausforderungen

Die jüngeren Generationen sind sich selbst so viel wert, dass sie nicht bereit sind, eine Arbeit zu tun, die ihnen keine Freude bereitet. Sie wollen etwas tun, das in ihren Augen Sinn ergibt. Die Themen Sinn und Selbstwert/Selbstliebe sind untrennbar miteinander verknüpft.

Die Herausforderung vieler junger Menschen besteht jedoch darin, herauszufinden, wer sie eigentlich sind, wo ihre Stärken liegen, was sie als sinnvoll erachten. Es ist die Generation mit den „Helikopter-Eltern". Dieser Typ Eltern will möglichst alles Schwere von ihren Kindern fernhalten. Diese Haltung verhindert, dass diese Kinder auch mal auf die Nase fallen und so herausfinden, was sie tatsächlich können und was nicht. Das wiederum führt dazu, dass diese jungen Menschen erst einmal eigene Erfahrungen machen müssen, um herausfinden, was sie tatsächlich können. Ihre Eltern finden zudem einfach alles an ihnen einzigartig – das ist wenig hilfreich für die Entwicklung eines realistischen Selbstbildes.

Was glaubst du über Erfolg?

Wenn ich über Erfolg lese, dann ist da fast immer die Rede von „harter Arbeit". Das deckte sich mit dem, was ich bei meinem Vater wahrnahm. Da wir unsere starken Glaubenssätze in der Kindheit und Jugend entwickeln, glaubte ich zu wissen, dass ich hart zu mir selbst sein muss und ganz verbissen mit einem starken Willen hart arbeiten muss, um erfolgreich zu sein. Genau dieser Glaube, hat mich dann in die Erschöpfungsdepression geführt.

Heute weiß ich, dass eine Lockerheit und Leichtigkeit notwendig sind, um erfolgreich zu sein. Das Einzige, was du wirklich brauchst, ist eine klare Absicht. Du musst ganz genau wissen, was gut für dich ist, und auf diese Weise deinen eigenen Weg finden.

Natürlich wird es so sein, dass du davon mehr tun musst als durchschnittliche acht Stunden täglich. Doch ist dies harte Arbeit? Nein! Wenn du etwas tust, was gut für dich ist, woran du Freude hast und einen echten Sinn siehst, dann hat das nichts mit harter Arbeit zu tun.

Wenn du verkrampft mit harter Arbeit Geld verdienst, dann ist es unglückliches Geld, das dich nicht weiterbringt. Harte Arbeit bedeutet, Angst vor etwas zu haben, und diese Angst verkrampft.

Glaubst du an dich, liebst du dich selbst, dann vertraust du dir und deinem Leben. Du wirst nicht verkrampft etwas wollen, sondern gelassen auf etwas zugehen.

„Du darfst dem Erfolg nicht krampfhaft hinterherlaufen, sondern solltest ihm entspannt entgegengehen."

Echter Erfolg vs. unechter Erfolg

Immer wieder spreche ich von echtem Erfolg. Vielleicht fragst du zu Recht, wo denn der Unterschied zwischen echtem und unechtem Erfolg liegt.

Echter Erfolg: Du weißt, was dir guttut. Du weißt, woran du Freude hast, und willst damit etwas Sinnvolles für dich und andere tun. Du kennst deine Stärken und weißt, was du besser anderen überlassen solltest. Du hast eine klare Absicht und handelst danach. Du verdienst glückliches Geld.

Unechter Erfolg: Du weißt nicht genau, wer du bist und was du von Herzen willst. Du bist nicht wirklich von dir überzeugt, glaubst, du seist „nicht gut genug". Du willst jedoch, dass du von anderen, von der Gesellschaft anerkannt und respektiert wirst. Du befürchtest, dass dein Glaube, „nicht gut genug" zu sein, von anderen gesehen wird. Darum ist es dir wichtig, viel Geld zu verdienen, um dir Dinge leisten zu können, mit denen du andere beeindrucken kannst. Du verdienst unglückliches Geld.

Mir ist bewusst, dass es nicht nur das eine oder das andere gibt. Auch bei mir gab eine Zeit, in der ich zwischen den beiden Wahrheiten unterwegs war. Obwohl ich eigentlich Freude an dem hatte, was ich tat, glaubte ich, dass ich nur Erfolg haben würde, wenn ich verkrampft daran arbeite. Das hat sowohl meinen Erfolg als auch meine Lebensqualität negativ beeinflusst.

Was bedeutet Erfolg für dich?

Wie definierst du Erfolg für dich?

Was für Gedanken kommen dir bei dem Wort Erfolg?

Wie beschreibst du deine Beziehung zu Erfolg?

Gibt es etwas, das du in deiner Beziehung zum Thema Erfolg heilen solltest?

Was bezeichnest du in deinem aktuellen Leben als erfolgreich?

In welchen Lebensbereichen wünschst du dir mehr Erfolg?

Bist du bereit, für ein Mehr an Erfolg mehr Zeit, Energie, Veränderungen zu investieren?

Und wenn „JA", was bist du bereit zu tun? Worauf würdest du verzichten, um dafür was zu tun? Beispiel: Anstatt Netflix zu schauen, lese ich ein Fachbuch ...

Kennst du Wege, um deine Gaben, deine Fähigkeiten, erfolgreich zu sein, zu stärken?

Kennst du Menschen, die für dich eine erstrebenswerte Art von Erfolg leben, die du als Vorbild nehmen könntest?

Wo stehen dir eventuell Neid und Konkurrenzdenken im Weg, um von anderen Menschen zu lernen?

Was kannst du von anderen Menschen lernen?

Im nächsten Kapitel kläre ich auf, was es mit dem glücklichen Geld und dem unglücklichen Geld auf sich hat.

Kapitel 7 – Geld und Selbstliebe

Ziel: Der Leser erfährt das Konzept von glücklichem Geld und unglücklichem Geld.

Geld spielt im Leben jedes Menschen eine zentrale Rolle. Ohne Geld geht fast nichts. Die Frage ist, welche Rolle Geld in deinem Leben spielt.

Ist Geld der Ausdruck eines Status in Form einer inneren Stärke oder Ausdruck einer inneren Schwäche. Beides ist möglich und von außen nicht sofort erkennbar. Das ist auch der Grund, warum für mich der wahre Status die innere Stärke ist. Nimmt man Geld als Gradmesser für einen Status, dann ist das aus meiner Sicht nicht ausreichend. Der finanzielle Status kann bei einem innerlich starken und innerlich schwachen Menschen gleich hoch sein.

Es gibt zwei entscheidende Fragen:

1. Mit welcher Motivation erwirtschaftet eine Person das Geld?
2. Wofür nutzt die Person ihr Geld?

Hier lässt sich erkennen, welchen inneren Status eine Person tatsächlich hat.

Die entscheidende Frage für dich ist: Was machst du mit deinem Geld? Nutzt du das Geld, um etwas Sinnvolles für dich und die Gesellschaft zu tun, oder nutzt du das Geld rein aus egoistischen Motiven, um deinen Status zu manifestieren?

Nutzt du dein Geld rein aus Statusgründen, ist es ein Deal und keine Beziehung. Du nutzt das Geld, einzig zu dem Zweck, dass es etwas über dich als Person aussagt. Das Geld bzw. das, was du damit kaufst, muss dein Loch an Anerkennung stopfen – Anerkennung, die du dir selbst nicht geben kannst. Anerkennung, zu der dir Geld verhilft, um nach außen hin etwas darzustellen. Ich weiß, dass das unter Umständen erst einmal hart klingt. Doch aus Erfahrung weiß ich auch, dass dich nur eine klare Ansage aufwecken kann, wenn du in dieser Schieflage hängst. Ich selbst habe das Spiel über Jahre genauso gespielt. Warum? Weil ich es nicht besser wusste. Tatsächlich dachte ich, dass das jeder so machen würde. Erst eine klare Ansage eines mir wohl gesonnenen Menschen hat mir die Augen geöffnet.

„Wer seinen Lebenssinn gefunden hat, ist frei von der Notwendigkeit des materiellen Status."

Ein Beispiel: Warren Buffett ist einer der reichsten Menschen der Welt. Er hat so viel Geld an der Börse verdient wie kaum ein anderer. Sein Vermögen liegt derzeit bei 85,17 Milliarden Euro. Er ist damit der viertreichste Mensch der Welt. Hätte er nicht die Hälfte seines Vermögens gespendet, wäre er vermutlich der reichste Mensch der Wert. Auf die Frage, warum er so viel Geld spendete, sagte er: „Es gibt Menschen, die können mit meinem Geld sinnvollere Dinge anfangen als ich." Buffett ist bereits über neunzig Jahre alt und nach wie vor beruflich und gesellschaftlich aktiv.

Lebt er in einer dicken Villa? Nein! Fährt er einen Ferrari, einen Bentley oder Rolls Royce? Nein! Ganz im Gegenteil. Buffett lebt zusammen mit seiner Frau in dem Haus, was er sich als junger Mann für etwa 31.500 Dollar, das entspräche heute etwa 250.000 Dollar, im Jahr 1958 gekauft hat. Natürlich hat er es im Laufe der Jahre modernisiert. Der heutige Wert liegt bei 650.000 Dollar. Das ist im Vergleich zu seinem Vermögen ein sehr geringer Bruchteil. Auf die Frage hin, warum er nicht in eine Villa gezogen sei, antwortete er: „Hätte ich geglaubt, irgendwo anders glücklicher zu werden, wäre ich dort hingezogen."

Auch sein Autogeschmack ist eher mittelständisch. Aktuell fährt er einen Cadillac aus dem Jahre 2006. Keine Spur von Statusdenken. Warum? Weil er sein Geld mit großer Freude vermehrt – es macht ihm einfach Spaß. Er tut es nicht, damit sein Erfolg etwas über ihn aussagen muss. Er ist mit sich und der Welt im Reinen, es ist ihm egal, was andere über ihn denken. Er hat keinen übermäßigen Stress, keine Angst vor dem Verlust seines Status. Er kann sein Leben einfach genießen.

Buffett hat sein Leben auch schon vor seinem Reichtum genossen. Das Geld hat ihn nicht verändert. Darum ist er auch in seinem Haus wohnen geblieben, anstatt in eine große Villa zu ziehen. Darum fährt er kein besonderes Auto.

Buffett ist der Beweis dafür, dass es nicht der Reichtum ist, der ihn glücklich macht. Er war bereits glücklich, bevor er reich wurde und würde auch noch glücklich sein, wenn er wesentlich weniger Geld hätte.

Der große Irrtum

Leider verfallen viele Menschen dem Irrtum, zu glauben, dass Menschen wie Buffett glücklich sind, weil sie reich sind. So laufen sie dem Geld hinterher in der Hoffnung, auch glücklich zu sein, sobald sie Geld haben. Sie glauben, Glück und Zufriedenheit lasse sich an der Höhe des Bankkontos messen.

Wenn diese Menschen, die nach Glück suchen, genauer hinsehen würden, würden sie nicht danach fragen, wie Buffett reich geworden ist. Diese Menschen täten besser daran zu fragen, was die Ursache des Glücks bei Warren Buffett ist.

Wie Geld dauerhaft glücklich macht

Geld ist viel mehr als Scheine oder Münzen. Geld ist auch mehr als Zahlen auf einem Kontoauszug. Geld ist in erster Linie eine Energie. Die Frage ist, ob diese Energie positiv oder negativ ist.

Schon vor längerer Zeit hatte ich darüber nachgedacht, dass es eigentlich zu wenig ist, nur einen Begriff für Geld zu haben. Mein Gedanke war, dass das Geld, was mit Freude und Sinn verdient wird, eigentlich einen anderen Wert haben müsste, als das Geld, das mit harter Arbeit verdient wird. Damit meine ich nicht die absolute Höhe, denn die ist dieselbe. Was ich meine, ist der relative Wert des Geldes. So kam ich auf den Gedanken, das Geld, das mit Freude verdient wird, als ‚helles Geld' zu sehen und das Geld, was aufgrund von Ängsten hart erarbeitet werden muss, als ‚dunkles Geld' zu sehen. Doch auch diese Unterscheidung fand ich noch nicht ‚griffig' genug.

Dann habe ich von einem Japaner mit dem Namen Ken Honda gelesen. Er spricht von „happy money" und von „unhappy money". Seine Art und Weise, so über Geld zu denken, deckt sich mit meinen Gedanken von hellem und dunklem Geld, ist jedoch besser nachvollziehbar.

Das glückliche Geld ist das Geld, das ein Mensch verdient, wenn er seinen Lebenssinn, seinen Beitrag gefunden hat und mit Freude das tut, womit er seinen Lebensunterhalt verdient. In diesem Fall ist allein das Geldverdienen schon der Glücksbringer.

Das unglückliche Geld ist das Geld, dass jemand verdient, weil er eigentlich Angst hat, von der Gesellschaft nicht genug Anerkennung zu bekommen. Dieses Geld wird mit der Kernmotivation der Angst verdient und ist deshalb schwer verdientes, unglückliches Geld. Die Arbeit, die zu dem Geld führt, macht unglücklich.

Das glückliche Geld hat eine grundsätzlich andere Energie, es macht nicht nur den Verdiener glücklich, sondern bringt durch seine positive Energie auch positive Energie in die Familie. Das glückliche Geld wird auch ausgegeben für Dinge, die wiederum glücklich machen. Es geht oft an Menschen, die ihrerseits das, was sie tun, mit Freude und Sinn tun. Auf diese Weise findet das gesamte Leben auf einem höheren, einem positiveren Energielevel statt.

Für mich ist diese Erklärung so hilfreich, weil ich so besser verstehen konnte, was bei uns zu Hause in meiner Familie geschehen ist. Obwohl wir finanziell überdurchschnittlich gut gestellt waren, war viel Unglück in unserer Familie, bis dahin, dass unsere Familie zerbrochen ist. Mein Vater hat sein Geld mit etwas verdient, was ihm keine Freude machte. Er verdiente unglückliches Geld. Hinzu kam, dass das Geld etwas über ihn aussagen musste, weil er tief in seinem Inneren sich selbst nicht vertraute. Er benutzte das Geld dazu, seinen gesellschaftlichen Status zu verbessern. Das bedeutete, dass er zu wenig Fokus auf das Glück unserer Familie hatte und zu stark nur bei sich selbst, bei seinen Egomotiven blieb.

Das Geld allein reichte nicht, um uns als Familie ein glückliches Leben zu ermöglichen. Um aus dem unglücklichen Geld glückliches Geld zu machen, hätte er es für Dinge ausgeben sollen, die uns als Familie glücklicher gemacht hätten. Auf diese Weise hätte mein Vater die Möglichkeit gehabt, aufgrund der positiven Energie sich irgendwann selbst mehr zu vertrauen. Hätte er sich mehr vertraut, hätte er sein Geld irgendwann mit mehr Freude verdienen können und so auch mehr und mehr glückliches Geld verdient.

„Du hast immer eine Möglichkeit, aus unglücklichem Geld glückliches Geld zu machen."

Glückliches Geld hat Heilkraft

Ich bin fest davon überzeugt, dass es da eine Wechselwirkung gibt, und somit jeder Mensch, der im Augenblick unglückliches Geld verdient, sich wandeln kann. Er heilt, indem er sein Geld mit Liebe ausgibt, indem er z. B. etwas Gutes tut. Auf diese Weise ist jeder dann in der Lage, Schritt für Schritt dahin zu kommen, glückliches Geld zu verdienen.

„Wie glücklich unser Geld ist, hat einen direkten Einfluss darauf, wie wir unsere anderen vier Lebensbereiche: Familie/Freunde; Hobby; Fitness/Gesundheit; SELBST leben."

Sind wir in Angst, dann denken wir in Statuskategorien und geben unser Geld für Dinge aus, die etwas über uns aussagen müssen. Dann wird vielleicht Golf gespielt, obwohl Fußball die Wahl des Herzens wäre, was aber einen zu geringen Status hat. In diesem Beispiel bleibt der Beitrag für den Golfclub unglückliches Geld, hat eine negative Energie. Würde die Person ihrem Herzen folgen und in den Fußballklub eintreten, würde das Geld glücklicher, die Energie positiv.

Anhand dieses Beispiels lässt sich erkennen, wie es möglich ist, sein Leben Schritt für Schritt ins Positive zu wandeln.

Unglückliches Geld zerstört Leben

Wessen Kernmotivation Angst ist und immer wieder entsprechend mit dem Kopf entscheidet, lebt sehr wahrscheinlich das Leben eines anderen – und schlimmstenfalls merkt er es nicht einmal. Auf diese Weise wird einmaliges Leben, wird die Individualität von Persönlichkeiten zerstört. Auch hier ist der

Schlüssel die Selbstliebe, zu der man auf unterschiedlichen Wegen gelangen kann, wie die Beispiele zeigen.

Übung: Wenn du eine Skala hast zwischen „0 – unglücklich" und „10 – glücklich", wo würdest du das Geld einstufen, das du derzeit verdienst?

1   2   3   4   5   6   7   8   9   10

Wie gibst du dein Geld aus? Wird es durch deine Ausgaben glücklicher oder unglücklicher?

Wenn du jetzt den Zustand, mit dem du dein Geld verdienst, mit dem Glückszustand deines gesamten Lebens vergleichst, erkennst du dort einen Zusammenhang?

Mein Tipp: Achte ganz bewusst darauf, glückliches Geld zu verdienen und glückliches Geld auszugeben. Achte darauf, wie sich deine Energie und die Energie in deiner Umgebung verändert.

Deine Beziehung zu Geld

Was bedeutet Geld für dich?

Wie sind deine Eltern mit Geld umgegangen?

Hast du eine gute Beziehung zu Geld?

Auf einer Skala von 1 bis 10, wie leicht oder schwer fällt es dir, Geld zu verdienen? 1(leicht), 10 (schwer)

1   2   3   4   5   6   7   8   9   10

Was wünscht du dir, soll in deiner Beziehung zu Geld besser oder anders werden?

Kapitel 8 - Körper und Selbstliebe

Ziel: Der Leser erfährt, warum Selbstliebe ein Gesamtkonzept ist, das den eigenen Körper mit einbezieht.

„Gesundheit schätzt man erst, wenn man sie verloren hat." (Deutsches Sprichwort)

Unser Körper ist ein Ausdruck dafür, wie wir mit uns selbst umgehen. Er zeigt, wie achtsam wir mit uns selbst sind und uns lieben. Das ist ein sehr wesentlicher Teil der Beziehung zu sich selbst.

Wir gehst du mit deinem Körper um? Was drückst du mit deinem Körper aus? Dieser Ausdruck ist auch ein wichtiger Erfolgsfaktor, weil unser Gegenüber intuitiv spürt, wie die Beziehung zum Selbst ist. Auch hier geht es um Vertrauen. Menschen, die sich selbst lieben, achten auf sich, auf ihren Körper. Mit unserem Körper bringen wir unser Inneres nach außen, wirken damit auf andere Menschen.

Bei übergewichtigen Menschen frage ich mich beispielsweise immer automatisch, was sie kompensieren, indem sie viel oder ungesund essen. Mir ist bewusst, dass Übergewicht auch krankheitsbedingt sein kann, doch das ist eher die Ausnahme.

Auch der Pflegezustand hat eine große Aussagekraft. Je mehr wir mit uns selbst verbunden sind, je mehr wir aus unserer Mitte heraus leben, je mehr wir uns selbst achten und lieben, desto gepflegter ist unser Körper.

Ein weiterer Baustein ist unsere Körperhaltung, dazu gehört auch die Kraft unserer Stimme. Beides sagt vieles über unsere innere Haltung, über unser Selbstbild aus. Deine innere Haltung und deine Körpersprache erzählen Bände über dich, ohne dass du auch nur ein einziges Wort von dir gegeben hast.

„Das, was und wie wir über uns denken, spiegelt sich in unserer Körperhaltung und unserer Stimme."

Unsere Haltung und unsere Stimme bestimmen unsere Ausstrahlung auf andere Menschen. Gehen wir beispielsweise gerade oder ist unser Kopf nach unten geneigt? Wer sich großen Belastungen ausgesetzt sieht, geht eher nach vorn geneigt, weil die Belastung metaphorisch auf seinen Schultern liegt. Das wiederum lässt darauf schließen, dass diese Person sich (momentan) nicht als stark genug empfindet, diese Belastung zu schultern. Das legt den Schluss nahe, dass sie nicht an ihre Kraft glaubt.

Unsere Haut ist der Handschuh unserer Seele. Haben wir Probleme mit der Haut, deutet das auf seelische Probleme hin. Metaphorisch fühlen wir uns nicht wohl in unserer Haut.

„Auch die Art und Weise, wie wir uns kleiden, zeigt einen inneren Teil von uns im Außen."

Damit meine ich nicht irgendwelche teuren Marken. Vor allem geht es darum, ob das, was wir unserem Körper anziehen, auch zu ihm passt. Kleiden wir uns stimmig, oder versuchen wir etwas darzustellen, was wir nicht sind? Ist das, was wir tragen, stimmig mit unserem Körper und stimmig zu unserer inneren Haltung? Je stimmiger, desto harmonischer wirken wir auf andere Menschen. Harmonie schafft Vertrauen.

Absolut wesentlich ist unsere Gesundheit. Lieben und achten wir uns selbst, dann achten wir darauf, dass es unserem Körper gut geht. Wir ernähren uns gesund, achten auf unser Körpergewicht, gehen regelmäßig zu Vorsorgeuntersuchungen.

Unser körperliches Wohlbefinden trägt erheblich dazu bei, dass wir uns insgesamt wohlfühlen. Unser Körper ist zu einem wesentlichen Teil für unsere energetische Ausstrahlung verantwortlich. Jemand, der gesund und kräftig wirkt, ist in einem anderen energetischen Zustand als jemand, der mit Übergewicht und einem ungesunden Lebensstil aufwartet.

Gesunden, kräftigen Menschen traut man mehr zu als übergewichtigen oder untergewichtigen Menschen. Automatisch schließt man auch auf ihre Disziplin und damit auf ihr Potenzial, erfolgreich zu sein.

Spreche ich hier von „man", meine ich unser Unterbewusstsein, das automatisch die Signale eines anderen deutet.

„Sobald wir unseren Körper schädigen durch ungesundes, übermäßiges Essen, durch Rauchen, Alkohol und andere Drogen, deutet das auf eine Ersatzbefriedigung aufgrund mangelnder Selbstliebe hin."

Im Umkehrschluss haben diese Menschen es schwerer, mit Menschen auf ein Level zu kommen, die in einem höheren energetischen Zustand sind. Echter Erfolg findet auf einem höheren energetischen Level statt.

Dabei geht es gar nicht darum, ein asketischer Supersportler zu sein. Vor allem geht es um Ausgewogenheit. Die Wahrheit liegt immer in der Mitte, in der Balance.

Bewegung

Allerdings gibt es ein paar Dinge, die sein müssen, um lange gesund und leistungsfähig zu bleiben. Dazu zählt vor allem die Bewegung. Wir Menschen haben unsere sogenannte Zivilisation in den letzten 100 bis 200 Jahren in einer nie da gewesenen rasanten Geschwindigkeit vorangetrieben.

„Unser Körper funktioniert immer noch wie in der Steinzeit."

Wir haben in den letzten Jahren sehr viel dafür getan, dass unser Leben bequemer wird. In der Konsequenz ist das so, als würde man einen Adler einsperren, um ihn zu schonen. Zum Vergleich: Wir Menschen haben uns früher im Durchschnitt 7 Kilometer am Tag bewegt. Heute sind es gerade einmal noch 700 Meter. Das ist viel zu wenig. Zu wenig Bewegung lässt unseren Körper krank werden. Die gesamte Fitnessbewegung ist der Beweis dafür, wie sehr wir

Menschen die Bewegung brauchen. Jahrzehntelang haben wir daran gearbeitet, dass unser Leben leichter wird. Wir haben Maschinen erfunden, unsere Lebensweise verändert, – um dann in Fitnessstudios Gewichte zu stemmen und durch Wälder und Parks zu laufen.

Dennoch gibt es noch viel zu viele Menschen, die das nicht tun, die ihre mangelnde Bewegung bei ihrer Arbeit nicht durch Bewegung außerhalb ihres Jobs ausgleichen. Sie sind oft übergewichtig, und als ob das nicht schon genug wäre, rauchen sie auch noch. Wie soll es da möglich sein, auf eine gesunde Weise leistungsfähig und erfolgreich zu sein?

Mein Eindruck ist, dass wir zudem immer mehr den Kontakt zu unserem Körper und damit zu uns selbst verloren haben. Für alles Mögliche nutzen die Menschen Fitnesstracker und Apps. Es scheint, als ob sie Zahlen, Daten und Fakten brauchen, um zu wissen, wie es ihnen geht. Jeder Mensch, der einen guten Zugang zu seinem Körper hat, braucht solche Dinge nicht – zumindest nicht in dieser Menge.

So wie viele Menschen den Kontakt zu sich selbst verloren haben, so haben sie auch den Kontakt zu der Welt, in der wir leben, verloren. So distanziert wie sie mit sich selbst umgehen, so distanziert gehen sie auch mit unserer Natur, mit unserer Umwelt um. Gibt es da vielleicht einen Zusammenhang? Ganz sicher!

Aus diesem Grund bin ich der festen Überzeugung, dass wir unsere Welt nur retten können, wenn wir Menschen uns selbst mehr lieben und als Teil der Natur sehen. So lange wir unseren Körper nur als Konsummaschine sehen, die funktionieren muss, werden wir auch unsere Welt als etwas betrachten, was außerhalb von uns selbst liegt und darum für unseren Konsum ausgenutzt werden kann.

Die folgenden Übungen werden dir helfen, wieder mehr in den Kontakt mit dir zu kommen.

Wie schätzt du deine Achtsamkeit deinem Körper gegenüber auf einer Skala von 1 (gar nicht) bis 10 (immer) ein?

1   2   3   4   5   6   7   8   9   10

Wie schätzt du deine Liebe deinem Körper gegenüber auf einer Skala von 1 (gar nicht) bis 10 (sehr) ein?

1   2   3   4   5   6   7   8   9   10

Wenn dein Körper ein eigenständiges Wesen wäre, wie beschreibst du die Beziehung zu diesem Wesen?

In welchen Situationen nimmst du deinen Körper gut wahr?

In welchen Situationen verlierst du den Kontakt zu deinem Körper?

In welchen Situationen kämpfst du gegen deinen Körper?

Was hilft dir, sanft und präsent in deinem Körper zu sein?

Dein Körperliebe-Check

Welche Stellen deines Körpers liebst du besonders? Welche Stellen magst du nicht? Schreibe kurz daneben, warum nicht (zu groß, tut weh, zu dick ...).

Deine Bewegung

Kleine Kinder bewegen sich sehr gern. Wir alle waren einmal kleine, bewegungsfreudige Kinder. Was ist passiert?

Schau dir einen durchschnittlichen Tag deines Lebens an. Welche Hauptbewegungsformen deines Körpers kannst du ausmachen (zur Arbeit gehen, Treppe steigen, Joggen, Kraftsport ...)?

Wie beschreibst du das Bewegungspensum deines Körpers auf einer Skala von 1 (gar nicht) bis 10 (vollkommen) beschreiben?

1   2   3   4   5   6   7   8   9   10

Wie hast du dich als kleines Kind gern bewegt? Solltest du dich nicht mehr erinnern, frage deine Eltern, Geschwister oder deine Freunde.

Welche Form der Bewegung magst du heute als erwachsener Mensch gern?

Welche Form der Bewegung kannst du nicht leiden?

Welche negativen Resultate entstehen durch die Bewegung in deinem Leben? Beispiel: Knieschmerzen beim Laufen ...

Welche negativen Resultate entstehen durch den Mangel an Bewegung in deinem Leben?

Welche Gedanken bzw. Glaubenssätze kommen dir zum Thema Bewegung und Sport?

Welche Gefühle steigen in dir auf, wenn du dir vorstellst, deinen Körper in den kommenden Wochen intensiver und häufiger zu bewegen?

Schließe deine Augen und frage deinen Körper. Was wünscht er sich an Veränderung in Bezug auf Bewegung?

Deine Ernährung

Auf einer Skala von 1 (gar nicht) bis 10 (vollkommen): Wie ausgewogen würdest du deine Ernährung beschreiben?

1   2   3   4   5   6   7   8   9   10

Was gefällt dir an deiner Art, dich zu ernähren?

Was isst du zu viel?

Was isst du zu wenig?

Was würdest du gern weglassen?

Was würdest du gern deiner Ernährung hinzufügen?

Was würdest du gern an deinen Essgewohnheiten ändern?

Welche Gedanken und Gefühle steigen in dir auf, wenn du dir vorstellst, deine Essgewohnheiten positiv zu verändern?

Ist dein Gewicht ein Thema für dich? Wenn ja, inwieweit? Würdest du gern etwas an deinem Gewicht verändern?

Welches Suchtverhalten musst du dir ehrlich eingestehen, was deinem Körper schadet?

Was löst die Vorstellung in dir aus, du würdest auf diese Süchte verzichten?

Wenn du dir alles wünschen kannst, was wünschst du dir bezüglich deiner Ernährung für die kommenden Wochen?

Kapitel 9 – Umwelt und Selbstliebe

Ziel: Dem Leser wird klar, dass Selbstliebe der wirksamste Umweltschutz ist.

Wer sich selbst liebt, liebt auch die Natur. Hast du einen guten Kontakt zu dir und deinem Körper, ist es wahrscheinlich, dass du einen guten Kontakt zu der Natur aufbauen kannst – du weißt, dass du ein Teil der Natur bist.

Gleiches gilt auch umgekehrt. Warum? Selbstliebe bedeutet ein Geschenk der Natur, sein Leben anzunehmen, zu achten und zu lieben.

„Selbstliebe bedeutet Achtung vor dem Geschenk des Lebens – allen Lebens – zu haben."

Die Natur ist auf ihre Weise perfekt. Das bedeutet, dass jeder Mensch auf seine Weise perfekt ist.

„Du bist auf deine Weise perfekt."

Sobald du dich zu 100 % selbst annimmst, achtest und auch liebst, vertraust du der Natur – ohne Wenn und Aber, ohne Bedingungen. Nimmst du dich selbst so an, wie du bist, und achtest du auf dich selbst, bedeutet das auch, dass du die Verantwortung für das Leben nach uns, für die nachfolgenden Generationen übernimmst. Warum? Weil dir daran gelegen ist, dass auch die einmaligen Geschöpfe nach uns, Geschöpfe, die unsere Natur hervorbringt, die gleichen Möglichkeiten bekommen, sich zu entfalten.

Für dich bedeutet das, dich auf eine ganz natürliche Weise für die Natur verantwortlich zu fühlen. Du wirst alles, was in deinen Möglichkeiten steht, tun, um die Natur, die Umwelt und unseren Planeten zu schützen.

Selbstliebe rettet die Welt

Wer sich selbst liebt, liebt auch die Welt, in der er lebt. Er sieht die Natur nicht außerhalb seiner Person, sondern sieht sich als einen Teil davon. Diese Haltung ist aus meiner Sicht die einzige Möglichkeit, unsere Natur zu retten, die Ausbeutung zu stoppen.

„Die Selbstliebe jedes Einzelnen ist die einzige Chance, die wir haben, tatsächlich unsere Welt zu retten."

Ende unserer Selbstausbeutung

So wie wir die Natur ausbeuten, so beuten wir uns auch selbst aus! Doch wofür? Wir alle arbeiten, um unsere Lebensqualität zu verbessern. Das bedeutet für viele Menschen ein „Schneller, Höher, Weiter", ein „Immer-Mehr". Was nutzt uns das, wenn wir dabei uns selbst und unsere Welt zerstören, weil wir sie für diese konsumbasierten Ziele ausbeuten? Wo liegt darin ein Gewinn?

Aus reiner Gewohnheit mag das für den Moment den Einzelnen nicht sonderlich interessieren, doch was ist mit den nachfolgenden Generationen? Nun kannst du dir natürlich die Frage stellen, wie du die Welt retten willst. Wie willst du dich retten? Die Antwort kannst du dir vielleicht schon denken:

„Wenn du dich und die Welt retten willst, dann fange an, dich selbst aus vollem Herzen zu lieben!"

Nur wenn du dich selbst liebst und dich selbst als Teil der Natur siehst, wirst du die Natur aus einem ganz tiefen Bedürfnis heraus schützen wollen. Du hast eine ganz selbstverständliche Motivation, die Welt zu retten. Du wirst ebenso alles dafür tun, dass es unseren nachfolgenden Generationen gut geht.

So einfach wie es klingt, ist es auch: „Liebe ist nicht nur ein Substantiv. Liebe ist vor allem ein Verb, oder auch „Tunwort" genannt. Fange an, dich aktiv selbst zu lieben.

„Du kannst sofort damit beginnen, dich zu lieben – worauf willst du warten?"

Weil es so wichtig ist, wiederhole ich es noch einmal: „Rette dich selbst und du rettest die Welt!" Oder auch: „Liebe dich selbst und du rettest die Welt." Ist es nicht schön? Du kannst die Welt retten, einfach indem du dich liebst!

Und jetzt verrate ich dir auch noch, was du konkret tun kannst, um nachhaltig und langanhaltend glücklich zu sein.

Sei erfolgreich – rette damit die Welt

Spreche ich von Rettung, dann spreche ich auch von Erfolg. Nur wenn du in deiner Weise, mit deinem sinnvollen Beitrag erfolgreich bist, bedeutet das, dass du viel Gutes tust. Es gibt genug Produkte und Dienstleistungen, die neu erfunden werden müssen, weil sie nicht mehr in die Zeit passen. Mache dich auf den Weg und suche dir das, was zu dir und in die Zeit passt.

Ob als Unternehmer, Selbstständiger oder Führungskraft, es gibt genug Sinnvolles zu tun. Übernimm Verantwortung – sofort – und sei glücklich dabei. Anders ausgedrückt: „Je erfolgreicher du dabei bist, glücklich zu sein, desto mehr rettest du die Welt!" Oder auch: „Je glücklicher du bist, desto besser geht es der Welt und damit uns allen."

Du übernimmst dann Verantwortung, wenn du dich zeigst. Mit zeigen meine ich, dass du dich und deinen Erfolg, Gutes zu tun, zeigst. Zeige, dass du erfolgreich und glücklich bist. Inspiriere andere Menschen, es dir gleich zu tun. Je mehr du erreichst, desto besser. Die sozialen Medien machen es möglich. Sorge dafür, dass andere Menschen Teil deines Erfolges sein wollen.

„Vergrößere dein eigenes Glück, indem du es mit anderen Menschen teilst."

Selbstliebe und Beitrag - dein Erfolg rettet die Welt

Dein Beitrag ist etwas – ein Ziel, das größer ist als du selbst. Das bedeutet, es ist etwas, mit dem du uns, der Menschheit, dienen kannst. Ein Ziel, das dir und deinem Leben einen tieferen Sinn gibt. Dieser Beitrag ist wie dein Polarstern. Er gibt dir einen echten Sinn und damit auch eine große innere Sicherheit. Dieser Sinn steht in einem klaren Einklang mit deinen Werten.

Auch wenn sich das nach einem großen Beitrag anhört, ist jeder Beitrag, der die Welt besser macht, sehr wertvoll – sei er auch noch so klein. So kann es sein, dass du dich entscheidest, nur noch für ein Unternehmen zu arbeiten, das nachhaltig produziert. Oder du machst dich selbstständig und entscheidest dich dafür, deine Kunden nach deren sinnvollem Beitrag auszuwählen.

Ich habe viele Menschen kennengelernt, die zwar erfolgreich waren im Sinne von „Ziele erreichen" und damit Geld verdienen. Doch diese Menschen waren oft saft- und kraftlos. Warum? Sie hatten viele Jahre nur sich selbst gedient. Ihnen fehlte das höhere Ziel. Sie hatten keine Lust mehr, einfach nur „Konsumlappen" zu sein, nur für irgendwelchen Konsum zu arbeiten. Arbeiten, Geld verdienen, konsumieren als Selbstzweck macht irgendwann mürbe. Wer so lebt, stumpft langsam immer mehr ab und merkt es oft nicht einmal.

Die Verbindung von Selbstliebe, Arbeit und Beitrag herstellen

In diesem Kapitel geht es darum, wie du es schaffst, eine Verbindung zwischen deiner Selbstliebe und deinem Beruf und deinem Beitrag herzustellen. Vielleicht fragst du dich jetzt, wie das gehen soll, weil du dich vielleicht noch gar nicht liebst. Das Gute an dem Weg, den ich dir aufzeige, ist, dass beides in einem direkten Zusammenhang steht. Falls es dir nicht geglückt ist, dich einfach zu lieben, hier kommt die nächste Möglichkeit. Du kannst auch zuerst deinen Beitrag herausarbeiten und darüber beginnen, dich mehr und mehr zu lieben.

Auf dem Weg, den ich mit dir jetzt gehe, gehören Selbstliebe und Beruf/Beitrag zusammen wie Siamesische Zwillinge. Das bedeutet, es funktioniert in beide Richtungen:

1. Du liebst dich bereits selbst und willst die Arbeit zum Ausdruck deiner Selbstliebe machen, indem du einen für dich sinnvollen Beitrag leistest.
2. Du willst herausfinden, was dein Herz zum Leuchten bringt, und tun, was dich mit Sinn erfüllt, um so Schritt für Schritt durch dein Tun dich immer mehr selbst zu achten und zu lieben.

Die Grundhaltung dafür ist, dass dein Beruf ein Ausdruck deiner Selbstliebe ist und du deshalb auch nicht anders kannst, als erfolgreich zu sein. Erfolg ist in diesem Kontext wichtig, weil Erfolg bedeutet, dass du viele Menschen erreichst.

Deine Mission

Kennst du deine Mission?

Lebst du sie?

Beschreibe sie mit deinen Worten.

Deine Mission empfangen

Schreibe dir die Frage „Was ist meine Mission in dieser Welt?" auf ein großes
Blatt Papier. Positioniere es so in deinem Umfeld, dass du die Frage mindestens
einmal täglich liest. Geh mit der Frage „schwanger"! Stelle sie dir mehrmals
täglich, ohne sofort eine Antwort erzwingen zu wollen. Notiere Eingebungen,
Ideen, Träume, Erkenntnisse.

Die Essenz deines Lebens

Lass uns einen Ausflug in die Zukunft machen: Angenommen du bist bereits
glücklich gestorben, du blickst auf ein erfülltes Leben zurück. Bei deiner
Beerdigungsfeier treffen wichtige Wegbegleiter von dir zusammen. Jeder von
ihnen repräsentiert eine Lebensrolle von dir. Deine Kinder repräsentieren zum
Beispiel deine Lebensrolle als Vater/Mutter. Deine Mitarbeiter repräsentieren
deine Rolle als Führungskraft.

Wie viele Menschen auf deiner Beerdigungsfeier repräsentieren eine Lebensrolle von dir?

Was sagen diese Menschen über dich und darüber, wie du diese Lebensrolle
ausgefüllt hast?

Am Schluss steht eine Person auf und fasst die Essenz deines Lebens zusammen. Was sagt diese Person über dich und dein Leben?

Dein Credo

Zuerst erklärt er/sie den anderen dein Credo. Credo heißt „ich glaube". Es ist
dein konzentriertes Glaubensbekenntnis.

Stell dir einmal vor, dieses Universum ist eine einzige, ewig klingende majestätische Sinfonie. Wir Menschen sind der Chor. Jede:r von uns kommt, um einen einzigartigen Akkord beizutragen. Dein Credo ist die eine Botschaft, für die dein ganzes Leben steht. Eine Botschaft, die aus all deinen Worten und deinem Wirken herauszuhören war.

Eine Botschaft, die sich in einem Satz zusammenfassen lässt. Wenn die Menschen, die dich kennen, dein Credo hören, lächeln sie, denn sie bringen es sofort mit dir in Verbindung.

Dein Beitrag

Dann spricht dieser Mensch über deinen Beitrag. Wenn du nach einem erfüllten Leben stirbst, wirst du etwas hinterlassen haben. Du wirst die Welt etwas schöner und besser gemacht haben. Vielleicht ist diese Veränderung scheinbar unscheinbar, vielleicht scheinbar groß. Das zählt nicht. Wichtig ist: Es wird eine Veränderung sein, von der du weißt, dass genau dies der Auftrag war. Was ist anders, was ist besser in der Welt, nachdem du da gewesen bist?

Deine Qualitäten

Zuletzt gibt der Redner eine Frage in die Runde. Welche drei bis fünf positiven Eigenschaften fallen den Gästen ein, wenn sie an dich denken? Wegen welcher Qualitäten wirst du ihnen für immer in Erinnerung bleiben?

Impuls: Deine Grabrede

Nimm dir Stift und Papier und schreibe heute oder in den kommenden Tagen diese Rede über die Essenz deines Lebens auf. Glaub mir, sie wird dein Leben jetzt und hier verändern. Richte dich weniger daran aus, wer du bis jetzt gewesen bist, sondern komm von dem Punkt, wer du gewesen sein möchtest, wenn du stirbst. Es ist nicht wichtig, wie viel Zeit du noch zu haben glaubst. Ich habe Menschen ihr Leben über Nacht ändern sehen. Der beste Augenblick, um neu zu beginnen, ist JETZT.

Deine weltlichen Rollen und deine Mission

Welche Hauptrollen kannst du in deinem Leben wahrnehmen? Wie lebst du in den jeweiligen Bereichen deine Mission? Wo fühlst du dich bereits voll in deiner Kraft? Wo erlebst du dich noch als wartend, suchend, zweifelnd? Wo gehst du faule Kompromisse ein?

Erklärung: Eine Rolle ist ein Hauptbereich in deinem Leben, z. B. Vater, Geliebter, Unternehmer ... Es kann sein, dass du in bestimmten Rollen bereits deine Mission gefunden hast und ihr treu bist und in anderen noch herumeierst oder unklar bist.

Deine Rollen

1.

2.

3.

4.

5.

6.

7.

8.

9.

10.

Deine Mission, Power, Klarheit in dieser Rolle:

Kapitel 11 – Stärkenorientierte Persönlichkeitsanalysen

Ziel: Der Leser lernt wirksame Methoden kennen, um mehr über sich, seine Stärken, Motive, Talente und Absichten zu erfahren.

Nachfolgend stelle ich dir sehr wirksame Methoden vor, dich selbst besser kennenzulernen. Bekommst du neue Erkenntnisse über dich, sieh dir gern noch einmal deine Mission an und prüfe für dich, ob sich etwas verändert hat.

Leise, laut, euphorisch, zurückhaltend oder selbstbewusst – die Persönlichkeit eines Menschen ist genauso einzigartig wie sein Fingerabdruck, seine DNA. Die fünf wesentlichen Charakterausprägungen der Persönlichkeitspsychologie prägen unser Leben und damit auch unsere berufliche Laufbahn. Aus diesem Grund ist es so enorm wichtig, sich selbst und seine Persönlichkeit genau zu kennen.

Seit Anfang zwanzig beschäftigt mich die Frage, welchen Anteil meiner Persönlichkeit ich verändern kann und welchen nicht. Es gibt Eigenschaften unserer Persönlichkeit, die uns in die Wiege gelegt wurden. Charaktereigenschaften, die wir nicht verändern können.

Wer zum Beispiel sehr extrovertiert ist, es liebt in der Menge zu baden, der wird sich nicht zu einem introvertierten Menschen „erziehen" können. Wer das versucht, wird früher oder später merken, dass ihn sein Leben mehr und mehr anstrengen wird, weil er gegen seine „Natur" handelt.

Andere Eigenschaften gewöhnen wir uns im Laufe unseres Lebens an. Das können Eigenschaften sein, die in unserem gesellschaftlichen Umfeld ‚belohnt' werden.

So kann es sein, dass jemand, der sehr ehrgeizig ist und gern gut ist in dem, was er tut, sich das ‚abgewöhnt', weil ihn sein gesellschaftliches Umfeld dafür bestraft, indem es ihn als „Streber" bezeichnet und vielleicht sogar meidet. Das bedeutet, dass wir uns bestimmte Eigenschaften auch wieder an- oder abgewöhnen können, je nachdem, was uns, unseren Visionen und Zielen dienlich ist. Die große Kunst besteht darin, das eine vom anderen zu unterscheiden. Was also ist angeboren und was haben wir uns angewöhnt, also wie haben wir uns konditioniert.

Unterschiedliche Persönlichkeitsanalysen helfen dir dabei, deine Eigenschaften und Charakterzüge einzuschätzen und so deine Persönlichkeit besser kennenzulernen. So hast du die Möglichkeit herauszufinden, was du nicht verändern kannst und was du gezielt verlernen und (neu) erlernen und/oder weiterentwickeln kannst. Persönlichkeitsanalysen bieten die Grundlage für dein persönliches Wachstum.

Tibetischer Persönlichkeitstest

Die Voraussetzung. Beginnen wir mit einem einfachen, sehr intuitiven Persönlichkeitstest. Er ist auch eine gute Übung für die folgenden Persönlichkeitsanalysen. Eine wesentliche Voraussetzung für alle Persönlichkeitsanalysen ist, dass du dein Unterbewusstsein öffnest und intuitiv auf die Fragen antwortest.

Dein Unterbewusstsein weiß mehr, als dir bewusst ist – darum heißt es Unterbewusstsein. Über die Analysen machst du das sichtbar, was dir bisher nicht bewusst war, um es dann gezielt nutzen zu können. Wie im Buddhismus und in der Meditation muss auch hierbei zunächst der Geist beruhigt und die Intuition und Spontanität geweckt werden, um ans Unterbewusste zu gelangen.

Suche dir also einen ruhigen Ort, an dem du nicht gestört werden kannst, und plane genug Zeit für dich ein. Antworte ehrlich und spontan, lasse dich von deiner Intuition leiten, ohne lange über eine vermeintlich „richtige" Antwort nachzudenken. Es gibt keine richtigen oder falschen Antworten. Sobald du versuchst, die Antworten, in welcher Form auch immer, bewusst zu beeinflussen, wird dir das Ergebnis nicht weiterhelfen können.

Persönlichkeitsanalysen sind Standortbestimmungen, von denen aus du dich gezielt weiterentwickeln kannst. Ein Teil der Antworten wird dir bekannt vorkommen, ein anderer Teil wird neu für dich sein – das ist dann sehr wahrscheinlich etwas aus deinem Unterbewusstsein.

Mag sein, dass du dich vielleicht über das eine oder andere Ergebnis wundern wirst. Vielleicht findest du es auch amüsant. Denke immer daran, dass du die Fragen beantwortet hat und es an dir liegt, das Ergebnis selbstkritisch zu reflektieren. Nur so wirst du die Möglichkeit haben, dich so weiterzuentwickeln, dass du deine Ziele erreichst. Das menschliche Unterbewusstsein arbeitet besser, wenn es offen ist.

Nimm dir am besten einen Stift und ein Blatt Papier, um die Antworten aufzuschreiben. In der Auflösung weiter unten wirst du dann mehr über dich erfahren. Dinge, die dir bereits bewusst waren, vielleicht aber auch etwas, das überraschend für dich ist. Tue dir selbst einen Gefallen und decke die Lösungen ab, damit du nicht in Versuchung kommst zu spicken. Auf geht's:

Stelle die folgenden fünf Tiere in eine (deine) Reihenfolge:
* Kuh
* Tiger
* Schaf
* Pferd
* Schwein

Beschreibe mit einem Adjektiv folgende Substantive:
* Hund: _____
* Katze: _____
* Ratte: _____
* Kaffee: _____
* Meer: _____

Denke an fünf Menschen, die in deinem Leben eine große Bedeutung haben. Ordne den Namen der Person jeweils einer Farbe zu:
* Gelb: _____
* Orange: _____
* Rot: _____
* Weiß: _____
* Grün: _____

Glückwunsch – das war es schon. Nun darfst du gespannt sein auf die Lösung und die entsprechende Erklärung dazu:

In Frage 1 geht es um die Prioritäten im Leben. Die Tiere symbolisieren bei diesem Test unterschiedliche Lebensbereiche – und welches Gewicht wir ihnen in unserem Leben geben. Wie hast du dich entschieden? Wie sieht deine Prioritäten-Liste aus?

- Die Kuh steht für die Karriere.
- Der Tiger für das Selbstwertgefühl.
- Das Schaf für die Liebe.
- Das Pferd für die Familie.
- Das Schwein steht für Geld.

Die Adjektive wiederum beschreiben nicht nur die Assoziationen zu dem jeweiligen Substantiv. Dahinter verbergen sich in diesem Test auch Aussagen über dich selbst, über dein Umfeld und dein Leben – und wie du dies letztlich empfindest und bewertest.

- Die Assoziation mit dem Hund zeigt deine eigene Persönlichkeit.
- Die Katze symbolisiert die Persönlichkeit deines Partners.
- Die Ratten stehen für dein Feinde.
- Der Kaffee beschreibt dein Verhältnis zu deinem Liebesleben.
- Das Adjektiv für das Meer zeigt dein eigenes Leben.

Die Farben beschreiben das Verhältnis zu den Menschen. Auch hier stecken hinter den Farben Assoziationen und Bedeutungen.

Laut Test verrät die Zuordnung bestimmter Menschen in unserem Leben zu der jeweiligen Farbe, welches Verhältnis wir zu diesen Menschen (unterbewusst) besitzen:

- Gelb ist ein Mensch, der dein Leben maßgeblich beeinflusst hat.
- Orange ist dein wahrer Freund.
- Rot ist der Mensch, den du wahrlich liebst.
- Weiß ist dein Seelenpartner.
- Grün ist der Mensch, an den du dich dein gesamtes Leben lang erinnern wirst.

Methode VALK – deine bevorzugten Verhaltensmuster

Diese Analyse ist schon etwas umfassender.

Zuallererst stelle ich dir die Frage: Wer bist du? Vielleicht hast du aufgrund des tibetischen Persönlichkeitstest schon eine Idee, wie du diese Frage beantworten kannst. Was ich an dieser Stelle meine, sind deine Stärken und deine Bedürfnisse.

Die VALK-Methode ist eine eigens entwickelte Methode, die sich stark an den gängigen Methoden der persönlichen Typologisierungen orientiert. Sie konzentriert sich auf die Kernaussagen und ist deshalb schneller und leichter zu handhaben als die anderen auf dem Markt erhältlichen Typologien.

Bei dieser Methode beschreiben die Eigenschaften bestimmter Tiere metaphorisch die vier unterschiedlichen Ausprägungen deiner Persönlichkeit.

Du kannst mit dieser Methode Folgendes herausfinden: „Sind deine persönlichen Eigenschaften, Stärken und Bedürfnisse eher denen eines Tigers, eines Affen, eines Elefanten oder denen einer Ameise ähnlich?"

Da wir Menschen typische Eigenschaften aller Tiere in uns vereinen, gilt es herauszufinden, welche Eigenschaften bei dir dominieren. Hast du beispielsweise die meisten Überschneidungen bei einem Tiger, bist du beispielsweise eher dominant, zielorientiert, direkt und hast Freude am Machen. Hast du die meisten Überschneidungen bei den Affen, bist du beispielsweise eher kommunikativ, kreativ, flexibel und hast Freude daran, Menschen zu begeistern. Bist du ein Elefant, bist du beispielsweise eher loyal, werteorientiert, routiniert und hast Freude daran, andere Menschen zu unterstützen. Bist du eine Ameise, bist du beispielsweise eher analytisch, detailgenau, logisch und hast Freude daran, vorrangig vernünftig zu handeln.

Natürlich hat jeder von uns alle Tiere in sich vereint. Entscheidend für dein Verhaltensmuster ist jedoch, in welcher Ausprägung du dieses oder jenes Tier bist. Das findest du am besten heraus, indem du einfach selbst die Analyse machst.

Scanne dafür einfach den QR-Code und du bekommst die Frage- und Auswertungsbögen direkt als PDF zugeschickt. Ganz einfach zum Ausdrucken.

https://www.VALK-me.de

16-Personalities

Die kostenlose 16-Personalities-Analyse teilt Menschen in 16 verschiedene Persönlichkeitstypen ein. Sie beruht auf dem Prinzip des Myers-Briggs-Typenindikators (MBTI). Dieser MBTI ist mir das erste Mal in einer Personalberatung begegnet. Dort nutzte man diese Analyse, um die Bewerber auf eine mögliche Eignung für den Job zu testen, für den sie sich beworben hatten. Der MBTI orientiert sich an Theorien, mit denen sich der Psychologe Carl Gustav Jung bereits vor mehr als 100 Jahren (1921) beschäftigt hat.

Um die Analyse zu machen, müssen 60 Aussagen eingeschätzt werden. Die Skala reicht dabei von „stimmt" bis „stimmt nicht". Das Ergebnis erscheint nach etwa zwölf Minuten.

16-Personalities unterscheidet vier Hauptgruppen: Analysten, Diplomaten, Wachen und Forscher. Diese unterteilen sich dann wiederum in jeweils 4 Typen. Auch wenn die 16-Personalities-Analyse selbst nicht als offizielles Diagnostik-Verfahren zugelassen ist, war ich von der Genauigkeit überrascht und konnte mich gut mit den Ergebnissen identifizieren. Das liegt vermutlich daran, dass sie sich an dem stark bewährten MBTI Diagnoseverfahren orientiert.

Die 16-Personalities-Analyse macht die unterschiedlichen „Typen" des MBTI durch Titel wie „Abenteurer" oder „Mediator" nun kostenlos und unterhaltsam für alle greifbar. So erfährst du auch, wie du liebst, Freundschaften pflegst oder als Elternteil tickst.

Was ist INFP?

Beim Myers-Briggs-Indikator werden die Persönlichkeitstypen in vier Dimensionen eingeteilt und haben jeweils komplizierte Buchstaben-Kombinationen wie zum Beispiel INFP:

- Aufmerksamkeit – Extraversion (E) vs. Introversion (I)
- Informationsaufnahme – sensitives Empfinden (S) vs. Intuition (N)
- Entscheidungen treffen – Denken (T) vs. Fühlen (F)
- Weltanschauung – Urteilen (J) vs. Wahrnehmen (P)

Die vier Buchstaben jedes individuellen Typs sollen dabei helfen, sich selbst und das Verhalten gegenüber anderen besser nachzuvollziehen.

Wie unterscheiden sich die Persönlichkeitstypen?

Welcher der insgesamt 16 Persönlichkeits-Typen auf dich zutrifft, kannst du letztlich nur per Test herausfinden. Hier die vier verschiedenen Hauptgruppen:

1. Analysten

Wer rational und funktional denkt und seine Ziele immer strategisch und ambitioniert verfolgt, zählt zu den Analysten. Die Analysten sind objektiv und können weiter in „Architekten", „Logiker", „Kommandeure" und „Debattierende" unterteilt werden.

2. Diplomaten

Diplomaten zeichnen sich durch viel Empathie aus und sind stets auf der Suche nach Harmonie und Diplomatie. Ihr charismatisches und idealistisches Wesen inspiriert andere und reißt sie mit. „Advokat", „Mediator", „Protagonist" und „Aktivist" fallen unter diese Dimension.

3. Wachen

Wachen sind eher praktisch veranlagt und beziehen sich auf Fakten. Sie tanzen nicht gern aus der Reihe, brauchen Ordnung und geregelte Abläufe. Sie halten sich an Regeln, sind unflexibel und schützen, was ihnen wichtig ist. Wachen gliedern sich in „Logistiker", „Verteidiger", „Exekutive" und „Konsuln".

4. Forscher

Forscher sind die Draufgänger unter den Personalities. Vollgepumpt mit Energie wagen sie unüberlegt gerne Neues und improvisieren. Dabei zeichnet sie eine schnelle Reaktionsfähigkeit aus. Vom „Virtuosen" über den „Abenteurer" und „Unternehmer" bis hin zum „Entertainer" – langweilig wird es mit der spontanen Art der Forscher nicht.

https://www.16personalities.com

Das Reiss-Profile – deine angeborenen Lebensmotive

Deine angeborenen Antreiber – für mehr Leichtigkeit

Hast du deinen Lebenssinn gefunden, machst du dir dein Leben leichter, indem du deine natürlichen Antreiber in Stellung bringst. Es war ein gewisser

151

Professor Steven Reiss, der bewiesen hat, dass jedes Lebewesen unterschiedliche Lebensmotive besitzt, unterschiedliche Antreiber, die ihm einfach angeboren sind. Wir glaubten lange Zeit, dass unsere Lebensmotive im Laufe unseres Lebens primär durch unsere Erziehung entstehen. Das stimmt nur zum Teil. Es gibt Lebensmotive, die uns in die Wiege gelegt werden.

„Wurden dir bestimmte Lebensmotive, bewusst oder unbewusst, aberzogen, kannst du sie reaktivieren, sobald sie dir bewusst werden."

Willst du auf eine möglichst leichte Weise in deinem Leben erfolgreich sein, dann finde deine natürlichen Antreiber heraus und nutze sie für deine Ziele.

Deine angeborenen Antreiber – deine Lebensmotive

Unsere wichtigsten Lebensmotive werden uns in die Wiege gelegt. Um das zu beweisen, forschte Professor Reiss bei Menschen und Tieren. Die Lebensmotive, die er als wesentlich herausfand, verdichtete er auf 16 Stück.

Diese Lebensmotive sind bei jedem Menschen vorhanden. Allerdings gibt es unterschiedliche Ausprägungen. Um deine individuellen Persönlichkeitsmerkmale ausmachen zu können, sind nur die Motive interessant, die außerhalb der Norm, außerhalb des Durchschnitts liegen. Die Lebensmotive, die außerhalb des Durchschnitts liegen, machen deine Individualität aus. Diese Motive machen einen Teil deiner Einmaligkeit aus.

„Natürliche Antreiber sind ein Geschenk. Du hast sie bei deiner Geburt ‚mitgeliefert' bekommen."

Die Kehrseite der Medaille ist, dass du sie auch nicht einfach ignorieren kannst. Schenkst du deinen angeborenen Lebensmotiven keine Beachtung, werden sie dir Energie rauben, du wirst dich unwohl fühlen. Dabei geht es nicht nur um deine Lebensmotive, sondern auch um deine Werte und Bedürfnisse, die dahinter liegen. Finden sie in deinem Leben, vermutlich aus purer Unwissenheit, keine Beachtung, begrenzt du dich selbst und nimmst dir wertvolle Lebensenergie.

Ein Beispiel: Mein größtes Lebensmotiv ist „Bewegung". Für mein Wohlbefinden ist es unabdingbar, dass ich mich körperlich und geistig bewege. Tue ich das nicht, geht es mir irgendwann schlecht. Dann spüre ich, wie mein Energielevel stetig sinkt, ich meine Mitte verliere und sich das auf alle meine Lebensbereiche auswirkt.

Dass es so ist, spürte ich bereits vor der Analyse, wusste aber nicht, warum das so ist. Ich dachte, es sei einfach eine innere Unruhe, oder es hat mit meinem ADS zu tun. Dass das nicht der Fall ist, weiß ich erst seit der Analyse über das Reiss Profile. Jetzt weiß ich, dass dieser Bewegungsdrang in meinen Genen liegt.

Diese Tatsache kann ich als natürlichen Motivator nutzen. Ich muss mich im Vergleich zu vielen anderen Menschen nicht zum Sport zwingen. Mir fällt es leichter, aufgrund meines natürlichen Bewegungsdranges gesund und fit zu bleiben.

Jetzt ist mir auch bewusst, dass ich nicht für einen klassischen Bürojob gemacht bin. Mir fällt es schwer, acht Stunden auf einem Fleck zu sitzen. Würde ich mich dazu zwingen wollen, so wie es während meiner kaufmännischen Ausbildung der Fall war, würde ich an meinem Potenzial ‚vorbei laufen'. Dann fühle ich mich wie ein Vogel in einem Käfig. Weil ich das weiß, kann ich mein Leben darauf abstellen.

Frage: Gibt es etwas, was in dir schlummert, etwas, das du vielleicht ahnst? Ist etwas bei dir vorhanden, das aber nicht gelebt wird?

Die Lebensmotive nach Steven Reiss sind: Macht – Unabhängigkeit – Neugier – Anerkennung – Ordnung – Sparen – Ehre – Idealismus – Beziehungen – Familie – Status – Rache – Eros – Essen – körperliche Aktivität – Ruhe.

Wie du vermutlich weißt, ist Erfolg immer eine Frage der Motivation. Wenn du deine Motive kennst, hast du die Möglichkeit, dein Leben und damit auch dein Berufsleben darauf abzustellen. Du kannst deine volle Power nutzen. Wie super ist das denn?

TO DO: Mache jetzt die Reiss-Profile-Analyse

https://rmp.eu

VIA Character

Die VIA-Umfrage zu Charakterstärken ist in der Basis-Version eine kostenlose Selbsteinschätzung, die weniger als fünfzehn Minuten dauert und eine Fülle von Informationen bietet. Sie wird dir dabei helfen, deine besten Eigenschaften zu erkennen.

Die kostenpflichtigen VIA-Berichte bieten personalisierte, eingehende Analysen deiner kostenlosen Ergebnisse, einschließlich umsetzbarer Tipps, um deine Stärken einzusetzen. So kannst du deine Stärken nicht nur beruflich gezielter nutzen, sondern auch dafür sorgen, dass du dich insgesamt wohler fühlst.

https://www.viacharacter.org

CliftonStrengths – Auf den Spuren deiner Talente

Clifton Strengths erklärt deine einzigartige Leistungsfähigkeit. Deine Talente sind wie Rohdiamanten. Das Schleifen deiner Diamanten kannst du kaum alleine schaffen. Dafür brauchst du unter anderem dein Umfeld. Doch bevor du mit dem Schleifen beginnen kannst, musst du wissen, wie deine Diamanten aussehen.

Die von Don Clifton erfundene CliftonStrengths-Bewertung deckt deine einzigartige Rangordnung von 34 CliftonStrengths-Themen auf. Diese 34 Themen sind deine 34 Diamanten. Genauer genommen sind die ersten 5 bis 10 Themen die Diamanten, auf die es ankommt. Deine CliftonStrengths-Themen sind deine Talent-DNA. Sie erklären, wie du am natürlichsten denkst, fühlst und dich verhältst.

Die Forschung zeigt, dass Menschen, die ihre CliftonStrengths kennen und anwenden:

- engagierter bei der Arbeit sind
- produktiver in ihren Rollen agieren
- glücklicher und gesünder leben.

Normalerweise beginnen wir immer mit unseren Schwächen, wenn es um Leistungsbeurteilung, Entwicklung oder Leistungssteigerung geht – also in Bereichen, in denen wir Nachholbedarf haben.

https://store.gallup.com/p/de-de/10003/cliftonstrengths-34

Im Folgenden kommen wir zu einer meiner weiteren Lieblingsmethoden. Es ist eine uralte, aus Japan stammende Methode, bei der es darum geht, zu entdecken, „wofür es sich zu leben lohnt". Diese Methode ist keine Analyse, sondern eine Orientierung, um herauszufinden, was du wirklich willst, etwas, das für dich Sinn ergibt.

Methode IKIGAI – was dein Leben lebenswert macht

IKIGAI stammt aus dem Japanischen und setzt sich zusammen aus iki = Leben und gai = Wert. Übersetzt bedeutet das so viel wie ‚Wert des Lebens' oder ‚lebenswert'. Etwas weitergedacht lässt sich IKIGAI auch als ‚wofür es sich zu leben lohnt' oder ‚Freude am Leben' interpretieren. Somit sind wir auch schon an des Pudels Kern:

„Was genau ist es, das dein Leben lebenswert macht?"

Hier geht es nicht nur um deine Bestimmung, sondern es geht auch darum, wie du dein Leben in allen beruflichen Bereichen erfüllend, also auch finanziell erfolgreich gestalten kannst.

Die vier zentralen Fragen für das IKIGAI-Modell sind:

• Was liebe ich? Was ist meine Leidenschaft?
• Worin bin ich besonders gut? Was sind meine Stärken?
• Wofür werde ich bezahlt? Womit kann ich Geld verdienen?
• Was braucht die Welt? Womit leiste ich einen Beitrag?

Der Idealzustand deines IKIGAI liegt in der Schnittmenge der vier Bereiche, aus denen die Fragen stammen. In der Schnittmenge liegt der „Sinn deines Lebens". Dein Glück und deine Zufriedenheit folgen quasi automatisch, sobald du die elementaren Fragen des menschlichen Lebens gewissenhaft ehrlich und authentisch für dich beantwortet hast.

Als ich das erste Mal davon gehört habe, war ich völlig begeistert. Wie cool ist es, nicht nur herauszufinden, warum man hier ist, sondern auch, wie man damit glücklich und erfolgreich wird.

Der Begriff IKIGAI wurden auf der Insel Okinawa geprägt. Dort leben übrigens die ältesten Menschen Japans. Sie zählen zu den glücklichsten und gesündesten Menschen der Welt. Ein Zufall?

Besonders interessant finde ich den Zusammenhang zwischen dem hohen Alter, deren Gesundheit und Zufriedenheit. Genau hier war meine größte Resonanz, als ich das erste Mal davon las.

„Ich bin davon überzeugt, dass diese Japaner, die auf der Insel Okinawa leben, so alt werden, weil sie sich zu Beginn ihres Berufslebens die richtigen Fragen stellen und dann ihren eigenen Bedürfnissen folgen."

Die meisten Menschen, die ich kenne, fragen sich zu Beginn ihrer beruflichen Laufbahn, wo sie mit ihren Fähigkeiten am meisten Geld verdienen können. Sie vergessen jedoch zu fragen, was sie mit Sinn erfüllt und wie sie ihre Leidenschaft zu einem Teil ihres Berufes machen können. Sie vergessen schlichtweg, ihr Herz zu fragen, und folgen nur ihrem Verstand.

Zu Beginn des Berufslebens ist es toll, die Aussicht auf ein hohes Einkommen zu haben, weil man seinen Lebensstandard und damit seine Lebensqualität erhöhen kann. Doch das ist eben nicht alles, um ein glückliches, ein erfülltes Leben zu leben. Irgendwann kommt die Zeit, in der die Menschen sich an Geld und Lebensstandard gewöhnt haben. Spätestens dann spüren sie eine innere Leere. Einfach immer mehr Geld verdienen zu wollen, um diese Leere nicht spüren zu müssen, macht irgendwann krank.

Hier gibt es jetzt zwei Kategorien von Menschen:

1. Die, die einfach von dem, was sie immer gemacht haben, einfach mehr machen – mehr Geld verdienen.
2. Die anderen fangen an, darüber nachzudenken, was ihnen fehlt, und landen dann bei der Erkenntnis, dass sie ihr Herz mit ins Spiel bringen müssen, um wieder glücklich zu sein.

Fakt ist, dass Menschen, die mit dem Herzen dabei sind, vergleichsweise viel länger leistungsfähig sind. Das, was sie tun, fällt ihnen viel leichter, sie geraten viel öfter in den so genannten „Flow".

Flow

Ein Flow ist das, was Kinder beim Spielen regelmäßig erleben. Sie vergessen alles um sich herum, so auch die Zeit. Ein Flow entsteht immer dann, wenn das Verhältnis zwischen Fähigkeiten und Anforderungen ausgewogen ist. Je größer die Leidenschaft, desto größer sind die Fähigkeiten einer Person, schon allein durch das erhöhte Interesse. Diese erhöhten Fähigkeiten führen dazu, dass die Person leistungsfähiger ist und somit höhere Anforderungen erfüllen kann. Somit ist es auch leicht nachvollziehbar, dass diese Menschen insgesamt erfolgreicher und gleichzeitig zufriedener sind.

„Jemand, der sich die richtigen Fragen stellt, berücksichtigt bei der Wahl seines Berufes beides – Herz und Verstand gleichermaßen."

Es gibt auch bei uns in der westlichen Welt Menschen, die das, was sie tun, mit einer solchen Leidenschaft tun, dass sie einfach damit nicht aufhören wollen. Die bekanntesten von ihnen sind Künstler wie die Rolling Stones, die allesamt längst im Rentenalter sind. Ihr Schlagzeuger Charlie Watts hat einmal gesagt, dass er das große Glück hat, das zu tun, was er am liebsten tut, und dafür noch bestens bezahlt wird. Er hat bis zu seinem Tod im Jahr 2021 im Flow „gearbeitet".

Ein deutscher Künstler ist Udo Lindenberg, der auch schon längst im Rentenalter ist. Ebenso ist Dieter Bohlen, der Macher des Duos „Modern Talking", im Rentenalter und denkt noch lange nicht ans Aufhören. Andere Künstler hatten sich längst in den Ruhestand verabschiedet und sind zurück auf die Bühne gekommen. Howard Carpendale ist einer dieser Künstler.

Auch Helmut Schmidt hat bis zu seinem Tod gearbeitet und er ist sehr alt geworden, und das, obwohl er geraucht hat. Aus meiner Sicht ist auch er ein Künstler, weil er sich nie „verbogen" hat und immer nach seinen Werten handelte, egal wie schwierig die Lage war.

Was haben all diese Menschen gemeinsam? Diese Menschen, diese erfolgreichen Künstler tun das, was sie tun, aus Überzeugung und aus Freude. Das, was sie tun, ihr Beitrag, ihre damit verbundene Botschaft ist größer als sie selbst.

Negativer Stress ist ihnen meist fremd. Und genau das ist es, was wir von diesen Menschen lernen können.

Wenn du das IKIGAI für dich nutzt, dann machst du es wie diese erfolgreichen Künstler. Das IKIGAI ist immer etwas ganz individuell Persönliches. Es kann sich auch je nach Lebensphase verändern. Darum sollte man ständig mit sich in Kontakt sein und sein IKIGAI auch zwischendurch mal überprüfen.

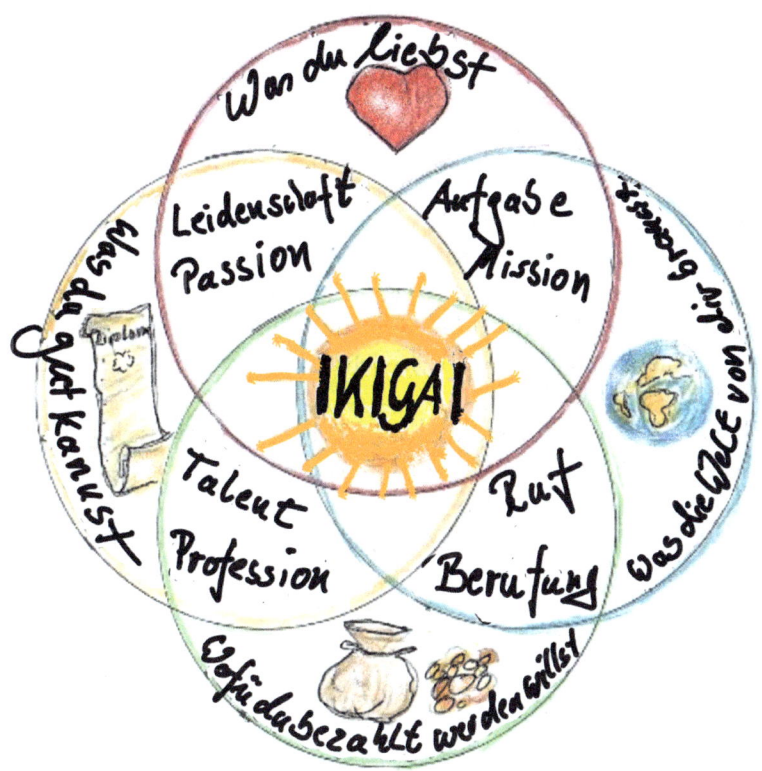

Wie du zu deinem IKIGAI kommst

Welche wesentlichen Fragen dazu gehören, dass du dein IKIGAI entwickeln kannst, habe ich dir schon gezeigt. Jetzt gehe ich noch einmal etwas tiefer in diese Fragen hinein. Insgesamt geht es um vier Themenbereiche. Hier unterscheide ich nicht zwischen beruflichem und privatem Leben, sondern sehe das ganzheitlich. Unser Leben ist immer ganzheitlich und nicht trennbar.

Leidenschaft (Passion)

Was liebst du? Was kannst du stundenlang tun, ohne müde zu werden oder dass es dich langweilt? Wir alles kennen das Gefühl aus Kindertagen. Damals haben wir nicht überlegt, sondern einfach das gemacht, wozu wir Lust hatten. Es gab nichts, was wir tun mussten, um irgendetwas zu erreichen oder irgendjemandem zu gefallen. Kinder folgen einfach ihrem Herzen. Wenn du an deine Kindertage zurückdenkst, was war es, was du am liebsten gespielt hast, was hat dir am meisten Freude bereitet?

Nimm dir die Zeit und denke eine Weile darüber nach. Ganz sicher wirst du etwas finden, bei dem dir als Kind das Herz aufgegangen ist. Genau das ist ein Hinweis darauf, wo auch noch heute eine Leidenschaft von dir sein kann oder vielleicht auch noch ist. Vielleicht ist es zu einem Hobby geworden, oder ein Wunsch, den du schon viele Jahre vor dir herschiebst. Vielleicht ist es auch etwas, das du sogar in deinem aktuellen Job tust.

Als Kind habe ich mich immer auf großen Bühnen singen oder schauspielern gesehen. Ich war immer fröhlich und habe es geliebt, andere Menschen so zu unterhalten, dass sie glücklich waren. Bei welchen Tätigkeiten gerätst du in einen „Flow", also verlierst du die Zeit aus den Augen? Was macht dir so richtig viel Spaß? Worüber kannst du mit anderen in einem großen Enthusiasmus sprechen?

Weitere Fragen könnten sein:

- Was weckt deine Begeisterung?
- Womit verbringst du deine Zeit am liebsten?
- Worüber sprichst du am häufigsten?
- Welche Leidenschaft hast du schon seit vielen Jahren?

Nimm dir so viel Zeit, wie du brauchst, um diese Fragen in der Tiefe zu beantworten. Dazu kannst du auch mit Menschen sprechen, die dich schon länger kennen. Oftmals sehen Menschen, die uns nahe sind, mehr als wir selbst sehen. Das gilt für alle nachfolgenden Fragen.

Aufgabe (Mission)

Was braucht die Welt? Vielleicht gibt es etwas, wovon du in deinem tiefsten Inneren überzeugt bist. Trägst du irgendwelche Ideale in dir – vielleicht liegt dir unsere Umwelt oder der Tierschutz besonders am Herzen. Vielleicht willst du dich für andere Menschen generell engagieren oder möchtest besonders etwas für Jugendliche tun.

Meine Mission ist es, dafür zu sorgen, dass Menschen aufhören zu arbeiten und das tun, was ihnen wirklich am Herzen liegt. Meine Mission ist es, Menschen innerlich so zu stärken, dass sie ein glückliches, ein erfülltes Leben leben. Ich bin fest davon überzeugt, dass wir nur so unsere Welt retten können. Das ist es auch, worüber ich stundenlang reden kann. Jeder einzelne von uns hat nur dann eine Chance auf ein gutes Leben, wenn er sich um sich selbst kümmert. Nur wer selbst glücklich ist, kann anderen Menschen helfen, glücklich zu sein. Auf diese Weise entsteht ein tolles Netzwerk, das dafür sorgt, dass auch unser Planet überlebt.

Fragen für dich können sein:

- Für welche Werte stehst du?
- Wofür willst du dich einsetzen?
- Welche Probleme willst du lösen?
- Was möchtest du in der Welt verändern?

Berufung (Vocation)

Worin bist du gut? Oder anders gefragt, wofür spürst du so etwas wie eine innere Notwendigkeit, zu handeln. Das ist in der Regel etwas, das du auch gut kannst. Ein Mensch, der vielleicht sehr gut singen kann, fühlt sich berufen, mit seinem Gesang andere Menschen zu verzaubern. Vielleicht gibt es etwas, zu dem du dich berufen fühlst, dem du aber nicht nachgehst – das kann eine Stärke von dir sein, die du vielleicht vernachlässigst.

Deine Berufung kann ein guter Ansatz sein, um aus deinem natürlichen Bedürfnis heraus einen Beruf zu kreieren bzw. ihn entsprechend deiner natürlichen Neigung stärkenorientiert zu verändern.

Fällt dir dazu spontan nichts sein, dann ist es auf jeden Fall lohnend, dich näher damit zu beschäftigen. Meistens fällt es uns leichter, zu sagen, wo unsere Schwächen liegen, denn darauf sind wir konditioniert. In der Schule konzentrieren wir uns mehr darauf, an unseren Schwächen zu arbeiten, als unsere Stärken zu stärken. Was du tun kannst, wenn es dir schwerfällt, deine Stärken zu benennen, ist gemeinsam mit anderen Menschen zu reflektieren. Nimm am besten Menschen, die dich besser kennen.

Folgende Fragen können dir dabei helfen:

- Was kann ich aus deiner Sicht besonders gut?
- Was fällt mir leicht?
- Worauf habe ich richtig Lust?
- Welche Kompetenzen und Fähigkeiten habe ich mir angeeignet und warum?
- Welche Eigenschaften bewundern andere an mir?

Beruf (Profession)

Wofür wirst du bezahlt? Aus einem Beweggrund heraus hast du einen Beruf gelernt. Vielleicht gibt es auch eine andere Tätigkeit, für die du bezahlt wirst. Das bedeutet, dass du mit irgendetwas dein Geld verdienst. Das kann, muss aber auch nicht mit deinen Stärken und deiner Leidenschaft im Einklang stehen. Die meisten Menschen, die ich kenne, haben ihre Berufswahl aufgrund dessen getroffen, womit sie am meisten Geld verdienen können.

Es ist immer noch so, dass viele Menschen die Größe ihres Glücks mit der Menge an Geld, das sie verdienen, gleichsetzen. Dieser Glaubenssatz hält sich so hartnäckig, wie Generationen an Müttern geglaubt haben, Spinat sei besonders gesund für ihre Kinder. Vielen Kindern wurde daraufhin Spinat eingetrichtert. Es gibt ein Bild von mir, wo ich den Spinat durch die ganze Küche spucke. Ich halte diesen Glaubenssatz für einen typischen „Nachkriegsglaubenssatz", der wie ein Dinosaurier bis heute überlebt hat. Dass Geld für ein gutes Leben wichtig ist, steht außer Frage. In meinem Studium gab es einen Moment, der zu 100 % mit dem korrespondierte, was ich zu Hause erlebt hatte. „In einer Langzeitstudie kam heraus, dass Geld nur so lange zum Glück beiträgt, bis man sich daran gewöhnt hat."

An viel Geld gewöhnt man sich schnell. Die Frage ist, was bleibt dann? Angenommen, ich wähle einen Beruf, der mir ein gutes Einkommen verspricht.
Dann ist es zu Beginn toll, meinen Lebensstandard zu erhöhen. Doch das,
was bleibt, wenn ich mich an das Geld gewöhnt habe, ist mein Beruf. Was
ist, wenn ich den Beruf bzw. die Tätigkeit eigentlich nicht mag? Dann sitze
ich in der Falle! Ich habe einen Beruf, den ich nicht mag, mich jedoch an viel
Geld gewöhnt und mein Leben entsprechend gestaltet. Oft gehen finanzielle
Verpflichtungen damit einher, die mich weiter an meinen Job fesseln. Dann
kommt hinzu, dass wir unseren Beruf nicht unbedingt an unseren Stärken
ausrichten, sondern eher an dem, was von uns erwartet wird. Das wiederum
bedeutet, dass mein Leben schwerer und schwerer wird.

Der Idealfall ist, dass es eine große Überschneidung zwischen deiner Berufung
und deinem Beruf gibt. In diesem Fall verdienst du dein Geld mit etwas, das
auch deiner inneren Neigung und deinen Stärken entspricht. Dann ist es so,
dass dich dein Beruf an sich schon erfüllt und das Geld „nur" on top kommt.
Das ist die gesündeste Art, Geld zu verdienen.

Fragen zu deinem Beruf sind im IKIGAI-Modell:

- Was bezeichnest du als deinen Beruf?
- Womit verdienst du aktuell dein Geld?
- Welche Einnahmequellen hast du?
- Mit welcher Fähigkeit kannst du Geld verdienen?

Diese verschiedenen Themenbereiche liegen wie in der Mengenlehre über-
einander in vier einander überschneidenden Kreisen wie eine Blume. In der
Schnittmenge zweier nebeneinander liegender Kreise kannst du erkennen, welches Bedürfnis du erfüllst. Der Idealzustand des IKIGAI ist erreicht, wenn du
eine Tätigkeit gefunden hast, in der sich alle Bereiche treffen: In diesem Fall
hast du etwas gefunden, was du gut kannst, was die Welt braucht, etwas wofür
du brennst und wofür du zudem auch noch gut bezahlt wirst.

So kannst du vorgehen

Du hast jetzt die einzelnen Bereiche des IKIGAI kennengelernt, sowie die
dahinter liegenden Fragen. Jetzt zeige ich dir, wie du das IKIGAI-Modell nutzen kannst und worauf du achten solltest.

Die folgenden Tipps helfen dir dabei:

Analyse

Nimm dir einen Zettel oder dein Entwicklungsbüchlein, deine Kladde, zur Hand. Dann gehe die vier Bereiche des IKIGAI durch, lass dich durch die Beispiele inspirieren und beantworte dann die Fragen, die ich dir jeweils stelle. Das ist echt wichtig! Darum lasse dir dabei ruhig viel Zeit. Solche Fragen kannst du nicht einfach nebenbei beantworten, wenn du dich und dein Leben ernst nimmst. Du solltest möglichst gründlich und ehrlich zu dir selbst ein, wenn du die Fragen beantwortest. Denke auch ein wenig weiter! Gibt es Fähigkeiten, die du zwar hast, aber bisher nicht nutzt?

Angenommen, du bist ein Genie in Mathe und hast ein super Verständnis für Zahlen – nutzt du das in deinem Beruf? Oder du bist ein begnadeter Kommunikator, kannst gut auf Menschen zugehen und sie begeistern? Das nutzt dir nix, solltest du in der Buchhaltung sitzen und dich nur mit Zahlen beschäftigen.

Ich selbst habe eine sehr gute Vorstellungsgabe. In einer Analyse habe ich herausgefunden, dass ich ein Talent dafür habe, in jeder noch so verfahrenen Situation einen Weg zu sehen. Auch dann, wenn andere nur Nebel vor Augen haben, finde ich eine Strategie. Zwar hatte ich das irgendwie geahnt, doch dachte ich, dass das bei jedem Menschen so ist. So habe ich das Talent nicht genutzt. Das ist heute anders. Mir fällt es leicht, strategisch die richtigen Schritte und Wege einfach vor meinem geistigen Auge zu sehen.

Je genauer deine Selbstreflexion ist, desto näher kommst du deinem IKIGAI. Je besser du weißt, wer du bist, desto mehr kannst du deinen Beruf und dein Leben darauf ausrichten.

„Wenn du keine Ahnung hast, was dein wahres Selbst ist, wenn du dir täglich vorspielst, wer du eigentlich sein solltest, dann ist es unmöglich, dein IKIGAI zu finden."

Kennst du dein wahres Selbst, ist es wichtig, dass du auf die Überschneidungen der verschiedenen Bereiche des IKIGAI-Modells achtest. Hier steckt echt eine Menge Potenzial drin, dir ein richtig gutes Leben zu gestalten.

„Du musst dazu 100 % aufrichtig zu dir selbst sein."

Ziel

Wenn du gewissenhaft bist und dir genug Zeit lässt, dann wird vor deinem geistigen Auge ein Ziel auftauchen. Geschieht das gleich beim ersten Mal, ist das toll. Meist braucht es etwas Zeit und Geduld, dass dieses Ziel auftaucht. Vorher solltest du alle Gedanken loslassen, die dir im Wege stehen könnten. Taucht dieses Bild auf, ist es dein persönliches IKIGAI, in dem alle Bereiche bereits vereint sind. Nutze für die vier Bereiche vorrangig deinen Verstand und lasse dann los. Gib deiner Intuition freien Raum.

Hast Du dein IKIGAI gefunden, dann nimm dir jetzt die Zeit und forme daraus ein Ziel, an dem du arbeiten kannst. Mache es ganz konkret greifbar und messbar.

Nutze dafür die „SMART-Formel" aus dem Projektmanagement, um dein Ziel zu definieren. In einem weiteren Schritt beginnst du, es zu planen.

Ist es ein Beruf, dann überlege, wie du diesen bekommen kannst und was du dafür brauchst. Ist es eine Tätigkeit, bei der du selbstständig agieren willst, dann plane auch das möglichst realistisch.

Netzwerken

Dieser Punkt ist ganz wichtig, wenn du es dir möglichst leicht machen willst. Gemeinsam geht es einfach besser und leichter.

„Tue dich mit Menschen zusammen, die deine Leidenschaft teilen."

Das müssen nicht immer sofort voneinander abhängige Geschäftspartnerschaften sein. Es reicht zum Beispiel als Bürogemeinschaft oder in einem Working Space. Das sind größere Bürogemeinschaften, in denen man auf eine lockere Weise zusammenarbeiten kann.

Die Vorteile, so vorzugehen, liegen nicht immer unmittelbar auf der Hand, doch es zahlt sich aus. Die Kontakte sind inspirierend. Tauchen Probleme auf, kann man sich auf kurzem Wege einen Rat holen. Ich selbst habe immer gern mit Menschen in einer Gemeinschaft gesessen, die ähnliche Themen auf dem Tisch hatten wie ich. In einem solchen Fall kann man auch mal eben zum Nachbarn gehen und sich gut austauschen.

Durchhaltevermögen

„Wenn du es als Kind aufgegeben hättest, immer wieder aufzustehen, nachdem du hingefallen warst, würdest du noch heute krabbeln, anstatt zu laufen."

Wenn du heute aufrecht gehen kannst, dann hast du zumindest einmal in deinem Leben bewiesen, dass du Durchhaltevermögen besitzt. Nutze diese Fähigkeit und bleibe dran! Lasse dich nicht von Rückschlägen abhalten, ein Ziel zu verfolgen. Niederlagen gehören zum Leben – das kann auch bedeuten, dass du eine geplante Selbstständigkeit vorerst (!) auf Eis legen musst, weil du vielleicht keine finanziellen Mittel dafür hast. Wenn du es ernst meinst, dann wirst du einen Weg finden.

Dein IKIGAI zu finden und zu erreichen, bedeutet durchaus, dass du einen echten Einsatz, Geduld und Durchhaltevermögen an den Tag legen musst – aber es lohnt sich.

Anwendungszeit und -bereiche des IKIGAI-Modells

Sinnsuche – allgemein gilt: „Sinn gibt Kraft und macht glücklich."

Das IKIGAI hilft dabei, deinen Sinn zu finden. Zu welcher Gruppe fühlst du dich zugehörig?

1. Du bist Schulabgänger und willst den richtigen Job finden?
2. Du stehst in der Mitte deines Lebens und bist auf der Suche nach mehr Sinn und Erfüllung?
3. Du befindest dich in einer Umbruchsituation – aufgrund von beruflicher oder privater Trennung, oder aufgrund gesundheitlicher Probleme?
4. Du fühlst dich zu fit und zu jung, um in Rente zu gehen?
5. Dir wurde gekündigt und du willst die Chance nutzen, etwas zu finden, was dich erfüllt?

1. Du stehst vor deiner Berufswahl

Aus meiner Sicht ist es eine der wichtigsten Fragen, die du dir zu Beginn deines Berufslebens stellen solltest:

„Was ist mein IKIGAI?" oder „Was ist mein Grund, wofür es sich zu leben lohnt?"

Natürlich ist ein tolles Auto, eine schicke Wohnung oder eine Familie ein Grund, wofür es sich zu leben lohnt. Diese Frage geht jedoch tiefer. Hinter dieser Frage steckt die Suche nach einem tieferen Sinn. Ein Sinn, der deine Arbeit an sich lebens- und liebenswert macht. Eine schicke Wohnung kannst du dir mit genügend Geld leisten. Aber auf welche Weise verdienst du dein Geld? Welche (Lebens-)Aufgabe ist es, die dich glücklich macht und dich erfüllt? Wie muss eine solche Aufgabe aussehen?

Je früher du dir diese Fragen stellst, desto größer ist die Wahrscheinlichkeit, dass du langfristig mit deinem Leben glücklich und zufrieden bist. Stell dir mal vor, im Durchschnitt werden wir Menschen achtzig Jahre alt. Unser Arbeitsleben beginnt durchschnittlich im Alter von zwanzig Jahren. Das Ende der Arbeitszeit liegt mittlerweile bei fast siebzig Jahren. Inzwischen arbeiten immer mehr Menschen über das Rentenalter hinaus, weil sie schlichtweg keine Lust haben, sich zur Ruhe zu setzen. Sie fühlen sich noch fit und gesund. Das bedeutet, wir haben mindestens eine aktive Arbeitszeit von fast fünfzig Jahren. Gemessen an unserer gesamten Lebenszeit ist das deutlich mehr als die Hälfte unseres Lebens.

„Wie und womit willst du diese Zeit verbringen – und warum willst du das so tun?"

Mache dir bewusst, welch erheblichen Einfluss deine Arbeit auf deine Lebensqualität hat. Je glücklicher du mit deiner beruflichen Aufgabe bist, desto glücklicher bist du insgesamt in deinem Leben. Vielleicht kannst du jetzt förmlich spüren, wie wichtig es ist, dass du dir richtig viele Gedanken machst, bevor du in deinem Berufsleben durchstartest.

2. Du stehst in der Mitte deines Lebens

Das Haus ist bezahlt, die Kinder sind groß, der Job ist Routine. Jeden Tag derselbe Trott. Urplötzlich taucht die Frage auf: „War das jetzt alles – war das jetzt mein Leben?" Du kannst und willst dir nicht vorstellen, dass es jetzt bis zu deinem Lebensende so weiter gehen soll. Vielleicht erinnerst du dich zurück an deine Träume, deinen Traumjob und an das, was du alles erleben wolltest. Dir wird die Endlichkeit des Lebens erschreckend bewusst. In dir fängt es an zu kribbeln. Auch dein Job, der dir bis dato vor allem dein/euer Leben gesichert hat, steht plötzlich unter einem anderen Stern. Eine Frage drängt sich auf: „Will ich das wirklich noch bis zu meinem Lebensende machen?"

Der Job steht im Zentrum deines Lebens, nur hat sich jetzt das Zentrum verändert. Du selbst stehst wieder mehr im Zentrum. Bei der Wahl deines Jobs stand nicht der Spaß im Vordergrund. Sicherheit für Haus, Hof, Kind und Kegel. Dein Sinn war die Sicherheit für deine Familie. Jetzt ist das anders, du willst einen Beruf, der dir Sinn und Freude bringt. Der Job steht immer noch im Mittelpunkt, aber anders, weil dein Leben sich verändert. Das IKIGAI kann dich dabei unterstützen, DEINEN neuen Weg zu finden.

3. Du fühlst dich erschöpft und kraftlos

Ein weiterer Grund, sich mit dem IKIGAI und der dahinter liegenden Sinnfrage zu beschäftigen ist, wenn du merkst, dass deine Energie schwindet. Die Zeit dafür drängt, wenn dein Wochenende nicht mehr ausreicht, um dich zu erholen. Noch dringender ist es für dich, wenn du morgens genauso erschöpft aufwachst, wie du abends ins Bett gegangen bist. Das sind Anzeichen für eine Erschöpfungsdepression, die umgangssprachlich „Burnout" genannt wird.

Der Begriff „Burnout" kommt ursprünglich aus dem Motorsport. Gibt der Fahrer eines Rennwagens zu viel Gas, dann drehen die Reifen auf der Stelle durch und der Wagen bewegt sich nicht vorwärts. Dabei wird viel Energie einfach sinnlos verbrannt. Die Frage ist, was zu deiner Erschöpfung geführt hat.

Vielleicht gehörst du zu den Menschen, die alles dafür tun, möglichst perfekt zu sein. Du willst niemanden enttäuschen, sagst nie „Nein" und gibst immer dein Bestes. Vielleicht spürst du, dass du immer häufiger erschöpft bist.

Vielleicht fragst du dich, was das Ganze soll, denn so richtig Anerkennung bekommst du ohnehin nicht.

Wenn das so oder ähnlich auf dich zutrifft, dann ist es an der Zeit, dass du dir die Frage stellst. „Warum mache ich das Ganze? Warum erschöpfe ich mich und für wen?" Die entscheidende Frage lautet: „Will ich so weiter machen?"

Ein viel beschriebener Irrtum ist, dass es die Menge an Arbeit ist, die zu einer Erschöpfung führt. Es gibt Menschen, die arbeiten Tag und Nacht und erschöpfen sich nicht. Mutter Theresa gehörte zu diesen Menschen. Der Sinn, den sie in ihrer Arbeit sah, hat ihr immer wieder neue Kraft gegeben.

Auch ich kenne diese Erschöpfungsdepression. Sie war der Grund dafür, dass ich mich entschlossen hatte, meinen Heilpraktiker für Psychotherapie zu machen.

Ich war entschlossen, mein Leben komplett auf den Kopf zu stellen. Vier Jahre dauerte die Ausbildung. Vier Jahre, in denen ich eine liebevolle Beziehung zu mir selbst aufgebaut habe. Die Ursache meiner Erschöpfung war, dass ich mich als Interimsmanager für alles allein verantwortlich fühlte und alles perfekt machen wollte. Das hatte etwas mit mir zu tun. Ich wollte die Anerkennung von anderen, die ich mir selbst nicht geben konnte.

Heute mache ich nach einer Auszeit das, was ich liebe. Durch die liebevolle Beziehung mit mir weiß ich, wo meine Grenzen sind, und achte darauf. Heut nehme ich auch keine Aufträge mehr an, wenn ich ein schlechtes Gefühl dazu habe oder die Chemie zum Auftraggeber nicht stimmt.

4. Sinn statt Rente

Wer sagt eigentlich, dass man in Rente gehen muss? Wir werden immer älter und bleiben dabei fit und jung. Man sagt, dass uns aufgrund unserer gesunden Lebensweise zwanzig aktive Jahre geschenkt werden. Etwas Sinnvolles tun, hält zudem noch länger jung und glücklich.

Die Zeit von dreißig bis sechzig ist genau so lang wie die Zeit von sechzig bis neunzig. Auf gesunde Weise neunzig Jahre alt zu werden, ist schon längst keine Seltenheit mehr.

Neulich habe ich ein sehr interessantes Buch gelesen. Der Titel: „Entscheide selbst, wie alt du bist." In diesem Buch geht es darum, wie Menschen es schaffen können, auf eine gesunde Weise sehr alt zu werden. Eine Tatsache, über die sich die Wissenschaftler inzwischen einig sind, ist, dass ein glückliches Leben dazu beiträgt, dass Menschen sehr alt werden können. Ebenso trägt permanente Bewegung positiv zu einem langen und gesunden Leben bei.

Mit Bewegung ist die körperliche, wie auch die mentale Bewegung gemeint. Beides bedingt sich gegenseitig. Wer geistig in Bewegung bleibt, tut etwas für seinen Körper, und wer körperlich fit bleibt, tut etwas für seinen Geist. Neueste Forschung zeigt, dass regelmäßiges Laufen die Intelligenz fördert. An diesem Beispiel wird deutlich, in welch engem Zusammenhang die mentale und die physische Fitness stehen.

Menschen werden dann schneller alt, wenn sie in ihren Routinen verharren, wenn sie ihr Leben quasi einzementieren, indem sie immer dasselbe tun. Es gibt den alten Spruch, der sehr viel Wahrheit beinhaltet: „Wer rastet, der rostet." Was so viel bedeutet, wer sich nicht bewegt, altert schneller.

Ein kluger Mann hat einmal gesagt: „Menschen bewegen sich nicht, weil sie alt werden, sondern sie werden alt, weil sie sich nicht mehr bewegen." Nun muss nicht jeder Mensch ein Sportler sein, ein bisschen Bewegung täglich reicht schon aus. Mein Stiefopa beispielsweise ist 105 Jahre alt geworden. Erst im Alter von 100 Jahren hat er freiwillig seinen Führerschein abgegeben. Er war immer aktiv, hatte diverse Ehrenämter. Mit 85 lernte er noch Französisch, weil er sich als langjähriger Witwer eine belgische Bekannte angelacht hatte.

Ein anderes Beispiel sind die beiden Surftwins von Fehmarn. Beide sind inzwischen über achtzig Jahre alt. Sie haben in ihrem Leben immer das getan, was ihnen Spaß machte. Als leidenschaftliche Seefahrer wollten sie aufgrund ihrer festen Beziehungen sesshafter werden. Um das zu realisieren, haben sie es sich zur Aufgabe gemacht, dass Windsurfen, das in den 60er-Jahren eine Alternative zum richtigen Wellenreiten war, zu einer richtigen Sportart auszubauen.

Das Interview, das ich mit den Surftwins durchführte, findest du weiter hinten. Als ich sie auf Fehmarn besuchte, benahmen sich die beiden wie zwei Teenager. Sie sind immer noch neugierig, sie sind immer noch beruflich aktiv, indem sie Surfunterricht geben, sie machen immer noch gemeinsam Musik und das Funkeln in den Augen eines jungen Menschen haben sie sich auch bewahrt.

Warum sollte man nicht auch im Rentenalter einen Job machen, der noch Freude macht und einen mit Sinn erfüllt? Möglich ist das auf jeden Fall.

Wer beides verbinden will, geistige Bewegung mit einer sinnvollen Tätigkeit, tut gut daran, anstatt in Rente zu gehen, um sich vom Arbeitsleben zu erholen, das IKIGAI zu nutzen, um für sich ein „neues" Leben voller Sinn und Erfüllung zu kreieren. Das trägt dazu bei, sich glücklicher zu fühlen, und zudem füllt es den Geldbeutel mit glücklichem Geld.

5. Kündigung

Du wurdest gekündigt oder deine Kündigung steht kurz bevor? Eine Kündigung kann ein großes Geschenk sein. Warum? Weil man oft nicht den Mut hat, eine ungeliebte Arbeit zu beenden. Der Gedanke der Sicherheit wiegt höher als der Gedanke an eine erfüllende Aufgabe. So halten viele Menschen an ihrem Job fest, wie ein Ertrinkender an einem Strohhalm. Intuitiv wissen sie schon längst, dass das nicht mehr „ihr" Job ist, doch es fehlt der Mut, die richtige Entscheidung zu treffen. Ist die Kündigung auf dem Tisch, machen einige Menschen dann auch noch den Fehler und versuchen, möglichst schnell wieder etwas sehr Ähnliches zu finden.

Viel schlauer ist es herauszufinden, was einen wirklich mit Freude und Sinn erfüllt, bevor man sich auf die Suche nach einer neuen Aufgabe macht. Anhand des IKIGAI ist es möglich, sich die richtigen Fragen zu stellen – und natürlich auch in der Tiefe zu beantworten.

Selbstreflexion zu jeder Zeit

Vielleicht gehörst du auch in keine der genannten Zielgruppen. Vielleicht hat du dennoch Lust, deinen aktuellen Beruf anhand der Fragen des IKIGAI-Modells zu hinterfragen. Das IKIGAI-Modell ist auch wunderbar nützlich, wenn es darum geht, sich selbst zu reflektieren. So hast du die Möglichkeit, an der einen oder anderen Stelle etwas zu ändern. Es muss nicht immer gleich ein neuer Beruf sein. Vielleicht haben sich auch nur Prioritäten verändert, die jetzt wieder mit den anderen Lebensbereichen in Einklang gebracht werden sollten.

1. Talent – Was kann ich wirklich gut?

Leitfragen:

• Was gelingt mir sehr oft?

• Worin habe ich sehr viel Geschick?

• Was geht mir leicht von der Hand?

• Wobei werde ich von Freunden oft um Hilfe gebeten?

• Worin bin ich wirklich gut?

2. Begeisterung – Bei welchen Tätigkeiten empfinde ich höchstes Glück?

Leitfragen:

- Was erfüllt mich beim Tun mit Glück?

- Wobei empfinde ich eine gewisse Erfüllung?

- Wann vergesse ich alles um mich herum, wenn ich es tue?

- Was möchte ich am liebsten den ganzen Tag lang tun?

- Wenn ich was getan habe, bin ich oft stolz auf das Ergebnis?

3. Bedarf – Wo erfüllt mein Tun einen höheren Zweck zum Besseren der Welt?

Leitfragen:

• Womit kann ich der Welt einen Dienst erweisen?

• Welche Bedürfnisse haben meine Mitmenschen?

• Was braucht die Welt momentan am dringendsten?

• Was schafft bei anderen mehr Glück und Zufriedenheit?

4. Wert – Wofür ist jemand bereit, eine angemessene Gegenleistung zu erbringen?

Leitfragen:

• Wodurch stifte ich einen wertvollen Nutzen?

- Welchen Gegenwert kann ich durch mein Tun schaffen?

- Wie erzeuge ich durch meine Leistung einen Gegenwert?

- Welche Einsparungen entstehen durch mich und mein Wirken?

- Wie viel Geld ist jemand bereit, für meine Tätigkeiten, Produkte und/oder Tätigkeiten zu zahlen?

Kombiniere jetzt die vier Bereiche mit den vier Schnittmengen:

A. Passion

Kombiniere deine Antworten bei 1. Talent und 2. Begeisterung

Meine Passion ist:

B. Mission

Kombiniere deine Antworten bei 2. Begeisterung und 3. Bedarf

Meine Mission ist:

C. Berufung

Kombiniere deine Antworten bei 3. Bedarf und 4. Wert

Meine Berufung ist:

D. Beruf

Kombiniere deine Antworten bei 4. Wert und 1. Talent

Mein Beruf ist:

Mein IKIGAI: Kombiniere die vier Schnittmengen:

Mein IKIGAI ist:

Vorteile des IKIGAI-Modells für deine Bestimmung

Ein kluger Mann hat einmal gesagt:

„Hier kommt ohnehin niemand lebend raus, also warum nicht etwas wagen?"

Wenn ich mir das Leben vieler Menschen so ansehe, dann habe ich den Eindruck, sie wollen nur sicherstellen, dass sie zu 100 % sicher durch ihr Leben kommen. Sie wagen nichts, spielen immer nur auf Sicherheit und ‚zementieren' Erreichtes ein. Aus meiner Sicht leben sie damit am eigentlichen Sinn des Lebens vorbei – nämlich glücklich zu sein.

„Sicherheit kann zu einem Emotions-, zu einem Glückskiller werden."

Irgendwann sieht man es diesen Menschen an, dass sie keine Freude haben. Sie meckern und nörgeln, sind nie zufrieden – wie auch?

„Wir leben immer zwischen den beiden Polen: Sicherheit und Abenteuer."

Wer kennt es nicht, die Aussagen vieler Eltern, dass das Wichtigste im Leben ein gutes Einkommen ist, damit man genug Geld hat, seine Familie zu ernähren. Bei genauerem Hinsehen geht es hierbei vorrangig um die notwendige Arterhaltung. Kinder bekommen und groß zu ziehen ist wichtig, um die Art zu erhalten – mal ganz nüchtern betrachtet. Die Natur hat es so in uns angelegt, dass wir das wollen und es schön finden. Das ist auch absolut OK, schön und auch notwendig. Es ist ein wesentlicher Teil unserer Existenz. Doch ist das alles?

Was ist mit der Individualität jedes Einzelnen. Wie steht es mit den ganz eigenen Bedürfnissen? Welche Rolle spielen diese Bedürfnisse? Wie steht es mit den eigenen Lebensmotiven, Stärken und Leidenschaften?

„Was ist dann mit individuellem Sinn, der Bestimmung jedes einzelnen Menschen?"

Einem Sinn, einer Bestimmung, die über die Arterhaltung hinausgeht? Was ist mit der Verantwortung, etwas dazu beizutragen, dass sich unsere Lebensqualität insgesamt verbessert – nicht nur für uns selbst, sondern auch für uns alle?

„Ist Arbeit wirklich nur Mittel zum Zweck, um das notwendige Geld für die Familie zu verdienen?"

Es gibt sicher Menschen, bei denen das so ist und es ist auch völlig OK. Diese Menschen würden auch nicht auf die Idee kommen, ein solches Buch zu lesen. Doch was ist mit dir? Wie steht es mit dem Gedanken, dass die Arbeit selbst eine Sinnerfüllung für dich ist? Ist für dich deine Arbeit nur Mittel zum Zweck? Wie wäre es für dich, wäre sie Selbstzweck? Wie wäre es, wenn du etwas tust, dass dich erfüllt und du auch noch Geld dafür bekommst?

Im besten Fall tust du etwas, das du liebst und wirst gut dafür bezahlt – weil du andere Menschen damit glücklich machst. Denke nochmal zurück an den Schlagzeuger der Rolling Stones und seine Aussage: „Wenn ich auf mein Leben zurückblicke, war es sehr privilegiert. Ich werde sehr gut bezahlt für etwas, das ich liebe." Mit seiner Arbeit ist er seiner Bestimmung gefolgt. Hat er das Schlagzeugspielen überhaupt als Arbeit empfunden? Er tat etwas, das so nur er auf diese Weise tun konnte und hat damit viel Geld verdient.

Vertiefe dein Leben

Aus meiner Sicht ist es die größte Möglichkeit für jeden Menschen, sein Leben zu vertiefen, indem er herausfindet, wo seine Bestimmung liegt. Ich bin fest davon überzeugt, dass in jedem von uns ein Künstler schlummert. Ein Künstler, der etwas kann, was sonst niemand kann, und der damit andere Menschen glücklich macht.

Mit Künstler meine ich nicht nur Bühnenperformance. Ist nicht jeder, der das, was er tut, mit dem Herzen tut, ein Künstler? Was kann schöner sein als etwas zu finden, für das es sich lohnt, aufzustehen?

„Mit dem IKIGAI-Modell kommst du dem Traum des erfüllten Lebenssinns näher."

Das ist natürlich ein riesiges Ziel. Selbst wenn du es nicht zu 100 % erreichen wirst, ist schon jeder Schritt, den du in Richtung erfülltes Leben gehst, es wert, dranzubleiben.

Kapitel 12a – Deine glasklare Positionierung als Original mit dem MM-Faktor

Ziel: Der Leser erfährt, wie er sich glasklar mit seinem MM-Faktor positionieren kann und er bekommt eine Anleitung für seine Reise – seine Heldenreise, denn jeder, der seinen eigenen Weg geht und dabei die Welt ein bisschen besser macht, ist ein Held.

„Positionierung bedeutet genau genommen, eine Position zu beziehen, eine Haltung zu haben. Verabschiede dich von dem Gedanken, von allen gemocht werden zu müssen."

Um erfolgreich zu sein, ist es wichtig, dass du dich ganz klar von anderen unterscheidest. Die Frage ist, wie dir das am besten gelingt.

„Der Unterschied liegt in deiner Individualität, in deiner Einmaligkeit – als Mensch, als Marke-Mensch."

Der Begriff Marke klingt für dich im Zusammenhang mit dir als Mensch vielleicht erst einmal ungewöhnlich. Vermutlich kennst du den Begriff Marke bisher nur von Produkten. Der Ursprung von Marken war Sicherheit. Eine Marke garantierte dem Kunden ursprünglich eine Sicherheit, dass er bestimmte, immer gleiche Produkteigenschaften vorfinden wird. Damit in Verbindung gebracht wurden bestimmte Merkmale, an denen der Kunde das Produkt sofort erkennen kann. So zum Beispiel die Farbe, wie das Blau bei Nivea. Aber auch die Form oder die Schriftart sind Eigenschaften, die einmalig bleiben sollten und darum geschützt wurden und werden. Hinter dem Bedürfnis der Sicherheit steht Vertrauen. Marken schaffen vor allem Vertrauen. So ist es auch bei Mensch-Marken, sie sollen Vertrauen schaffen. Produktmarken gibt es inzwischen wie Sand am Meer. Der Kunde ‚durfte' in letzter Zeit erfahren, dass er nicht mehr jeder Produktmarke vertrauen kann, er wurde mehr und mehr verunsichert. So ist es inzwischen immer üblicher, dass das Vertrauen nicht mehr über die Produkte selbst, sondern über die Menschen dahinter, die Hersteller, die Verkäufer, hergestellt wird.

Kunden gehen vermehrt dazu über, Produkte dann zu kaufen, wenn sie den Menschen dahinter vertrauen. Letztendlich steht hinter jedem Produkt ein Mensch. Der ‚Urvater' der Methode, ein Produkt direkt mit dem Menschen dahinter zu verbinden, war Hipp. Jeder kennt diesen Babybrei und die Aussage von Herrn Hipp im Abendfernsehen: „Dafür stehe ich mit meinem Namen." Nach Banken-, Diesel-, Fleisch- und anderen Skandalen ist das Vertrauen der Kunden geschmolzen wie Eis in der Mittagssonne. Jetzt wollen sie, dass jemand hinter den Produkten mit seinem guten Namen steht, jemand der persönlich verantwortlich ist.

Mensch-Marken sind die Zukunft

Vertrauen ist der wichtigste Wert in jeder Beziehung. Hatte ein Kunde früher vor allem Vertrauen in die Produkte, sucht er jetzt und zukünftig das Vertrauen in die Menschen dahinter.

Führungskräfte als Marken

Dieser Wunsch nach Vertrauen zieht sich durch alle Ebenen eines Unternehmens. Führungskraft ist nicht gleich Führungskraft aufgrund ihrer Aufgabe. Eine Führungskraft ist eine Führungskraft aufgrund ihrer Haltung, ihrer Werte. Führungskraft ist kein Sammelbegriff mehr, mit der automatisch bestimmte Privilegien verbunden sind. Eine Führungskraft ist zukünftig ein Mensch, der eine Beziehung zu anderen Menschen hat. Diese Beziehung bestimmt seinen Wert als Führungskraft. Dieser Wert ist direkt mit seinem Namen verbunden. So ist auch er oder sie eine Mensch-Marke.

Verkäufer als Marken

Selbst wenn du Produkte verkaufst, dann bist du die Marke, die das Produkt erfolgreich macht. Produkte, die du herstellst oder verkaufst, sind austauschbar. Sollte dein Produkt neu und gut sein, wird es nicht lange dauern, bis es von irgendjemandem nachgemacht wird. In unserem digitalen Zeitalter geht das sehr schnell. Willst du das vermeiden, dann werde du zu dem Gesicht deines Produktes oder deiner Dienstleistung.

Unabhängig davon, in welchem Bereich du erfolgreich sein willst – das Einzige was nicht kopierbar ist, ist deine Persönlichkeit. Selbst wenn dich jemand kopiert, wird er damit keinen Erfolg haben können. Eine Kopie ist niemals so gut wie das Original und daher niemals so viel wert wie ein Original. Picasso hat einmal über Individualität gesagt:

„Unter den Menschen gibt es viel mehr Kopien als Originale."

Willst du außergewöhnlich erfolgreich sein, achte darauf, dass du ein Original bist.

Dabei ist es unerheblich, ob du dich mit einer Sache selbstständig machst oder eine Führungskraft in einem Unternehmen bist.

Du musst deine eigenen Werte, deine eigene Meinung vertreten. Als Mensch-Marke bedeutet das, du musst in deiner individuellen Art als Mensch sichtbar sein. Das ist das Gegenteil davon, deine Fahne in den Wind zu hängen, um jedem zu gefallen. Das bedeutet, du musst dich von der Vorstellung verabschieden, von allen gemocht zu werden.

Auf den Punkt gebracht: „Mensch-Marken sind Menschen, die innerlich stark sind und zu sich stehen, sich selbst anhand ihrer eigenen Werte und Haltung führen."

Das ist der Grund, warum Selbstliebe eine unabdingbare Voraussetzung dafür ist, dass du mit DEINEM Business, das nicht von deiner Person trennbar ist, erfolgreich wirst. Selbstliebe macht authentisch. Menschen, die sich selbst lieben, nehmen sich an, so wie sie sind, und versuchen nicht, anderen zu gefallen.

Authentisches Marketing – Mensch-Marke

Authentisches Marketing ist die Form des Marketings, die auf dich als Person abzielt. Alles was du tust, um dein Business erfolgreich zu vermarkten, muss untrennbar und echt von dir kommen. Damit das funktioniert, musst du alle Facetten von dir annehmen, achten und lieben.

Intuitiv merkt ein anderer, ob du dich verstellst, ob du eine Rolle spielst oder dich hinter einer Fassade versteckst. Er wird es nicht zum Ausdruck bringen können, da es sich um ein Gefühl handelt. Im Zweifel wird er dir nicht vertrauen und sich innerlich abwenden.

6 Merkmale von authentischem Marketing

1. Persönlichkeit

Du stehst als Person im Mittelpunkt. Je mehr du dich selbst annimmst, desto mehr werden die Menschen um dich herum dich annehmen. Selbstliebe ist genau der Stoff, aus dem Charismatiker gemacht werden.

Der größte Irrtum ist zu glauben, von allen gemocht werden zu müssen, um Erfolg zu haben. Genau das Gegenteil ist der Fall. Die Menschen haben die Nase voll von den aalglatten, austauschbaren „Soldaten". Die Menschen wollen es mit Menschen zu tun haben, denen sie vertrauen können. Niemand ist perfekt und wer versucht, sich als perfekt darzustellen, der hat garantiert etwas zu verbergen. Das ist der Grund, warum man solchen Menschen nicht vertraut.

Wer sich selbst nicht annimmt, gibt anderen Menschen auch keinen Grund, ihn anzunehmen. Darum ist es wichtig, dich als greifbaren Menschen mit Ecken und Kanten, nicht als perfekten, aalglatten Unternehmer oder Führungskraft zu zeigen. Sei dir zu jeder Zeit bewusst, wo deine besonderen Motive, Stärken und Bedürfnisse liegen und baue dieses weiter aus.

„Nimm deine dunkle Seite ebenso an wie deine Sonnenseite."

In deinen Schattenseiten verbergen sich ungeahnte Kräfte, die du brauchen wirst, um außergewöhnlich erfolgreich zu sein.

2. Eine klare Wertehaltung

Integrität bedeutet: das, was man sagt, auch tatsächlich vorzuleben. Das ist gerade in der heutigen Welt, in der an jeder Ecke gelogen und betrogen wird, von besonderer Bedeutung. Ob VW, Dieselgate, Wirecard oder beim kleinen Handwerker nebenan, überall wird versucht, Menschen zu übervorteilen. Bist du integer, dann handelst du in der Übereinstimmung mit deinen Werten und Einstellungen.

„Deine Werte und Einstellungen sind ein wesentlicher Teil deiner Persönlichkeit und damit zu einem großen Teil für deinen Erfolg verantwortlich."

Aus diesem Grund sollten dir deine Werte und Einstellungen nicht nur glasklar sein, sondern du solltest sie beschützen wie den heiligen Gral.

Übung: Mache dir klar, nach welchen Wertvorstellungen du arbeiten und leben möchtest. Was ist dir besonders wichtig? Warum tust du, was du tust? Was nervt oder begeistert dich? Woran erkennen andere, für welche Werte du einstehst? Warum sollen dir die Menschen vertrauen?

3. Gemeinschaft

Gemeinsam sind wir nicht nur stärker, es macht auch noch mehr Freude. Finde heraus, wer dich unterstützen, auffangen und/oder inspirieren kann. Das funktioniert natürlich nur, wenn du dir über deine individuelle Persönlichkeit und damit über deine Werte im Klaren bist.

„Finde Menschen, die ähnliche Werte und Einstellungen teilen."

Bist du authentisch, wirst du Menschen ‚anziehen', die ebenfalls mit sich im Reinen sind. Du wirst so auf Menschen treffen, die ähnliche Werte und Einstellungen haben, wie du selbst. Nutze dafür die passenden sozialen Medien, wie LinkedIn, Instagram oder Facebook. Dort gibt es Gruppen oder passende Veranstaltungen.

Wichtig ist, dass du dazu deine persönlichen Informationen über dich in den sozialen Medien entsprechend überarbeitest. Deine Informationen sollten dich als Menschen bestmöglich widerspiegeln.

Hast du neue Kontakte, dann kannst du im nächsten Schritt schauen, welche Veranstaltungen sie besuchen oder in welchen Gruppen sie unterwegs sind. Auf diesem Weg kannst du dein Kontaktnetz stetig weiter ausbauen.

4. Mehrwert

Die Welt zu retten, beginnt im Kleinen. Sobald du ein Problem für einen Menschen oder für ein Unternehmen löst, machst du die Welt ein bisschen besser. Für jeden Einzelnen, dem du hilfst, einen bestimmten Bereich in seinem Leben zu verbessern, verbesserst du die Welt.

Welchen Menschen willst und kannst du helfen? Wie kannst du ihnen helfen? Dann kannst du auf Basis gemeinsamer Werte und Einstellungen ein maßgeschneidertes Angebot erstellen.

„Das typische ‚Verkaufen' war gestern. Heute gilt es, einen echten Mehrwert zu liefern."

Wenn du das kannst, dann kaufen die Menschen bei dir. Natürlich musst du dafür sichtbar sein. Gleiches gilt, wenn du eine Führungskraft bist. Deine Mitarbeiter folgen dir, sobald sie dich als Mensch „kaufen".

5. Kommunikation

Kommunikation bedeutet nicht nur „senden". Kommunikation bedeutet vor allem empfangen, also „verstehen". Viele machen den Fehler und erzählen, was sie alles Tolles können und mit welchen Tools sie arbeiten, welche Zertifikate bei ihnen an der Wand hängen.

„Wirklich wichtig ist, dass du deine Empathie, dein Einfühlungsvermögen und deine Erfahrung nutzt, um zu verstehen, worum es deinem Gegenüber wirklich geht."

Es geht nicht um dich. Dein Gegenüber will wissen, wie er mit deiner Hilfe am schnellsten von A nach B kommt. Du wirst erfolgreich, wenn du ihm genau das zeigst und vermittelst.

Je interessanter, also bildhaft und mundgerecht du die Inhalte vermittelst, desto leichter wird er dich verstehen. Dazu nutzt du am besten Storytelling, Bilder, Videos oder Grafiken.

6. Geben

Meine Oma hat immer gesagt: „Geben ist seliger als Nehmen." Und sie hat recht damit. Sprechen wir von Marketing, ist jedes Geben eine Kostprobe deiner Fähigkeiten. Viele Menschen haben gelernt, dass viel versprochen wird. Mit sogenannten Buzzwords (Schlagworten) wird Kompetenz vorgetäuscht. Die Schlagworte sollen dann Kompetenz vermuten lassen. Diese Schlagworte finden sich in diversen Verkaufsprospekten, wie auch in der Kommunikation diverser Führungskräfte. Erfolg zu haben, bedeutet möglicherweise auch, in eine Person oder eine Sache zu investieren.

Mein Tipp: Probiere es einfach. Es wird dich in jedem Fall weiter auf deinem Weg bringen. Erfolg kam noch nie über Nacht.

„Die beste und nachhaltigste Strategie ist, zuerst etwas zu geben, ohne dafür sofort etwas zurückzuverlangen. Lass die Menschen wissen, was du kannst."

Damit meine ich nicht, dass du alles verschenken sollst. Vielmehr geht es um eine Kostprobe.

Dein Wissen kannst du teilen, indem du z. B. sagst, WAS du tun kannst, aber nicht WIE in allen Einzelheiten. Durch Beiträge, Videos oder kurze Checklisten bekommen die Menschen einen Eindruck von deinen Möglichkeiten, ihnen zu helfen.

Das Gesetz der Gegenseitigkeit besagt, dass du bekommst, was du gibst. Generell gilt: Es gibt ein Überangebot, die Menschen werden mit Reizen überflutet, und es gibt ein grundsätzliches Misstrauen gegenüber herkömmlichen Methoden des Marketings. Vertrauen wird hier zu deiner wichtigsten Währung.

„Du bist selbst die Marke, die du „verkaufst" und darum ist es so enorm wichtig, dass du die Marke auch liebst." Frage dich immer auch, ob du von dir kaufen würdest?

Liebe ist ein wesentlicher Erfolgsfaktor! Frage dich selbst einmal, wofür du breit bist, dein Geld auszugeben. Für die vernünftigste Lösung oder für die Lösung, die bei dir die meisten Emotionen auslöst?

Bist du selbst die Marke, bestimmt du selbst auch den Wert deiner Marke. Je emotionaler du mit dir selbst bist, desto emotionaler wirst du auf dein Gegenüber wirken. Natürlich funktioniert das nur dann, wenn du wirklich „echt", also authentisch bist.

„Mit deinem authentischen Marketing gibst du den richtigen Menschen die Möglichkeit, dich zu finden. Menschen, mit denen du gerne arbeiten willst."

Deine Authentizität lässt dich zu einem Leuchtturm in deinem Leben werden. Du wirst dich klar von der Masse unterscheiden. Das wiederum bedeutet, dass du privat und geschäftlich die richtigen Menschen in dein Leben holst. Auf diese Weise wirst du gleichzeitig erfolgreicher und glücklicher, ohne dass beides notwendigerweise in einem Zusammenhang stehen muss. Du findest einfach die passenden Menschen, mit denen du gern Zeit – deine wertvolle Lebenszeit – verbringen möchtest.

Dein authentisches Marketing ist in diesem Kontext keine Methode im herkömmlichen Sinn, sondern eine grundsätzliche Haltung und Lebenseinstellung.

Mut zur Sichtbarkeit

Der Wirkungsgrad deines authentischen Marketings hängt davon ab, wie mutig du bist, dich so zu zeigen, wie du bist. So können sich andere Menschen mit dir identifizieren.

Die wichtigste Voraussetzung dafür – weil es so wichtig ist, wiederhole ich es – ist, dass du dich zu 100 % so annimmst, akzeptierst und liebst, wie du bist.

„Verabschiede dich so schnell wie möglich von dem Gedanken, perfekt sein zu müssen, um dich zu zeigen. Sie wollen dich als Menschen sehen."

Es geht nicht darum, dich nur zu überwinden. Das wäre zu wenig, da du jeden Tag zu jeder Sekunde zu dir stehen musst. Authentizität ist keine Maske, sondern eine Haltung, für die du eine Menge Mut brauchst. Denn wenn du dich in deiner Individualität zeigst, bedeutet das, dass du verletzbar bist. Du bist angreifbar. Das erfordert eine große innere Stärke. Du musst 100 % zu dir, deiner Meinung, deiner Einstellung stehen.

Es wird Menschen geben, die dich allein schon deshalb angreifen, weil sie selbst nicht den Mut haben, zu sich zu stehen. Diese Angriffsphase halten nur die wenigsten aus. Sie fallen dann wieder in alte Muster zurück und wollen von den anderen geliebt werden.

Ich schreibe das hier so klar und deutlich, weil es meist verschwiegen wird. Es heißt zwar immer: „Zeig dich ganz authentisch, so wie du bist." Aber meist wird verschwiegen, was das bedeutet. Es ist wesentlich leichter, so zu sein wie alle anderen. Es ist viel leichter, von allen gemocht zu werden. Doch das ist keine echte Stärke. Was die meisten Menschen vor allem in unsicheren Zeiten suchen, ist Sicherheit. Sie suchen Menschen, an denen sie sich orientieren können. Menschen, die ihnen Sicherheit geben, ähnlich wie es die Leuchttürme für die Schiffe tun.

„Viele Menschen suchen, um sich zu orientieren, einen Leuchtturm, einen Menschen, der in der harten Brandung stehen bleibt und zu sich und seinen Werten steht."

Die Angriffe sind Tests. Sie wollen wissen, ob du stehen bleibst. Bleibst du stehen, vertrauen sie dir. Knickst du ein und fügst dich der Masse, lassen sie dich zwar in Ruhe, aber sie respektieren dich nicht und vertrauen dir auch nicht.

Wenn du außergewöhnlich erfolgreich sein willst, dann brauchst du Vertrauen und Respekt. Vertrauen und Respekt ist ohne Mut nicht zu bekommen. Je größer das Risiko ist, das du eingehst, desto größer wird dein Erfolg sein.

Storytelling

Eine Produkt-Marke entsteht dadurch, dass sich Menschen eine Geschichte, eine Story rund um ein Produkt ausdenken. Diese Story „beweisen" sie durch eine gleichbleibend hohe Produktqualität. Diese Story wird erfunden und soll dem potenziellen Kunden ein gutes Gefühl und Sicherheit geben, etwas, mit dem er sich identifizieren kann. Er vertraut und kauft.

Starke Marken werden sogar zu einem Synonym für die Produktgruppe: Tempotaschentuch, Niveacreme, Tesafilm, um nur einige Beispiele zu nennen.

„Eine Mensch-Marke, wird im Gegensatz zu einer Produkt-Marke nicht gemacht, sie wird geboren, sie ist Natur."

Das „Produkt" ist der Mensch in seiner vollen Individualität. Es ist im Laufe vieler Jahre gewachsen. Der „Nutzen" des Produktes hat etwas mit seiner ganz persönlichen Geschichte zu tun. Es ist eine echte Lebensgeschichte, die dazu geführt hat, dass das „Produkt" bestimmte Eigenschaften hat.

Zum Vergleich: Das Tropical Island ist eine künstlich erschaffene tropische Erlebniswelt unter einem großen Dach. Hier gab es eine Idee, ein Konzept. Die Vermarktung funktioniert über die Bedürfnisse, die es bei potenziellen Kunden gibt. Der Grund der Entstehung ist ein Geschäftsmodell. Die Alpen sind über Jahrmillionen gewachsen, sie sind echt. Hier gab es weder eine Idee noch ein Konzept. Die Vermarktung funktioniert über den Fokus auf die vorhandenen Eigenschaften und die entsprechenden Bedürfnisse, die dadurch bei den potenziellen Kunden befriedigt werden. Der Grund der Entstehung ist die Natur.

Eine Mensch-Marke ist Natur. Eine Produkt-Marke ist Kultur, also von Menschen gemacht.

Das, was eine Mensch-Marke tun muss, um erfolgreich zu sein, ist, sich nach ihrem inneren Kompass ganz individuell zu entwickeln. Hier geht es mehr um das Loslassen von allem, was an Anpassung stattgefunden hat.

„Das MUSS für die Mensch-Marke: sich authentisch von der Masse abzuheben."

Hierbei geht es vor allem um Authentizität! Menschen, die sich entwickeln wollen wie eine Produkt-Marke, werden keinen Erfolg haben können, weil die Kunden sehr schnell merken, wenn etwas künstlich konstruiert wurde und das Vertrauen verlieren.

„Die Entwicklung einer Mensch-Marke ist ein Prozess der Bewusstwerdung der eigenen Persönlichkeit – mit allen Schwächen, Stärken, Bedürfnissen und Befindlichkeiten."

Die Entwicklung einer Mensch-Marke bedeutet in erster Linie „Loslassen". Loslassen von alten Konditionierungen, um den Weg freizumachen für die Entwicklung einer eigenen, reflektierten, individuellen, starken Persönlichkeit.

Kapitel 12b – Der Weg zu der besseren Version von sich selbst ist eine Heldenreise

Ziel: Der Leser erfährt, wie er dahin kommt, sich als authentische Marke zu positionieren. Der Weg ist die Heldenreise.

Ich selbst bin diesen Weg gegangen. Das Thema Selbstliebe habe ich zu meinem Kernthema erhoben, weil ich den Weg von der Anpassung in die Selbstliebe in vielen kleinen Schritten gegangen bin.

Die Selbstliebe ist nicht plötzlich da, sie wird immer stärker, je mehr man sich auf sein wahres Selbst zubewegt. Das ist ein Gefühl, als wenn man nach Hause kommt. Es ist vertraut und warm. Anfangs ist es ungewohnt, weil man so lange draußen in der Kälte gestanden hat. Wenn man den Mut hat, den Weg nach Hause anzutreten, dann fühlt es sich immer richtiger an. Dann kommt der Punkt, an dem es sich anfühlt wie verliebt zu sein – verliebt in sich selbst. Dann kommt der Punkt, an dem das Verliebtsein einer tiefen Liebe weicht. Der Weg der Anpassung in die Selbstliebe ist ein Prozess, der Zeit braucht. Du kannst es dir vorstellen wie die Entstehung einer guten Beziehung. Auch hier braucht es Mut und Zeit.

Weil ich mein wahres Selbst ablehnte, war meine Beziehung zu mir gestört. Auf diesem langen Weg der Heilung dieser Störung, von der Selbstablehnung bis in die Selbstliebe, habe ich jeden Winkel, jede Ecke kennengelernt.

Bei mir begann es damit herauszufinden, was ich wirklich will. Damit meine ich, zu entdecken, was ich wirklich, wirklich will. Das doppelte „wirklich" ist kein Schreibfehler, sondern der Ausdruck dessen, dass das erste wirklich dafür seht, was wir glauben, wollen zu müssen. Ich weiß, dass es vermutlich merkwürdig klingt, doch so sind wir konditioniert. Wir passen unsere Wünsche und Träume den Erwartungen unseres Umfeldes an. Erst als ich mich durch diese erste „Wirklich"-Schicht hindurchgearbeitet hatte, kam das zum Vorschein, was sich hinter dem zweiten „Wirklich" verbarg.

Auf diesem abenteuerlichen Weg gab viele Gefühlskarusselle, Rückschritte, Hürden und Hindernisse. Gelernt habe ich, wie man sich selbst immer wieder dazu motiviert, weiterzugehen. Das ist es, was mein Leben am besten beschreibt – es ist ein spannendes Abenteuer.

Mein narzisstischer Vater hat die Entwicklung meines wahren Selbst, meiner individuellen Persönlichkeit nicht zugelassen. Nach außen war er stark, doch innerlich war er nicht stark genug, um eine echte Persönlichkeit neben sich zu ertragen. Narzissten ertragen neben sich nur Menschen, die sie dominieren können. Nur so behalten sie die für sie so wichtige Kontrolle. Sie vertrauen weder sich selbst noch anderen. Hinzu kam, dass ich sehr empathisch bin und Menschen helfen möchte, glücklich zu sein. Beides zusammengenommen, meine Empathie und mein Wunsch, anderen zu helfen glücklich zu sein, machte mich für meinen Vater leicht manipulierbar. Denn natürlich wollte ich auch ihm helfen, glücklich zu sein.

Wie ein „Ich bin nicht gut genug"-Glaube entsteht

Teil seiner Manipulation war, dass er mir wiederholt eingeredet hat, dass ich klein und unbedeutend bin. Anerkennung bekam ich immer dann, wenn ich in seinem Sinne handelte und damit quasi zu ihm aufschaute. Irgendwann begann ich selbst, an meinen Minderwert zu glauben. Ich begann zu glauben, dass meine Empathie eine Schwäche ist, die man verstecken muss – so entstand meine Schattenseite und der tiefe Glaubenssatz „Ich bin nicht gut genug".

Um in der Gesellschaft klarzukommen, begann ich, mir selbst und anderen etwas vorzumachen. Ich fing an, eine Rolle zu spielen, versteckte mein wahres Selbst, meine Empathie hinter einer Fassade. In meinem Kopf entstand die Person, die ich glaubte, sein zu müssen, um „gut genug" zu sein.

Da sich meine Eltern zwischenzeitig scheiden ließen und dadurch das Verhältnis zu meiner Mutter gestört war, gab es kein Korrektiv, wie es in gesunden Familien üblich ist. So orientierte sich mein „gut genug" vor allem an den Maßstäben meines Vaters. Erst heute bin ich mir darüber bewusst, dass diese Empathie meine größte Stärke ist. Es mag vielleicht eigenartig klingen, doch heute bin ich darüber froh, dass ich all das erleben durfte. Das war ganz sicher nicht immer so! Ohne dieses Erleben hätte ich vielleicht auch ein ganz „normales", angepasstes Leben im Mittelmaß gelebt.

Die Heldenreise zu meinem wahren Selbst

Erst der große Druck seitens meines Vaters ließ mich eine Reise beginnen, eine Reise zu mir selbst. Diese Reise nenne ich meine persönliche Heldenreise.

Eine Reise zum wahren ICH, die Heldenreise, ist immer eine Abenteuerreise. So wie auf jeder Abenteuerreise weiß der Reisende nicht, was ihn erwartet. Auf einer Abenteuerreise muss man sich ganz bewusst und mutig auf Unbekanntes einlassen.

Nicht jeder Mensch ist bereit, sich auf eine derartige Abenteuerreise einzulassen. Die meisten Menschen ziehen die Sicherheit ihrer Komfortzone vor. Selbst wenn sie wollen, dass ihr Leben besser sein könnte, hätten sie nur etwas mehr Mut, bleiben sie lieber in Sicherheit.

Das ist der Grund, warum es so viele unzufriedene Menschen gibt. Als ob es nicht schon traurig genug wäre, dass sie ihre eigene Transformation nicht wagen, versuchen sie zudem, andere daran zu hindern. Man erkennt sie daran, dass sie permanent jammern und jegliche Verantwortung für ihren Zustand weit von sich weisen. Dazu habe ich einmal ein sehr schönes Zitat gelesen:

„Schiffe sind im Hafen sicher – aber dazu werden Schiffe nicht gebaut."

Auch unser Leben ist aus meiner Sicht nicht dazu da, es möglichst sicher hinter uns zu bringen. Abenteuer sind das Salz in der Suppe, die sich Leben nennt. Menschen, die am Ende ihres Lebens gefragt werden, was sie bereuen, sprechen nie von den Dingen, die sie getan haben. Menschen bereuen am Ende ihres Lebens immer nur die Dinge, die sie nicht gewagt haben.

Quelle statt Bettler

Werde zu einer Quelle für andere Menschen. Verschenke dich, anstatt andere zu benutzen, um die Illusion des Mangels zu stillen. Schaue ich mich aktuell in der Welt um, habe ich den Eindruck, dass die meisten Menschen Bettler sind, denen es vorwiegend darum geht, etwas zu bekommen. Es scheint, als leben sie in einer andauernden Mangelsituation. Beispiel einiger Managergehälter: Sie gehen in Dimensionen, die nichts mehr mit einem angemessenen Ausgleich für eine Leistung zu tun haben. Ich frage mich, woher diese Gier kommt. Was läuft im Leben dieser Menschen schief? Was brauchen diese Menschen, um wirklich glücklich zu sein? Ich frage mich das, weil diese Manager mit ihrer Arbeit meist nichts Sinnvolles zu dem Gemeinwohl unserer Gesellschaft beitragen. Ich frage mich auch, ob sie wenigstes mit dem Geld, das sie bekommen, etwas Sinnvolles für die Gesellschaft tun. Dass es auch anders geht, beweist mein Lieblingsbeispiel von Warren Buffett, der einmal den größten Teil seines Geldes verschenkt hat, um damit einen Beitrag zu leisten.

Mangeldenken führt zu Gier, und gierige Menschen können in ihrem tiefen Inneren nicht glücklich sein, da das Mangeldenken eine Geißel ist, die das Leben schwer sein lässt. Daher ist es ist meine feste Überzeugung, dass es in der Welt vieles verändern würde, wenn diese „GierManager" zu der Erkenntnis kämen, eine Heldenreise anzutreten, um die Geißel loslassen zu können.

Auch wenn der Weg der Heldenreise zeitweise sehr herausfordernd ist für Körper, Geist und Seele, steht am Ende immer der Erfolg in Form einer größeren Lebensfreude und Leichtigkeit.

Man kann es auch so sagen: Nach der begrenzten Zeit des „Scheißefressens" wartet auf dich der Champagner für den Rest deines Lebens. Die Heldenreise hat ihre verschiedenen Höhen und Tiefen. Auf dieser Reise beginnt man, sich neu zu erleben. Dabei kommt es immer mal wieder vor, dass man sich ein wenig in sich selbst verliebt. Das passiert immer dann, wenn man erkennt, dass man doch nicht so schlecht ist, wie man bisher geglaubt hat.

Und so wechseln sich Hochs und Tiefs immer wieder ab. Aber eines kann ich mit voller Gewissheit versprechen – die Reise lohnt sich!

Im nächsten Schritt lade ich dich ein, zuerst das Muster der Heldenreise zu verstehen. So wird es dir leichter fallen, dich auf deine eigene Heldenreise zu begeben.

Das Muster der Heldenreise – dein Weg des Werdens

„Ein Held ist jemand, der sein Leben für etwas Größeres als sich selbst hingibt." (Joseph Campbell)

Der größte Gegner, der dir auf deiner Heldenreise begegnet, bist du selbst. Auf diesem Weg wird es immer heller. Deine Schattenseiten werden erleuchtet und irgendwann stehst du im Licht – in deinem Licht.

Das Erzählmuster der Heldenreise ist so variabel und flexibel wie das Leben selbst: Du begibst dich auf eine Reise, weil du mit deiner aktuellen Situation unzufrieden bist.

Während dieser Reise entwickelst du deine Persönlichkeit und kehrst als „neuer" Mensch zurück. Du hast auf deinem Weg ein „Elixier" gefunden, das dich so verändert, dass deine Unzufriedenheit vergeht. Dieses Elixier bringst du mit in deine alte Welt und damit veränderst du diese Welt positiv.

Heldenreisen anderer Menschen inspirieren dich

Die Heldenreise einer anderen Person dient dazu, dass der Handlungsverlauf, das innere Wachstum der Hauptfigur, die Entwicklung ihres Charakters realistisch und damit nachvollziehbar und vor allem nacherlebbar wird. Der größte Lerneffekt entsteht dadurch, dass du dich mit der Hauptfigur identifizieren kannst. Weiter hinten kannst du verschiedene Heldenreisen lesen, die dich inspirieren sollen.

Der Zweck einer Heldenreise ist die Entwicklung des wahren Selbst: Du wirst die Geschichte eines Helden lesen, wie er zu einem Helden wird. Die Heldwerdung ist die Geschichte der Persönlichkeitsentwicklung eines Menschen. Erst im Laufe der Geschichte wird die Hauptfigur zu einem Helden, während sie ihren Charakter verändert, indem sie immer mehr zu ihrem wahren Selbst wird.

Das Schöne ist – ein Held kann JEDER sein und muss weder Superman noch Superwoman sein. Auch du kannst ein Held sein – du musst es nur wirklich wollen!

„Ein Held ist eine Auszeichnung für Menschen, die sie sich verdient haben, indem sie sich bestimmte Fähigkeiten, Eigenschaften und/oder ein bestimmtes Wissen angeeignet haben, um es zum Wohle der Gemeinschaft einzusetzen."

Schauen wir mal auf dich: Grundsätzlich geht es vor allem um das Wissen über dich selbst. Deine Unzufriedenheit rührt meist daher, dass du (noch) nicht dein wahres Selbst lebst. Das, was dich aktuell, also in deiner ‚normalen' Welt unzufrieden macht, bist genau genommen du selbst bzw. dein Verhalten. Dein Verhalten wird dir von den Menschen in deiner Umgebung in deiner normalen Welt widergespiegelt – und führt zu deiner Unzufriedenheit.

„Ein Held verändert sich selbst, um die Welt, in der er lebt, zu verbessern."

Auf deiner Heldenreise wirst du quasi selbst zu der Veränderung, die du in der Welt sehen willst. So gehst du mit gutem Beispiel voran und motivierst die Menschen in deiner Welt, es dir gleich zu tun. Auf diese Weise veränderst du deine Welt nachhaltig.

Und genau diese Veränderung der Welt, darum geht es mir in Bezug auf dich. Die wichtige notwendige Veränderung in unserer Welt wird es nur geben können, wenn jeder Einzelne diese Notwendigkeit in sich spürt und entsprechend beginnt umzusetzen.

Weiter oben sprach ich davon, dass die meisten Menschen nicht den Mut haben, ihre Komfortzone zu verlassen. Das ist auch nicht weiter tragisch, wenn sonst alles in der Welt in Ordnung ist. Diesen Zustand der Ordnung haben wir jedoch nicht mehr. Wenn wir die Zerstörung unserer Welt stoppen wollen, dann wird das nur gelingen, wenn jeder von uns die entsprechende Haltung dazu hat und ins Handeln kommt.

Darum ist meine erste Frage an dich: Was spürst du, was in deinem Leben, so wie es gerade läuft, nicht stimmt? Anders gefragt, was stört dich massiv? Was willst du verändern? Du wirst die stärkste Energie dann entwickeln, wenn du von irgendetwas richtig „angepisst" bist. Nimm dir die Zeit dafür, tief in dich hineinzuhören.

Die Reaktion der meisten Menschen ist, sie unterdrücken dieses Störgefühl, sie passen sich der Masse an, sie haben Angst davor, anders zu sein. So war es auch bei mir. Ich habe mein Störgefühl unterdrückt. Eigentlich spürte ich, dass ich OK bin, so wie ich bin. Doch mir wurde immer wieder gesagt, dass ich nicht OK bin. Anstatt zu mir zu stehen, habe ich mich den Erwartungen meiner Eltern und der Gesellschaft angepasst.

Das Ergebnis war, dass ich wirklich beliebt war. Die Menschen mochten mich, weil ich so unkompliziert und immer gut drauf war. Was keiner sehen konnte, war, dass ich mich immer schlechter gefühlt habe. Ich kam mir vor wie ein Verräter. So konnte und wollte ich nicht leben. Mit meinem Entschluss, alles daran zu setzen, von zu Hause weg zu kommen, begann meine „große" Heldenreise. Ich wollte wissen, wer ich wirklich bin.

Meine Empathie, meine sehr ausgeprägte Wahrnehmung in Kombination mit meiner ausgeprägten Vorstellungskraft, setze ich heute dazu ein, in meinem Umfeld die Welt besser zu machen. Ich bin völlig abgenervt davon, wie wir mit unserer Erde umgehen. Es ist meine persönliche Motivation, Menschen wie dich aufzuwecken. Mein Wissen darum, dass unser gesunder Egoismus dazu dient, die Welt besser zu machen, ist der Grund, warum ich dich dabei unterstützen will, erfolgreich und glücklich zu sein. Ich weiß, dass du nur als zufriedener und glücklicher Mensch in der Lage bist, von dir selbst loszulassen und dich um das Gemeinwohl zu kümmern. Das ist auch völlig normal und OK. Du musst dich erst um dich kümmern, bevor du dich um andere kümmern kannst. Den Beweis dafür findest du in den Geschichten der Menschen in den Heldenreisen, die du gleich lesen kannst.

Transformation braucht Zeit. Es ist wie bei einem großen Tanker, der nicht von jetzt auf gleich seine Fahrtrichtung ändern kann. Ebenso kann man sein Leben nicht von dem einen auf den anderen Tag ändern. Es ist ein Prozess, der viel Geduld, vor allem dir selbst gegenüber, braucht. Alte Gewohnheiten lassen sich nicht einfach aus dem Fenster werfen. Du musst sie Stufe für Stufe hinunter schubsen. Deine neuen Gewohnheiten musst du ebenfalls Stufe für Stufe hinauf schubsen.

Unsere Herde prägt uns. Man kann sich das so vorstellen, dass wir in einer Herde aufwachsen, die bestimmte Rollenbilder, Gewohnheiten aufweist und nach bestimmten Glaubenssätzen lebt. Diese Gewohnheiten und Glaubenssätze saugen wir quasi mit der Muttermilch auf. Sie sind die Leitplanken unseres Lebens. Wollen wir unser Leben verändern, dann müssen wir diese Leitplanken zuerst auf den Prüfstand stellen und dann entsprechend unseren Vorstellungen verändern. Das braucht Zeit.

„Veränderung bedeutet immer das Verändern von Gewohnheiten."

Meine Erfahrung ist, dass eine Veränderung von Gewohnheiten in dem gewohnten Umfeld, in dem sie entstanden sind, sehr schwer ist. Es ist deutlich leichter, neue Gewohnheiten in einem neuen, unbekannten Umfeld zu entwickeln. Das ist der Grund, warum ich immer die Umgebung verändert habe, wenn ich mich verändern wollte. Doch wie schon gesagt, das bedeutet immer, dass du nicht weißt, was passieren wird. Du musst bereit sein, diese Unsicherheit auszuhalten.

Meine Frage an dich: Bist du bereit, dich auf Unsicherheit einzulassen und dich auf eine Abenteuerreise zu begeben? Wenn ja – dann wird die Heldenreise genau der richtige Weg für dich sein. Der Weg zu deinem wahren Selbst und damit der Weg zu deinem erfüllten Leben.

Im nächsten Schritt stelle ich dir die Heldenreise in der Theorie vor. Damit du dich ganz bewusst auf deine eigene Heldenreise begeben kannst, ist es wichtig, jeden einzelnen Schritt in der Theorie nachvollziehbar zu kennen. Dann bist du vorbereitet und kannst besser entscheiden, was du als nächstes tun wirst.

Anschließend empfehle ich dir, die beispielhaften Heldenreisen außergewöhnlicher Menschen zu lesen. Wenn du die Theorie kennst, kannst du sie noch besser nachvollziehen. Auch das dient der Vorbereitung auf deine eigene Heldenreise.

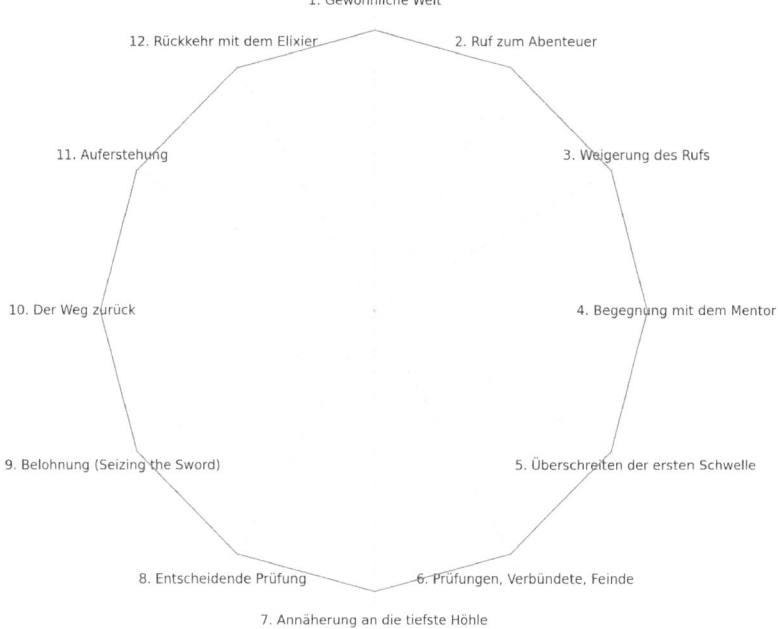

Die Heldenreise nach Joseph Campbell

1. Gewöhnliche Welt

12. Rückkehr mit dem Elixier

2. Ruf zum Abenteuer

11. Auferstehung

3. Weigerung des Rufs

10. Der Weg zurück

4. Begegnung mit dem Mentor

9. Belohnung (Seizing the Sword)

5. Überschreiten der ersten Schwelle

8. Entscheidende Prüfung

6. Prüfungen, Verbündete, Feinde

7. Annäherung an die tiefste Höhle

Abb. : Die Heldenreise nach Joseph Campbell

Theoretischer Ablauf – Anleitung einer Heldenreise

1. Die normale Welt

Die normale Welt ist die, die du in- und auswendig kennst. Sie ist vorhersehbar und bietet dir große Sicherheit. Aber die normale Welt ist auch eine Welt des Mangels. Es gibt Dinge, die dich stören, weil sie nicht zu dir und/oder zu deinen Werten passen.

Vielleicht fragst du dich:

- „Was sind meine Träume?"
- „Worüber ärgere ich mich am meisten?"
- „Und was würde ich gerne machen, wenn ich frei entscheiden könnte?"

Meist resultieren deine Antworten direkt aus den Mängeln deiner normalen Welt.

2. Der Ruf des Abenteuers

Wenn der Held den „Ruf des Abenteuers" hört, wird ihm klar, dass er sich aus seiner normalen Welt herausbewegen muss. Dazu muss er seine sichere Komfortzone verlassen.

Der Ruf des Abenteuers ist dein erster unverstellter Blick auf das, was sein könnte. Deine innere Stimme spricht zu dir und sagt: „Das muss ich ausprobieren. Ich will wissen, ob ich das kann. Ich will endlich mein Leben beginnen. Ich will das machen."

3. Die Ablehnung

Dir kommen Zweifel, ob es wirklich sein muss, deine Sicherheit aufzugeben. Sobald deine Berufung oder der Mensch, der du sein könntest bzw. eigentlich schon bist, zum Greifen nah ist, wirst du zweifeln und nach Ausreden suchen.

Du merkst schon jetzt, dass das bevorstehende Abenteuer eine echte Herausforderung für dich sein wird. Du wirst jede Menge Energie brauchen, um sie zu bewältigen. Dein ganzes Leben wird sich verändern. Ein guter Grund, um zu sagen: „Warte einen Moment! Ich bin mir nicht sicher, ob ich das wirklich will!"

4. Unterstützer

Unterstützer sind meist Mentoren. Ein Mentor ist eine „Quelle der Weisheit". Jemand, der in einem bestimmten Bereich mehr weiß als du. Meistens deshalb, weil er mehr Erfahrungen gesammelt hat.

Vielleicht war dein Mentor schon immer da, vielleicht kennst du ihn erst seit kurzem. Zeit spielt keine Rolle. Es zählt nur, dass der Mentor auf einem „Wissensschatz" sitzt, der dein Wachstum fördert. Damit ist er für deine persönliche Entwicklung von größtem Wert. Nur er hat Informationen, die dir helfen, dich auf deine Berufung und nicht auf deine Angst zu konzentrieren.

5. Überschreiten der Schwelle

Das Überschreiten der ersten Schwelle ist der Moment, in dem du etwas tust, von dem es keinen Weg zurück gibt. Davor war die Veränderung nur ein Gedanke, ein mögliches Konzept. Ab jetzt bist du der Veränderung verpflichtet und gehst voll in ihr auf.

Vielleicht kündigst du deinen alten Job. Vielleicht meldest du dich an der Schauspielschule an. Vielleicht beginnst du zu komponieren. Vielleicht schreibst du dich an der Uni ein. Solange es ein aktiver Schritt in Richtung deines Talentes, deines Traumes und deiner Berufung ist, ist es dein metaphorisches Überschreiten in deine besondere, deine neue Welt.

6. Test: Verbündete oder Feinde

In der sechsten Stufe deiner Heldenreise lernst du die Menschen um dich herum neu kennen. Für einige ist deine Reise eine Bedrohung – schließlich könntest du deren Bequemlichkeit in Frage stellen. In deiner neuen Welt könnten Menschen glauben, du machst ihnen ihren Platz streitig.

Spätestens ab jetzt wirst du beginnen, zu sagen, was du denkst. Das wird dir zwar ein paar Feinde, aber auch einige Verbündete einbringen. Verbündete sind besonders wichtig, weil sie dir die Regeln der neuen Welt beibringen und dich herumführen.

7. Annäherung

Eine Redewendung, die diese Stufe gut beschreibt: „Es fällt mir wie Schuppen von den Augen." Plötzlich siehst du kristallklar – auch deinen Antagonisten. Du begreifst, warum du in deiner normalen Welt nicht bleiben kannst.

Gleichzeitig erkennst du auch deinen größten inneren Feind. Das kann deine Angst sein oder deine Bequemlichkeit, immer den leichtesten Weg zu gehen.

8. Tortour

Etwas ändert sich – ohne die Möglichkeit, es wieder rückgängig zu machen und die alte Weltordnung wieder herzustellen.

Es ist der Moment, vor dem du dich am meisten fürchtest. Du spürst, dass er dich am meisten verändern wird. Du schaust dem „Tod" ins Auge, weil ein alter Glaube oder ein Wertesystem stirbt. Vielleicht stehst du zu dir und deinen Bedürfnissen, verrätst dein größtes Geheimnis.

Das ist die Situation, vor der du dein ganzes Leben lang Angst hattest. Doch dir ist bewusst, dass es ohne Schmerz keine Verwandlung gibt.

9. Belohnung

Nachdem der Held im Entscheidungskampf „stirbt" und mit seinem wahren Selbst wiedergeboren wird, wird jetzt ausgiebig gejubelt. Große Freude auf das Geschaffte macht sich breit. Du hast gewonnen – vor allem dich selbst, und jetzt bekommst du die Belohnung.

Du fühlst dich leichter, du siehst klarer und fühlst dich frei. Dein Körper ist wie energetisiert und du würdest am liebsten sofort mit allem loslegen. Jetzt beginnt die wichtigste Reise deines Lebens: die Reise zu deinem wahren Selbst in deiner neuen normalen Welt.

10. Rückweg

Der Rückweg ist gleichzeitig eine erneute Hinwendung zur Veränderung. Wir müssen Zweifel und Ängste überwinden und uns wieder dem Abenteuer zuwenden. Dem Abenteuer, in der normalen Welt unseren Platz zu finden.

11. Sühne

Das kannst du sein, wenn du in die normale Welt zurückkehrst und feststellst, dass du dort nicht mehr in gewohnter Weise hineinpasst.

Das Gute dieser Stufe ist die Reinigung. Deine Beziehungen verändern sich, ihre Anzahl wird möglicherweise kleiner, sie werden aber dafür aufrichtiger, wahrhaftiger. Du tust jetzt das, was deinem Herzen entspricht.

Jetzt geht es um das Wohlergehen (d)einer ganzen Welt, manchmal auch Wertewelt.

12. Rückkehr – mit dem Elixier

In der letzten Stufe der Heldenreise kehrst du mit dem Elixier zurück. Was heißt das genau?

Dein Elixier kann deine Erfahrung sein, das zu tun, was deinem wahren Selbst entspricht. Vielleicht ist es die Leichtigkeit, die Freude, der Erfolg.

Du erreichst jetzt einen Status, in dem du es schafft, den höchsten Nutzen all dessen, was du auf deiner Reise gelernt hast, in dein normales Leben zu integrieren. Dadurch wird dein Leben und sehr wahrscheinlich auch das Leben der Menschen in deinem Umfeld viel besser.

Kapitel 13 – Die Heldenreise außergewöhnlicher Menschen

Die Heldenreise des Frank Otto

Heldenreise Part 1 – der Ruf des Abenteuers

1. Die normale Welt

Die Heldenreise des Frank Otto begann schon, als er noch recht jung war. Hineingeboren in eine Unternehmerwelt interessierte sich Frank schon in der Schule für Umweltschutz und gehörte zu den Antiatomaktivisten. Sein Vater Werner Otto war damals schon ein Unternehmer wie er im Buche steht. Nach dem Krieg baute er eine Schuhfabrik auf, um die Menschen mit qualitativ hochwertigen Schuhen zu versorgen.

Nachdem die Besatzungszonen geöffnet wurden, konnten jedoch Schuhe auch aus dem Ausland importiert werden. Auf einen Schlag waren die Schuhe, die er herstellte, nicht mehr nachgefragt. Die Modelle aus Italien beispielsweise waren schicker und moderner.

Der Mann, der nach dem Glauben „panta rhei" lebte, was so viel bedeutet wie „alles fließt", ließ sich nicht beirren und machte aus der Not eine Tugend. Um seine Lagerware an den Mann und an die Frau zu bringen, fertigte er von Hand Kataloge an, wobei er Fotos als Produktbilder einfügte. Diese „Kataloge" verschickte er an potenzielle Kunden. Auf diese zu jener Zeit noch ungewöhnliche Weise verkaufte er seine kompletten restlichen Schuhe in überraschend kurzer Zeit. Diese Form des Absatzes erwies sich als so lukrativ, dass er den Versandhandel zu seinem Kerngeschäft erhob. Seine neue Idee war es, nicht mehr seine eigenen Produkte, sondern die Produkte anderer Hersteller auf diese Weise zu verkaufen. Otto Versand Hamburg war geboren.

Frank ist das dritte Kind seiner Eltern und viel jünger als seine beiden Geschwister. Nachdem sich seine Eltern trennten, heiratete sein Vater Werner

Otto eine deutlich jüngere Frau. Mit dieser gründete er eine neue Familie. Die beiden älteren Geschwister von Frank waren inzwischen erwachsen und aus dem Haus. Frank, damals 10 Jahre alt, war sehr unglücklich über diese neue familiäre Situation. Durch sein zunehmend flegelhaftes Verhalten brachte er seinen Unmut zum Ausdruck. Vater Werner war damals in der wichtigsten Aufbauphase seines Unternehmens. Häufig auf Geschäftsreise konnte er sich nicht um eine angemessene Erziehung seines Sohnes kümmern.

2.   Der Ruf des Abenteuers

Daher traf Werner Otto die Entscheidung, dass Sohn Frank seine Schulzeit auf einem Internat verbringen wird. Internate waren für gute Erziehungsmethoden bekannt. Daher traf Werner Otto die Entscheidung, seinen Sohn in ein Internat zu geben.

Frank war von dieser Idee zunächst begeistert. Schließlich hatte er alle „Fünf Freunde"-Bücher gelesen und Lust, ähnliche Abenteuer zu erleben, wie die der „Fünf Freunde" in den Büchern.

3.   Die Ablehnung

Was Frank hart traf, war, dass der Kontakt zu seiner Familie gänzlich abbrach. Das hatte er so nicht erwartet. Mit dem Einzug in das Internat rückte Frank gänzlich aus dem Fokus seines Vaters. Sein Vater hatte jetzt noch weniger Zeit, um sich mit ihm und seiner Entwicklung auseinanderzusetzen. Frank fühlte sich von der Familie alleingelassen, er hatte den Vater als vertrauensvollen Ansprechpartner verloren. Ihm fehlte jemand, mit dem er über Dinge sprechen konnte, die er auf dem Herzen hatte.

Seinem Vater fehlte jetzt sogar die Zeit, mit Frank über dessen schulische Belange zu sprechen. Er übergab die Verantwortung für die schulische Ausbildung der Schulleitung. Frank kam somit immer weiter von seinem Weg ab. Beispielsweise hätte er gern Französisch gelernt, musste sich aber mit Latein herumschlagen. Der innere Schmerz über diese Fremdbestimmung führte dazu, dass Frank immer mehr in eine Oppositionshaltung ging. Was da familiär und schulisch mit ihm passierte, hatte er so nicht gewollt. Der Weg, auf den er kam, war irgendwann nicht mehr sein Weg.

Auch wenn er das Verhältnis zu seinem Vater grundsätzlich als gut empfand, unterstützte dieser seinen Sohn nicht dabei, eigene schulische Entscheidungen zu treffen. Der Vater konnte die Ursache für Franks Unzufriedenheit zwar gut nachvollziehen, fand es aber auch nicht ungewöhnlich, weil er Ähnliches während seiner Schulzeit erlebt hatte. Um mit seiner Situation besser klarzukommen, wollte sich Frank in die Musik flüchten. Zu seinem Leidwesen war Musik in seinem Internat grundsätzlich verboten. Er durfte weder Musik hören noch selbst Musik machen. Die damals angesagte Musik passte gut zu Franks Gemütszustand – sie war pures Rebellentum.

Genau das, was Frank brauchte, um seinen Unmut in die Welt ausdrücken zu können. Es war die rebellische Zeit des Rock'n'Roll. Das, was damals in den Liedern ausgedrückt wurde, tobte später auf den Straßen. Für die alten Pauker der Nachkriegszeit, die vor allem mit Disziplin und strengem Gehorsam ihre Schüler unter Kontrolle hielten, war diese Musik eine große Gefahr. Also wurde Musik grundsätzlich verboten. Das wiederum stachelte den Rebellen in Frank noch mehr an – jetzt wollte er unbedingt Musik machen.

Heldenreise Part 2 – die größte Tortur

4. Unterstützer

Frank schaffte es, seinen Vater zumindest davon zu überzeugen, das Internat wechseln zu dürfen. In seinem neuen Internat begann er, Schlagzeug zu spielen. Eigentlich war die Gitarre seine erste Wahl, doch aus irgendeinem Grund dachte er, dass es einfacher sei, Schlagzeug zu spielen. Musik bezeichnet Frank zwar nicht als sein stärkstes Talent, aber als enorm wichtig für sein Leben. Die Art und Weise, wie er sich in der Musik ausdrücken konnte, war für ihn eine Form der Selbsttherapie. Als introvertierter Mensch hatte er es ohnehin schwerer, sich auszudrücken – die Musik half ihm dabei, leichter das zum Ausdruck zu bringen, was ihn bewegte.

Im Laufe der Zeit wurde für Frank immer klarer, dass ihm Kunst und Kultur wichtiger sind als das klassische Unternehmertum. An der Kunst und den Künstlern faszinierte ihn die unkonventionelle Art zu denken und zu fühlen. Er mochte das Unruhige.

5.   Überschreiten der Schwelle

Nach dem Internat entschied sich Frank klar gegen das klassische Unterneh-mertum. Das brachte er zum Ausdruck, indem er eine handwerkliche Ausbil-dung zum Stuckateur machte.

6.   Test – Verbündete oder Feinde

Frank hatte einen Traum – er wollte Maler, ein richtiger Künstler werden und deshalb Kunst studieren. Er hatte Talent, und die Begabtenprüfung war sei-nerzeit für ihn sehr viel wichtiger als der Schulabschluss. Ihm war natürlich klar, dass es einträglichere Berufe gab, jedoch hatte er eine gewisse finanzielle Sicherheit durch seinen familiären Hintergrund. Allerdings erhielt er durch seinen Vater keinen Freibrief. Sein Vater sicherte ihm zwar zu, seinen eigenen Weg gehen zu dürfen, aber keine unbegrenzten finanziellen Zuwendungen. Frank war somit ganz klar, dass er einen Weg finden muss, um ausreichend eigenes Geld zu verdienen.

Musik wurde zu einem festen Teil in Franks Leben. Er sagte, sobald man Musik macht, tut man es vor allem für sich selbst. „Musik ist meine extrovertierte Seite", sagt Frank über sich selbst.

Heldenreise Part 3 – Vereinigung/Veränderung

7.   Annäherung

Frank studierte Kunst und machte mit seiner Band aktiv Musik. Sogar bei dem legendären ersten deutschen Musiksender „musicbox" ist er mit seiner Band in einem Clip zu sehen gewesen. Damit ist er dann also seinem Herzen gefolgt und hat somit die Wunden seiner Vergangenheit durch seine Musik geheilt.

Im nächsten Schritt ging es darum, finanziell auf eigenen Beinen zu stehen. Das war nicht nur der Wunsch des Vaters, sondern auch sein eigener Wunsch zur Stärkung seines Selbstwertgefühls.

8. Tortur

Als Kulturliebhaber hatte Frank gemeinsam mit einem Partner eine Theaterproduktion finanziert. Natürlich war der Plan, damit Gewinne und somit ein Einkommen zu erwirtschaften. Doch es kam anders. Noch bevor das Theaterstück ein Erfolg werden konnte, entschieden andere Verantwortliche, die Produktion einzustellen, da diese den Glauben an den Erfolg des Stücks verloren hatten. Die Theaterproduktion wurde für ihn zu einem herben finanziellen Verlust. Heute sagt Frank, dass es ein Fehler war, die Gesamtverantwortung zu früh in andere Hände abzugeben.

9. Belohnung

Wo Licht ist, ist auch Schatten – gleiches gilt auch umgekehrt. Aus der Erfahrung mit der Theaterproduktion lernte Frank: „Die Selbsterkenntnis ist für einen Unternehmer die wichtigste Voraussetzung für seinen Erfolg."

Wer als Unternehmer nicht weiß, wo seine Stärken liegen, um diese entsprechen einzusetzen, hat als Unternehmer keine Chance. Ebenso muss ein Unternehmer wissen, wo seine Schwächen liegen, und diese Schwächen durch entsprechende Partnerschaften ausgleichen. Frank hat für sich gelernt, dass er ein „Developer", ein Entwickler ist, Routine und Detailarbeit sind nicht seine Welt.

Unternehmertum ist wie Malen. Man macht sich eine Vorstellung davon, wie das Bild aussehen soll, und dann fängt man an, zu erschaffen. Auch als Unternehmer macht man sich ein Bild davon, wie das Unternehmen aussieht und sich entwickeln soll. Dann legt man los und bleibt so lange dabei, bis sich das Unternehmen in die richtige Richtung entwickelt.

Heldenreise Part 4 – der Weg zurück

10. Rückweg

Das Geldverdienen begann mit dem Radio. Zum erfolgreichen Unternehmertum ist Frank durch einen glücklichen Zufall gekommen. Zufällig traf er seinen Freund Hannes, der zu dieser Zeit bei einer Zeitung arbeitete. In dieser Zeitung beschäftigte man sich mit dem Thema Privatradio. Zwischenzeitlich war das öffentlich-rechtliche Monopol aufgelöst und der Markt für private Radiosender geöffnet worden. Zu dieser Zeit gab es kaum jemanden in Deutschland, der sich damit auskannte, wie man Radio macht. Hannes kannte Frank als leidenschaftlichen Musiker und Kulturliebhaber und fragte ihn, ob er Interesse hätte, beim Aufbau eines Radiosenders mitzuwirken.

Auch Frank hatte nicht wirklich Ahnung, wie man einen Radiosender aufbaut. Als Musikkenner und -liebhaber und als ein grundsätzlich an Kultur interessierter Mensch schien er jedoch genau der Richtige dafür zu sein, da Radiosender in erster Linie ja Musik spielen. Gesucht wurde ein Partner, der sich mit Musik und Kultur auskennt – beides traf auf Frank Otto zu.

Heute sagt Frank darüber, dass sich „zwei Einäugige" daran machten, einen neuen Radiosender aufzubauen. Frank, der sich mit Musik, und sein Partner, der sich mit Medien auskannte, da bis dato niemand in Deutschland wusste, wie Privatradio wirklich funktioniert, waren diese Kompetenzen eine vielversprechende Kombination.

Das Besondere und auch das Neue am Privatradio war, dass es interaktiv funktioniert. Es ist kein reiner Sender in einer Richtung wie bisher üblich, sondern es wird in beide Richtungen gesendet. Also vom Sender zum Empfänger und retour. Beim Privatradio sind die Zuhörer als aktiver Part dabei. Und genau hierin bestand eine große Herausforderung, sie wollten die Zuhörer mit einbinden.

Um eine Struktur in die Radiolandschaft zu bekommen, nutzte Frank sein Talent als Maler und malte Radiolandschaften mit unterschiedlichen Clustern. Er fuhr nach Berlin, um auf der IFA neues Know-how zu tanken, und traf dort auf einen Vertrauten, der schon länger mit Radio zu tun hatte. Frank zeigte ihm ganz stolz seine gemalten „Hörerlandschaften" und beschrieb ihm, dass er unterschiedliche Landschaften mit unterschiedlichen Musikangeboten beliefern wollte. Sein Bild war eine Antwort darauf, wie sich Radiosender in den unterschiedlichen Regionen positionieren können.

Dieser Bekannte erklärte ihm zu seinem Erstaunen, dass es so etwas bereits gibt. Es nenne sich Formatradio. In den USA gibt es schon seit den 50er-Jahren Privatradio in unterschiedlichen Formaten. Der Bekannte empfahl ihm ein Buch, das beschreibt, wie man Privatradio macht. Dieser Buchtipp erwies sich in der Zukunft als Gold wert

Das Buch hieß: „The Program Director's Handbook". Dieses Buch war genau das, was Frank jetzt brauchte. Es enthielt sehr viel Know-how darüber, wie man einen Radiosender aufbaut. Mit diesem Buch wurde Frank schlagartig von einem „Einäugigen" zu einem „Sehenden".

11. Sühne

Eigentlich war der Plan, dass Frank als Partner den Aufbau des Radiosenders unterstützen sollte. Doch es kam anders als gedacht – die Umstände ließen ihm keine Wahl. Was er nicht geplant hatte: von JETZT auf GLEICH direkt Unternehmer zu werden. Sein Partner verspielte im Laufe der Zeit das Vertrauen der wichtigsten Lobbyisten. Diese entschieden daraufhin, dass Frank die Verantwortung für den Radiosender allein übernehmen solle. So kam es dazu, dass Frank im Alter von gerade einmal dreißig Jahren Radiomacher wurde. Das hatte er sich eigentlich ganz anders vorgestellt. Jetzt war für ihn nicht nur Radio „learning by doing", hinzu kam Unternehmertum „learning by doing".

Das Buch „The Program Director's Handbook" erwies sich nun als unbezahlbar. Daraus lernte er, dass man sich auf eine Zielgruppe fokussieren muss. Die Zielgruppe, die am ehesten zu seinem jungen Alter passte, war die Zielgruppe Jugend. „OK Radio" wurde der erste Jugendsender in Deutschland.

Er war so erfolgreich, dass die Nachahmer wie Pilze aus dem Boden schossen und ihm im Laufe der Zeit das Wasser abgruben. Heute heißt „OK Radio" „Hamburg2" und spielt die Hits der 80er-Jahre.

Der wichtigste Glaube, der Frank durch diese Zeit getragen hat, ist der Glaube an den Menschen. Das ist es, was sich auch immer wieder in seinem Geschäftsleben spiegelt. Um erfolgreich zu sein, braucht es einerseits einen gewissen Egoismus und anderseits den Glauben an das Gute im Menschen.

12. Rückkehr

Mit seinen unternehmerischen Erfahrungen von OK Radio war er bestens ausgestattet für sein Meisterstück. Was kann es für einen Musikliebhaber Schöneres geben, als einen Musiksender im Fernsehen ins Leben zu rufen? Er gründete trotz großer Skepsis aller Branchenkenner den Musiksender VIVA und zog bald auf der Überholspur am Konkurrenten MTV vorbei.

Bis zum Sendestart waren Frank und sein Team in den Augen der Kritiker noch „Volltrottel", so Frank wörtlich. Mit einem chaotischen Erscheinungsbild, jedoch mit einem im Hintergrund perfekt durchorganisierten Unternehmen, schwamm er gemeinsam mit unkonventionellen Moderatoren auf einer Erfolgswelle. Stefan Raab erwies sich bei der Moderatorenauswahl als Volltreffer, der entscheidend zum Erfolg von VIVA beitrug.

Nachdem Frank seine Anteile an VIVA verkauft hatte, folgte eine Beteiligung an der Hamburger Morgenpost (MOPO). Innerhalb von vier Jahren wurde das Blatt von einem defizitären zu einem profitablen Unternehmen gewandelt. Frank sagt, dass es oft Erfolg verspricht, nicht allzu viel zu wissen. Er hatte beispielsweise den Preis des Blattes erhöht, ohne zu wissen, dass Preiserhöhungen nach einem ungeschriebenen Gesetz nur vom Marktführer ausgehen dürfen. Frei nach dem Motto: Alle sagten, das geht nicht, bis einer kam, der das nicht wusste und es einfach machte.

Soziale Gerechtigkeit lag bereits auch dem Vater von Frank am Herzen. Dass Unternehmer Geld verdienen müssen und Geld fließen muss, ist elementar für das Leben eines Unternehmens. Das Geld hat für ein Unternehmen eine vergleichbare Funktion wie das Blut in den Adern eines Körpers. Dass Geld auch Macht bedeutet, ist für Frank wichtig, denn nur Geld bewegt die Welt. Die entscheidende Frage ist jedoch, wie man mit dem Geld und der damit verbundenen Macht umgeht. Wofür wird die Macht genutzt?

Wir haben wichtige Probleme vor der Brust, die wir als Menschen lösen müssen. Den Klimawandel beispielsweise werden wir nur gemeinsam lösen, so Frank. Ebenso werden wir unsere Ozeane nur dann retten, wenn wir dies als Menschheit gemeinsam in Angriff nehmen.

Frank ist auf seine ganz eigene Weise zu einem Unternehmer geworden. Das hat er alleine geschafft. Frank nutzt das Unternehmertum, um seiner wichtigsten Leidenschaft, dem Schutz unserer Umwelt, Geld und Macht zur Verfügung zu stellen und so etwas zu bewirken. Frank ist sich immer treu geblieben, immer authentisch ist er seinen ganz eigenen Weg gegangen und auf seine Weise völlig autark zu einem erfolgreichen Unternehmer geworden.

Die Holger Hübner Story

Die Geschichte von Holger Hübner ist untrennbar mit der Geschichte des Wacken Open Air verbunden.

1. Die normale Welt

Holger ist ein typischer Jung vom Dorf – Wacken ist seine Heimat. Dort wächst er auf, zieht mit seinen Kumpels um die Häuser. Thomas ist sein bester Kumpel, sie kennen sich aus dem Kindergarten, spielten später gemeinsam Fußball. Thomas ist Bassist in der Metal Coverband Skyline. Holger jobbt als DJ. Beide lieben Festivals, fahren regelmäßig nach Roskilde in Dänemark. Das Festival dort ist zwar kein reines Metalfestival, aber Hauptsache OpenAir.

1988 ist ein entscheidendes Jahr für Holger und seinen Kumpel Thomas. Das erste Werner-Rennen findet in Hartenholm statt. Ein Riesenevent, bei dem sich ein Horex Motorrad gegen einen alten 911er-Porsche ein Rennen liefert. Da es dort neben dem Rennen auch noch OpenAir Musik gibt, sind Holger und sein Kumpel Thomas selbstverständlich mit dabei. Es ist eine richtig coole Veranstaltung. Die Musik war zwar ,scheiße', so Holger, aber sonst war es ein riesiger Spaß.

2. Der Ruf des Abenteuers

Als sie wieder zu Hause in Wacken sind, sitzen sie zu viert in ihrer Stammkneipe und treffen eine weitreichende Entscheidung. Irgendwie lag es schon lange in der Luft, schon öfter wurde davon geträumt.

Nach dem Werner-Rennen gab es eine andere Form der Entschlossenheit. Sie wollten ernst machen. Sie wollten ihr eigenes Festival aufziehen. Hier in Wacken, einem 2 000 Seelendorf, ihrer Heimat, auf einer ihrer Kuhwiesen. Ihr Motto lautet: Nicht lang schnacken – Kopf in'n Nacken! Was so viel heißt wie: einfach machen.

So aktivieren sie ihre Freunde und alle packen mit an. Vom Bauern holen sie sich die Erlaubnis für die Wiese, bei der Spedition leihen sie sich einen LKW, um die Bühne zu transportieren, ein großes Zelt leihen sie sich beim örtlichen Zeltverleiher. Eine Band haben sie schon sicher. Die Band heißt „Skyline" und ist die Band, in der Kumpel Thomas die Bassgitarre spielt. Mit ihren Beziehungen in die Szene konnten sie noch andere Bands davon überzeugen, in Wacken auf einer Kuhweide zu spielen.

Holger war zu dieser Zeit gerade Auszubildender zum Industriekaufmann. Das war zwar nicht sein Traumjob, aber es war OK. Thomas lernte Groß- und Außenhandelskaufmann und wollte anschließend studieren. Ihre kaufmännischen Jobs stellten sich als sehr hilfreich heraus. Der Grund dafür war, dass es in den Ausbildungsbetrieben Kopierer gab. Kopierer, die sie nutzen konnten, um Flyer und Poster zu produzieren. Und genau das war ihr Marketing: Flyer, Poster und ihre Mundpropaganda reichten aus.

Ihr Marketing hat so gut funktioniert, dass an ihrem ersten Festival im Jahre 1989 bereits 500 zahlende Metalfans nach Wacken kamen, um beim ersten Metalfestival in Norddeutschland dabei zu sein. Dass es bisher im Norden Deutschlands keine Metalszene gab, hat vermutlich zu dem großen Erfolg beigetragen. Das Festival in Roskilde war nicht nur zu weit weg, es war eben auch kein reines Metalfestival. Dann gab es noch „Rock am Ring", das fand jedoch viel weiter im Süden, genauer gesagt auf dem Nürburgring in der Eifel statt.

Von Anfang an war es ihr Anspruch, das besser zu machen, was sie in Roskilde immer gestört hatte. So haben sie von Beginn an darauf geachtet, dass es genug Toiletten gab. Ihnen war wichtig, dass ihre Teilnehmer einen guten Service bekamen. So zum Beispiel sorgten sie dafür, dass es auch ausreichend Duschen für alle gab und natürlich immer ausreichend Bier.

3. Die Ablehnung

Bis 1993 haben die Festivals immer großen Spaß gemacht. Es wurde allerdings nicht nachgerechnet, ob die Veranstaltungen rentabel waren. So kam es zu dem finanziellen Supergau. Im Jahr 1993 gab es viel mehr Teilnehmer, als Karten verkauft wurden. Den höheren Kosten standen nicht genügend Einnahmen gegenüber. Das war in diesem Jahr so offensichtlich, dass sie gezwungen waren, eine Kosten-Nutzen-Rechnung aufzustellen. Die finanzielle Klarheit führte zu einem großen Schock. Es gab ein fettes Defizit. Ein Defizit, das sich in dieser Höhe niemand hätte ausmalen können. Nicht nur das Festival 1993 war stark defizitär, auch die Jahre zuvor waren nicht kostendeckend.

Jetzt war die Zukunft sehr fraglich. Holger und Thomas mussten ernsthaft überlegen, wie es weitergehen soll. Sie waren zwar zu viert, aber verantwortlich für die Finanzen waren nur Holger und Thomas. Den anderen beiden Mitveranstaltern wurde die Lage zu brenzlig und sie entschieden sich, nicht mehr mitzumachen – obwohl sie für die Finanzen nicht in die Verantwortung genommen wurden. Die Sterne standen nun schlecht für das Wacken OpenAir Festival.

Als ob das nicht schon genug Probleme gewesen wären, kam 1993 hinzu, dass Holger einen schweren Autounfall hatte. Dieser Unfall bescherte ihm einen langen Aufenthalt im Krankenhaus. Nun gab es noch ein Problem mehr. Jedes einzelne Problem war so groß, dass es jeder verstanden hätte, wenn Holger und Thomas die Flinte ins Korn geworfen hätten.

Beide glaubten aber an eine Zukunft des Wacken OpenAir Festivals und waren entschlossen, zu zweit weiterzumachen. Allerdings mussten sie erst herausfinden, ob sie es schaffen werden, nicht nur das Defizit auszugleichen, sondern auch noch einen Kredit für die nächste Veranstaltung zu bekommen.

4. Unterstützer

Beide waren fest entschlossen, es zumindest zu versuchen. Viel zu groß war ihre Leidenschaft, als jetzt aufzugeben. Sie haben es tatsächlich geschafft, sich von ihren Eltern Geld zu leihen und sie zudem als Bürgen für die Bank zu gewinnen. Es ist nicht übertrieben, wenn man behauptet, dass sie alles auf eine Karte gesetzt haben. Ihre Eltern vertrauten ihnen so sehr, dass sie ihr komplettes Vermögen riskierten. Beide Elternpaare waren weder reich, noch hatten sie ein außergewöhnliches Vermögen angesammelt. Sie setzten ihre komplette Existenz aufs Spiel, weil sie an ihre Söhne glaubten.

Bei dieser großen Risikobereitschaft konnte selbst die Bank nicht nein sagen und ging das Risiko ein, einen Teil des nächsten Festivals vorzufinanzieren.

Somit ging es 1994 weiter in Wacken. Zwar lag Holger noch immer im Krankenhaus, aber zumindest konnte er telefonieren und somit die Bands engagieren. Thomas organisierte alles andere. Auch sind nun ihre ganzen Kumpels wieder mit dabei, zu helfen. Ein befreundeter Bauer besorgt die Fläche. Wie es sich für eine ordentliche Dorfgemeinschaft gehört, helfen alle Freunde mit.

Für das Festival selbst wird Holger aus dem Krankenhaus entlassen und in einem Bus sitzend kümmert er sich vor Ort um die Bands. Mit ein wesentlicher Grund dafür, dass es in Wacken weiterging, war die Tatsache, dass die meisten Bands auf Vorkasse verzichteten.

5. Überschreiten der Schwelle

Eine kurze Zeit nach dem Festival wurde Holger aus dem Krankenhaus entlassen. Thomas fährt Holger zu der Firma, bei der er angestellt ist. Holger kann noch nicht wieder Auto fahren. So wartet Thomas, bis Holger mit seinem Chef geklärt hat, wie es nach seinem langen Ausfall für ihn in der Firma weiter geht. Zu Holgers großer Überraschung war sein alter Job inzwischen vergeben. Während seines Krankenhausaufenthaltes hatte sein Chef jemand Neuen eingestellt. Holger hat stattdessen die Möglichkeit bekommen, im Lager, quasi als Ausgleich, zu arbeiten. Da braucht Holger nicht lange zu überlegen. Im Lager zu arbeiten, kommt für ihn nicht in Frage. Kurzerhand kündigt er. Zurück im Auto des wartenden Thomas fragt dieser, wie es weiter geht. Daraufhin sagt Holger: „Ab jetzt ist Rock'n'Roll – ich habe gekündigt."

Schnell waren sich beide einig, dass sie das jetzt gemeinsam in Vollzeit durchziehen wollen – Vollzeit-Festivalveranstalter in Wacken. Sie hatten weder eine Vision noch einen genauen Plan, wie es weitergeht. Alles, was sie hatten, war ihr Herzblut und ihre Mission. Mit Herz und Leidenschaft waren sie wild entschlossen, es einfach durchzuziehen.

6.   Annäherung

Ihre Mission war es, Menschen glücklich zu machen. Das war es, was beide, Holger wie auch Thomas, immer angetrieben hatte. Dabei spielte es nie die wichtigste Rolle, wie finanziell erfolgreich sie damit sein würden. Natürlich war beiden klar, dass genug übrig bleiben muss, dass sie davon leben können. Es war nie der Plan, mit den Festivals reich zu werden. Glückliche Menschen auf ihren Veranstaltungen zu sehen, war für beide schon Belohnung genug. Im Kern war es genau das – glückliche Menschen, was sie immer motivierte und noch heute motiviert.

Beide sind demütig. Sie sind dankbar für die Möglichkeit, ein solches Festival durchzuführen. Sie sehen es nicht als IHRE Veranstaltung, sondern die Veranstaltung gehört ihren Teilnehmern. Die Teilnehmer sind die Hauptpersonen. Weder Holger noch Thomas sind die Nummer Eins. Die Nummer Eins sind immer die Teilnehmer. Musik war und ist für beide das Wichtigste in ihrem Leben und genau das wollen sie mit vielen Menschen teilen.

7.   Tortour

Mitte der 90er-Jahre lassen sich Holger und Thomas ihr Logo als Marke sichern. Entstanden ist es zu Beginn der 90er-Jahre. Ein Freund der beiden hat es gezeichnet. Die Idee war ganz simpel. Sie sind Jungs vom Dorf. Auf dem Dorf gibt es Kühe. Also war es naheliegend, dass das Logo ein Kuhschädel sein musste. Ab 1994 gingen die Teilnehmerzahlen des Wacken OpenAir Festival immer weiter nach oben. Neue Konzepte sorgten dafür, dass nur die Menschen teilnehmen konnten, die auch Eintritt bezahlten. Das wiederum wirkte sich positiv auf den finanziellen Erfolg den Festivals aus.

8. Belohnung

Im Jahre 1996 geschah etwas, das es in dem 2 000 Seelendorf Wacken noch nie gegeben hatte und das es ohne die beiden Jungs Holger und Thomas vermutlich auch nie gegeben hätte. Stau im Dorf. Wie konnte es sein, dass sich hier die Autos stauten? Die Einwohner im Dorf fragten sich jetzt, was die Jungs da in der Kuhle mit ihrer Musik so treiben.

Bisher wurde das Festival kaum ernst genommen und daher nicht bemerkt. Jetzt plötzlich war das Dorf voll mit fremden Menschen. Sie kamen ins Gespräch. Sympathie gab es zwischen den Bewohnern und den Metallern seit dem ersten Augenblick. Die zunächst kritisch beäugten „langhaarigen Bombenleger" stellten sich als sehr angenehme Zeitgenossen heraus, mit denen man sich ganz entspannt unterhalten konnte. Das Eis war schneller gebrochen, als es zufrieren konnte. 1996 war das Jahr des Durchbruchs.

9. Rückweg

Ein Jahr nach dem anderen haben sie einfach gemacht. Erst seit 2010 wurde Holger und Thomas bewusst, was sie da überhaupt geschaffen hatten. Sie haben einfach immer gemacht, sind für ihre Teilnehmer, für die Metalfans da gewesen. Das Wacken OpenAir Festival ist das größte Festival dieser Art in der Welt. Es ist das Werk von zwei Menschen, die das, was sie tun, immer mit dem Herzen tun. Wenn es ein Erfolgsgeheimnis gibt, dann ist es das – alles mit dem Herzen zu machen.

10. Sühne

Beide sehen sich nach wie vor als Jungs vom Dorf und das wollen sie auch bleiben. Vielleicht ist genau das ihr persönliches Erfolgsgeheimnis. Sie bleiben immer am Boden, weil sie sich beschenkt fühlen, jeden Tag ihren Traum leben zu können, und sie sich das auch immer wieder bewusst machen. Es ist nicht „ihr" Festival, sondern das Festival der Metalfans, das sie ausrichten dürfen, das ist ihre Haltung.

Diese Haltung hält sie am Boden und macht diese Veranstaltung so sympathisch. Das Wacken-Festival ist für viele Menschen zu einer Pilgerstätte geworden, bei der sie ihren Alltag vergessen können.

11. Erneuerung

Die Metalfans werden älter und haben keine Lust mehr, im Zelt zu kampieren. So entwickelten sich andere Formen des Festivals. Es kam eine Schiffsreise hinzu. Unter dem Namen „Full Metal Cruise" fahren seit dem Jahr 2013 rund 2 000 und mehr Metalfans über die Meere und feiern ihre Bands.

Später kamen dann noch die „Full Metal Mountains", ein Metalfestival in den österreichischen Bergen und ein „Full Metal Holiday", ein Festival auf Mallorca, hinzu.

12. Rückkehr

Die aktuellen Themen drehen sich darum, das Festival nachhaltiger zu gestalten. Es ist ihnen wichtig, dass die Umwelt für die Nachwelt erhalten bleibt. Sie ist nur von den nachfolgenden Generationen geliehen. So gehen sie in die Zukunft. Apropos Zukunft. Damit es neue Metalbands gibt, arbeiten beide aktiv an der Nachwuchsförderung.

Die Story der Surf Twins Charchulla

Heldenreise Part 1 – Der Ruf des Abenteuers

1. Die normale Welt

Die beiden Brüder Manfred und Jürgen, geboren im Januar 1939, sind begeisterte Seefahrer. Schon als Jungs haben sie nur einen einzigen Wunsch – Seemänner werden. Im Alter von 15 Jahren heuern sie 15 Jahre lang zur See, leben ihren Traum, bereisen die ganze Welt und erleben viele Abenteuer. Eigentlich sollten sie einen normalen Beruf erlernen, so der Wunsch des Vaters, doch die Sehnsucht nach der Weite des Meeres gewinnt. Als Manfred und Jürgen ihre

Frauen kennenlernen, ist es bald vorbei mit der Seefahrt. Ihre Frauen wollen ein gemeinsames Leben mit ihren Männern. Als Seefahrer sind sie kaum zu Hause. So entschließen sie sich, ganz normale, geregelte Berufe anzunehmen. Ihre Wege trennen sich – vorerst.

Manfred bekam einen guten Job bei einem Automobilzulieferer in Nordrhein-Westfalen und Jürgen begann bei einem Maschinenbauunternehmen in Bremen. Auf diese Weise hatten beide ein geregeltes Leben und ihre Frauen waren zufrieden.

2.   Der Ruf des Abenteuers

Doch als ehemalige Seefahrer geht es nicht ohne Wasser. Zu dieser Zeit gab es einen neuen Trend. Das Windsurfen war als Alternative zum klassischen Surfen, dem Wellenreiten, für die Binnengewässer im Kommen. Als Hobby nebenbei begannen beide, sich für das Windsurfen zu interessieren. Schon während ihrer Zeit als Seefahrer haben sie Bekanntschaft mit der Kraft der Wellen gemacht. Einfach nur so, ohne Brett haben sie sich aus Spaß in die Wellen gestürzt und sind komplett durchgewirbelt wieder am Strand von der Welle ausgespuckt worden – damals eine schmerzhafte Erfahrung. Dennoch waren sie begeistert davon, wie gut man auf einer Welle vorwärtskommen kann. Bei einem gemeinsamen Urlaub in Kalifornien sind sie es professioneller angegangen und haben sich jeder ein Brett gekauft. Sie hatten einen riesigen Spaß auf den Brettern – das blieb in Erinnerung. Jetzt gibt es das Surfen für das Binnengewässer – Wind statt Welle. Ihre Begeisterung war nicht mehr aufzuhalten.

Nachdem sie das Windsurfen richtig gelernt hatten, begannen sie, es auch anderen Menschen beizubringen. Doch nicht nur das, sie hatten den Ehrgeiz, das Windsurfen weiterzuentwickeln.

3.   Die Ablehnung

Was dagegen sprach, sich als Surflehrer selbstständig zu machen, war das sichere Einkommen, das sie durch ihre Berufe hatten. Es war auch nicht so, dass ihnen ihre Berufe keinen Spaß gemacht hätten. Sich selbstständig zu machen, birgt immer ein gewisses Risiko.

Heldenreise Part 2 –
Die größte Tortour/Einleitung

4. Unterstützer

Doch ihre Leidenschaft für das Wasser, für das Spiel mit der Natur, war einfach viel größer. Auch der Lebensstil machte ihnen viel mehr Spaß, als jeden Tag in ein Unternehmen zu gehen, um die immer gleichen Gesichter zu sehen. Als Mitarbeiter mussten sie sich zudem an das halten, was ihnen ihr Boss sagte. Nur hatte ihr Boss von dem, was sie da taten, keine Ahnung und dennoch gab er ihnen Anweisungen. Das war etwas, was sie zusätzlich motivierte, ihren eigenen Weg zu gehen.

Als selbstständige Surflehrer bestimmten sie, was gemacht wurde. Als Surflehrer kamen sie viel mehr in der Welt herum. Sie lernten immer wieder neue Menschen kennen. Menschen, mit denen sie ihre Leidenschaft teilen konnten.

5. Überschreiten der Schwelle

Dann kam der Tag, an dem sich die beiden in die Augen sahen, um eine Entscheidung zu treffen. Den sicheren Job kündigen, um nur noch der Leidenschaft nachzugehen – ja oder nein?

Die beiden entschieden sich am nächsten Tag, ihre sicheren Jobs zu kündigen. Von jetzt an hieß es, auf eigenen Beinen zu stehen.

6. Test – Verbündete oder Feinde

Mit ihrer Selbstständigkeit wollten Manfred und Jürgen weitaus mehr erschaffen, als nur Surfunterricht geben. Sie wollten gestalten. Sie wollten das Windsurfen für jedermann möglich machen Es war ihre Vision, dass möglichst viele Menschen aufs Wasser gehen, um das Gefühl von Freiheit zu erleben. Dafür musste noch einiges entwickelt werden. Außerdem wollten sie, dass das Windsurfen nicht nur auf Binnen- und Baggerseen stattfindet. Sie wollten das Windsurfen meertauglich machen. Warum nicht Wind **und** Welle, fragten sich die beiden eineiigen Zwillinge.

Heldenreise Part 3 – Vereinigung/Veränderung

6. Annäherung

Das klassische Jollensegeln endet bei maximal Windstärke 7. Bei Windstärke 7 fängt das Windsurfen erst an, interessant zu werden. Windsurfen ist also die perfekte Ergänzung zum Jollensegeln. Doch bei diesen Windstärken in der Welle werden einem schnell die Arme lahm. So entwickelten Manfred und Jürgen etwas, was heute als Trapez bekannt ist. Das ist eine Möglichkeit, sich am Gabelbaum, also an dem Teil, mit dem man das Surfsegel festhält, mit einem Haken, den man vor seinem Bauch befestigt, einzuhaken. Auf diese Weise werden die Arme entlastet und man kann länger und bei stärkerem Wind surfen.

Um aus dem Surfen ein solides Business zu machen, brauchte es noch mehr. Ein Regelwerk musste geschrieben werden, wie man richtig surft. Darin stand zum Beispiel, was man tun muss, wenn man die Richtung wechseln will. Auf diese Weise haben sie die Schulungen für das Surfen standardisiert. Um das, was sie da taten, weiter zu standardisieren und auch für andere Surflehrer verbindlich zu regeln, gründeten sie einen Schulungsverband. Indem sie ihre Schüler beobachteten, erfuhren sie, welche Schwierigkeiten es für Anfänger gibt. Um diesen Anfängern zu helfen, schrieben sie Lehrbücher, die in verschiedene Sprachen übersetzt und veröffentlicht wurden.

Aufgrund ihrer damaligen Lebensmittelpunkte eröffnete Jürgen 1973 den weltweit ersten Surfshop in Bremen. Manfred führte die ersten deutschen Windsurfkurse in Nordrhein-Westfalen auf der Möhnetalsperre und auf Sylt im Jahre 1974 durch. Im Jahre 1975 ließen sich beide gemeinsam auf Fehmarn, am Burger Binnensee nieder. Als mobile Surfstation diente ein ausgedienter Krankenwagen.

Beide Brüder wurden als die „SurfTwins" weltweit bekannt, als sie am 25. Mai 1975 mit einem Tandemsurfbrett den Ärmelkanal überquerten. Das gab es vorher noch nie und mit einem Schlag kannte sie jeder, der sich auch nur ansatzweise für das Surfen interessierte. Am 10. Mai 1977 fuhren sie, ebenfalls auf einem Tandemsurfbrett, von Dänemark nach Norwegen.

7. Tortur

Beide wollten etwas schaffen, das die Welt, oder zumindest den Surfsport verändert. Dazu scheuten sie keine Gefahren. Ob es Mastfüße waren, die anfangs noch aus Eisen waren und bei einem Sturz eine Gefahr für ihre Männlichkeit darstellten, oder Gabelbäume aus Holz, die bei einem Sturz in Splitter brachen und sie beinahe aufgespießt hätten, wie einst Dracula. Um ihren Traum zu leben und erfolgreich das Windsurfen als Breiten- und Spitzensport zu gestalten, mussten die Zwillinge einige Risiken auf sich nehmen.

8. Belohnung

Jürgen und Manfred wurden immer erfolgreicher. Sie begannen, das Windsurfen überall auf der Welt mitzuprägen. Sogar in Australien waren sie, um dort Menschen das Windsurfen beizubringen. Ihre Bücher über das Windsurfen waren die ersten Bücher über das Windsurfen überhaupt und wurden in mehrere Sprachen übersetzt. Sie waren auch die ersten, die eine Regatta ausgerichtet haben. Ihre Motivation war es, herauszufinden, wer die besten Surfer sind.

Heldenreise Part 4 – Der Weg zurück

9. Rückweg

Eine ihrer ersten Regatten fand in Nordrhein-Westfalen, auf der Möhnetalsperre statt. Da es Regatten im Windsurfing noch nicht gab, war alles noch recht improvisiert. Doch immer spielte ihnen das Glück in die Karten. So gab es direkt am Möhnesee eine große Kaserne, die am Wochenende kaum bewohnt war. Sie bekamen nicht nur die Erlaubnis, die Teilnehmer ihrer Regatta dort in der Kaserne übernachten zu lassen, sie konnten sogar die Kantine für ihre Verpflegung nutzen. Das alles war sogar kostenfrei. Mit den Regatten, der Weiterentwicklung des Materials, dem Verkauf des Materials und dem Schreiben der Bücher hatten sie ihren neuen Alltag als erfolgreiche Unternehmer geschaffen.

10. Sühne

Das, was sie machten, ihren Schritt aus der Selbstständigkeit in das Unternehmertum mit Leidenschaft, haben beide nie bereut. Sie verdienen ihren Lebensunterhalt auf dem Wasser, so wie sie es schon als Seefahrer getan hatten, nur anders. Sie haben es zu tun mit Menschen, die ihre Leidenschaft teilen. Der einzige Wermutstropfen, das, was sie wirklich schade finden, ist, dass es immer mehr Menschen gibt, die es nicht ernst mit dem Sport meinen. Sie machen ihren Surfschein und werden nie wieder gesehen. Kommen sie im Folgejahr dann doch wieder, fangen sie meist wieder bei Null an.

Ihre Mission ist es, Menschen die Freiheit auf dem Wasser spüren zu lassen. Doch diese Freiheit fängt erst bei vier Beaufort an. Erst dann gerät das Brett ins Gleiten, erst dann wird es wirklich leicht.

Erst ab dieser Windstärke beginnt das eigentliche Surfen. Leider haben die meisten ihrer Schüler nicht das Durchhaltevermögen, um tatsächlich die vier ‚Beauforthürde‘ zu knacken. So werden viele nicht erfahren, was es bedeutet, richtig zu surfen. Sie bilden sich nur ein, sie wären Surfer, weil sie einen Surfschein haben. Andere wollen gleich aufs ‚Funboard‘, ohne die Grundlagen zu beherrschen. Das ist unrealistisch und bringt nur Frust mit sich.

11. Erneuerung

Dennoch freuen sie sich über jeden Menschen, den sie von der Freiheit auf dem Wasser begeistern können. Wo sie früher die Menschen mit ihren eigenen Künsten auf dem Wasser beeindrucken konnten, um sie zum Surfen lernen zu motivieren, ist es heute viel wichtiger, ihnen ein Gefühl zu vermitteln. Heute müssen sie es schaffen, ihre eigene Begeisterung auf die Menschen zu übertragen – ohne diese Emotionen läuft nichts mehr. Heute besteht ihr Job in erster Linie aus dem Schulen von Menschen. Früher, in der Anfangszeit, war ein Surflehrer auch immer ein Händler. Es gab kaum Bretter zu kaufen. Dann kam die Zeit des Wettbewerbs, in der Material regelrecht auf den Markt „geschmissen" wurde, indem es unter Einkaufspreis verkauft wurde. Diese Zeiten sind vorbei, aber auch die Zeiten, in denen sie selbst Material verkaufen. Heute gibt es die großen Händler, die zu viel besseren Konditionen einkaufen können. Darum lohnt sich der Handel für sie nicht mehr.

12. Rückkehr

Beide Brüder betreiben auf Fehmarn heute unabhängig voneinander Surfschulen. Ihr tägliches Brot verdienen sie mit ihren Surfschulen. Nebenbei machen sie seit vielen Jahren Musik mit ihrer eigenen Steelband „The Steeltwins". Manfred betreibt zudem direkt am Burger Binnensee gemeinsam mit seiner Frau Bea die inzwischen legendäre Karibikbar. Beide Brüder sind inzwischen über achtzig Jahre jung. Es ist ihre Leidenschaft, die sie dauerhaft jung hält. Sowie sie über das Windsurfen sprechen, beginnen ihre Augen zu leuchten und man hat das Gefühl, sie seien keinen Tag älter als fünfzehn Jahre.

Die Stationen der Heldenreise sind Stationen persönlicher Entwicklung

Wir erleben in unserem Leben immer mehrere Heldenreisen. Genau genommen ist jede Beziehung eine Heldenreise, jeder Jobwechsel, der aus einem inneren Bedürfnis heraus geschieht. An dieser Stelle möchte ich dir von meiner für mich bisher wichtigsten Heldenreise erzählen.

Die Zeit vorher

Mein Studium der Wirtschaftswissenschaften in Paderborn war geschafft. Da ich lange als Tutor für meinen Professor im Bereich Personal- und Organisationsentwicklung gearbeitet hatte, lernte ich viel über Unternehmenskulturen, über Menschen, über Erfolg und vor allem über Glück.

Was mir nicht aus dem Kopf ging, war, dass Menschen sich schnell an (viel) Geld gewöhnen. Und wenn sie dann etwas tun, was ihnen keine Freude macht, dann wird ihr Leben schwerer und schwerer. Das ist ein schleichender Prozess, der meist nur dann unterbrochen wird, wenn es einen Schicksalsschlag aufgrund dieser Lebensweise gibt. Der moderne Ausdruck dafür ist „Burnout". Burnout ist nichts anderes als eine Erschöpfungsdepression. Spätestens jetzt sollte man beginnen, seine Art und Weise zu leben, zu reflektieren.

Joseph Campbell, der Entdecker der Heldenreise, war ein US-amerikanischer Professor und Publizist auf dem Gebiet der Mythologie, der einmal sagte: „Arbeit beginnt dort, wo die Menschen etwas tun, was ihnen keine Freude macht."

Schon als Kind hatte ich das Motto, nie arbeiten zu wollen. Warum? Weil ich täglich meinen Vater dabei erlebte, wie er ohne Freude sein Geld verdiente. Obwohl er überdurchschnittlich viel Geld verdiente, konnte er sein „Arbeitsleid" nicht mit dem Geld kompensieren und wurde zusehends immer gestresster und unglücklicher.

Als drittes und letztes Beispiel stelle ich dir meine Heldenreise vor, die mein Leben, und damit meine ich vor allem meine Lebensvision, nachhaltig verändert hat.

Direkt vor meiner Heldenreise

Noch war ich in der normalen Welt, doch mein Entschluss stand fest. Ich wollte etwas tun, an dem ich Freude habe. Von zu Hause kannte ich nur, dass Arbeit Stress und Anstrengung bedeutet. Ich wollte, dass mein Job, das womit ich mein Geld verdiene, im Zentrum meines Lebens steht. Macht er mir keinen Spaß und sehe ich keinen Sinn in meinem Tun, hat das einen deutlich negativen Einfluss auf meine Lebensqualität. Ich wusste nicht, auf was ich mich einlassen würde, aber ich wusste, dass ich etwas ändern muss, damit es besser werden kann. Noch war ich ungebunden und hatte keinerlei finanzielle Verpflichtungen. Also: Wenn nicht jetzt, wann dann?

„Wir befinden uns nicht auf unserer Reise, um die Welt zu retten, sondern um uns selbst zu retten. Aber indem wir das tun, retten wir die Welt." (Joseph Campbell)

Meine Absicht, dir von meiner Heldenreise zu erzählen, ist, dich zu inspirieren. Das Ziel ist es, dich zu bewegen, deine eigene Heldenreise anzutreten. Ja, das Leben ist lebensgefährlich und endet immer mit dem Tod. Was hast du zu verlieren? Du kannst alles riskieren – in unserem System kann man nicht verhungern. Das Schlimmste, was dir aus meiner Sicht passieren kann, ist, dass du morgens aufwachst und feststellst, dass du alt bist und dir keine Zeit mehr bleibt, um deine Träume zu leben.

„Sich daran zu erinnern, dass man sterben wird, ist der beste Weg, zu erkennen, dass man eigentlich nichts zu verlieren hat." (Steve Jobs)

Das Leben ist viel mehr als die Herausforderung, sicher bis ans Ende zu kommen. Wenn du so lebst, läuft das wahre Leben ganz sicher an dir vorbei.

„Wenn wir aufhören primär über uns und unsere Selbsterhaltung nachzudenken, erleben wir eine wahrlich heldenhafte Transformation unseres Bewusstseins." (Joseph Campbell)

Damit du von vornherein die Struktur der Heldenreise nachvollziehen kannst, halte ich mich mit meiner Heldenreise ebenfalls genau daran.

Heldenreise Part 1 – Der Ruf des Abenteuers

1. Die normale Welt

Meinen Traum, Schauspieler, Sänger oder Tänzer zu werden, habe ich nicht verfolgt, stattdessen lernte ich Industriekaufmann. Meine Ausbildung war noch langweiliger als ich es mir je hätte vorstellen können. Interessante Themen lagen bei etwa 10 %. Einfach durchhalten, war meine Parole. Noch schlimmer war für mich die Vorstellung, nach der Ausbildung in der Firma meines Vaters zu arbeiten. So gab es für mich nur einen Weg – ich musste raus aus Celle, weg von meinem Elternhaus.

Der einzige Weg, der auch von meinem Vater akzeptiert wurde, war ein kaufmännischer Studiengang. Gelandet bin ich dann in Paderborn. Mir ging es weniger um das Studium, als mich selbst und damit etwas zu finden, an dem ich Freude habe.

Dann geschah etwas, was meinem Leben eine Richtung geben sollte. Der Jugendwart meines Sportvereines LC Paderborn fragte mich, ob ich mir vorstellen könne, die Jugend des Vereins zu trainieren. Von alleine wäre ich nie auf diese Idee gekommen. Doch offensichtlich konnte da jemand etwas in mir sehen, was ich selbst nicht sehen konnte. Nach reiflicher Überlegung entschied ich mich, meine begonnenen Schauspielkurse aufzugeben, um stattdessen einen Trainerschein zu machen und die Jugend zu trainieren.

Ab da hatte ich eine Richtung, in die ich laufen konnte, und vor allem wollte – ich wollte mit Menschen arbeiten. Personal- und Organisationsentwicklung sowie Marketing wurden Schwerpunkte meines Studiums. In diesen Fächern geht es um das, was für mich wesentlich ist – um die Menschen.

Mein erster Job nach dem Diplom war keine Entscheidung meines Herzens. Ein Freund war so davon begeistert, in den Finanzsektor einzusteigen, dass der Funke auf mich übergesprungen ist. Direkt bei dem Marktführer beworben und genommen, startete ich hier meine Karriere.

Auch wenn das Traineeprogramm viel Spaß gemacht hatte, erfüllte mich der Job im Alltag nicht. In der falschen Welt angekommen, das war mein Gefühl. In mir fing es an, immer heftiger zu brodeln. In meinem ersten Urlaub begleitete ich eine Jugendreise als Teamer. Zwei Wochen Zelten auf Korsika mit einer Menge Spaß. Zurück in meinem Büro saß ich am Schreibtisch und fragte mich, was ich hier mache. Mir wurde klar, dass ich hier keine Zukunft haben würde. Keinerlei finanzielle Verpflichtungen, keine Beziehung – wenn nicht jetzt, wann dann? Es ging ein Zucken durch meinen ganzen Körper und ich wusste – ich muss kündigen.

2. Der Ruf des Abenteuers

Mein innerer Ruf „Ich muss hier weg" war der Ruf meines Abenteuers. Zwar hatte ich ein paar Ideen, was ich tun kann, doch keine Ahnung, wie ich das schaffen werde. Das war auf der einen Seite beängstigend, auf der anderen Seite völlig faszinierend, wie ein Ruf der Freiheit. Bisher gab es nie eine Lücke in meinem Lebenslauf. Ab diesem Zeitpunkt begann eine innere Achterbahnfahrt. Es ging ständig bergauf und bergab. Meine Gedanken drehten sich von „du bist völlig bescheuert", bis zu „wie geil, ich freue mich total". Doch bevor ich kündigte, wollte ich wissen, was ich dann tun werde. Mit einem Freund saß ich an einer Bar und wir sprachen über mein aktuelles Problem. Er war gemeinsam mit mir Teamer bei der Jugendreise auf Korsika. Dann sagte er plötzlich: „Bewirb dich doch als Animateur beim Robinson Club." „Robinson

Club", fragte ich, „was ist das denn?" Bisher war ich mit meinen Eltern entweder mit unserem Wohnwagen und später mit unserem Segelschiff unterwegs. Wir hatten nie eine Pauschalreise gemacht.

Also habe ich mich erkundigt, was Robinson Club ist und was ein Animateur macht. Und er hatte mit seinem Tipp ins Schwarze getroffen – es gab keinen Zweifel: „Genau das werde ich machen", dachte ich mir. Meine Idee war, mich als Sportanimateur zu bewerben. Sport ist meine Leidenschaft und ich habe einen Trainerschein und einige Jahre Erfahrung mit den Jugendlichen. Also bewarb ich mich und wurde tatsächlich zu einem Assessment eingeladen. Es war ein ganzer Tag in einer Tanzschule in Hannover, an dem mir so einiges abverlangt wurde. Selbst wenn ich nicht genommen worden wäre, hätte sich allein dieser Tag schon gelohnt. Schon lange hatte ich nicht mehr so viel über mich gelernt und dabei so viel Spaß gehabt.

Eines Morgens kam dann ein Brief von Robinson. Ich nahm diesen Brief voller Aufregung in die Hand und – sie wollten mich nicht. Nicht als Sportanimateur, sondern als Jugend- und Sportanimateur. Mit dieser Zusage war klar, dass ich JETZT kündigen werde. Nun könnte man glauben, dass meine Achterbahnfahrt zu Ende gewesen sei. Aber nix da, von da an ging es erst richtig los. Jetzt ging es noch viel weiter nach oben und viel weiter nach unten – und das Ganze auch noch viel schneller.

3. Die Ablehnung (Verweigerung)

Nach der großen Freude folgte direkt die Angst. Mir schossen Bilder in den Kopf, die mir zeigten, dass ich gerade dabei bin, mein Leben richtig zu versauen. Einen echten Karrierejob, etwas von dem alle träumen, schmiss ich grade in den Müll. Habe ich überhaupt das Recht dazu? Das waren meine inneren Fragen. Mein innerer Dialog sah ungefähr so aus: „Habe ich nicht studiert, um dann Karriere zu machen? Nein, habe ich nicht. Ich habe ursprünglich studiert, um von zu Hause wegzukommen. Ja, aber dann hast du doch dein Ding gefunden. Ja schon, aber der Job in dem Konzern verlangt etwas ganz anderes von mir als das, was mir Spaß macht. Wolltest du nicht auch viel Geld verdienen? Schon, aber nicht zu jedem Preis – und der Preis, keine Freude zu haben, ist mir zu hoch. Du bist doch total verrückt – hast nicht mehr alle Tassen im Schrank! Was ist daran falsch, wenn ich meinem Herzen folge? Du hast doch nur keine Lust, zu arbeiten! Stimmt, ich will Geld für etwas bekommen, was mir Freude macht, weil meine Arbeit im Zentrum meines Lebens steht und ich sehr viel Zeit damit verbringen werde."

Solche Fragen und Antworten gingen mir immer wieder durch den Kopf. Nachts bin ich umhergegeistert, konnte kein Auge zu tun, weil mich diese Fragen so gequält haben. In dem einen Augenblick war ich mir ganz sicher, dass ich meinen Karrierejob absage, in dem anderen Moment war ich mir ganz sicher, dass ich Robinson Club absagen werde.

Heldenreise Part 2 – Die größte Tortour/ Einleitung

4.   Unterstützer

Mein Glück war, dass ich auch Menschen um mich herum hatte, die mich unterstützen. Und – es gab die Stimmen in mir, die mich unterstützen.

Bei Robinson Club gehörte nicht nur die Jugend- und Sportanimation zu meinen Aufgaben. Ebenfalls bedeutete es für mich, abends auf der Bühne zu stehen, um in den Shows zu singen, zu tanzen, zu schauspielern. Auch an den Kochstationen für Stimmung zu sorgen, Aktionen für die Gäste mitzumachen und Shows zu moderieren, gehörte dazu. All das waren Aufgaben, die für mich nichts mit Arbeit, sondern mit reiner Freude zu tun hatten.

5.   Überschreiten der Schwelle

Der Akt der Kündigung war das Überschreiten der Schwelle. Ab jetzt gab es kein Zurück mehr. Das Lustige an der Situation, als ich meinem Chef die Kündigung übergab, war, dass er mir dieses Papier immer wieder zurückschob. Eigentlich dachte ich, dass er so etwas sagen wird wie „Reisende soll man nicht aufhalten". Doch er sagte: „Wie kann man so ignorant sein, eine solche Chance einfach wegzuwerfen? Wenn Sie das mit der Kündigung ernst meinen, dann werde ich Ihnen so in den Hintern treten, dass Sie das mindestens ein Jahr noch spüren werden." Unter normalen Umständen wäre eine solche Aussage übergriffig gewesen, doch wir hatten ein gutes und lockeres Verhältnis, darum war das OK. Es war seine Art, mir seine Wertschätzung auszudrücken.

Bei meinen Freunden und meiner Familie waren die Reaktionen sehr unterschiedlich. Mein Vater hatte nichts dazu gesagt – die schlimmste seiner Reaktionen. Meine Mutter ist erst durch die Decke gegangen, dann war ihre wichtigste Frage, ob ich mir das wirklich gut überlegt habe.

5. Test – Verbündete oder Feinde

Jetzt wurde nochmal spannend, wie sich die Menschen in meinem Umfeld mir gegenüber verhielten. Was mir besonders auffiel, ist, dass sehr viele Menschen aus meinem beruflichen Umfeld sagten, dass man so etwas nicht machen kann. Es gab auch Menschen, die mir das immer noch ausreden wollten. In meinem privaten Umfeld war es ähnlich. Nur meine engeren Freunde konnten sehen und nachfühlen, dass die Entscheidung für mich richtig war.

Heldenreise Part 3 – Vereinigung/Veränderung

6. Annäherung

Unsere erste Station war eine 14-tägige Vorbereitungszeit in einem Robinson-Club in Österreich. In der ersten Woche war der Club noch geschlossen. Das bedeutete, wir konnten uns voll „austoben". Wir hatten mit dem Mikro experimentiert, hatten eine Show eingeübt und nahmen an vorbereitenden Seminaren teil. In der zweiten Woche rückten die Gäste an. Wir als Frischlinge durften dann schon das Abendprogramm gestalten und wurden auch sonst auf die Gäste „losgelassen". Gitti hieß unsere Chefanimateurin. Sie war ein echter Wirbelwind und von ihr konnten wir einiges lernen. Auf jeden Fall machte es immer viel Spaß.

Danach wurde es allerdings ernst. Mein Flug in die Türkei war gebucht und der Termin rückte in greifbare Nähe. Der Freund, der mich auf die Robinson-Idee gebracht hatte, fuhr mich zum Flughafen – ein emotionaler Moment und dann war ich weg. In Dalaman angekommen, war es noch kalt. Abgeholt wurden wir von einem so genannten Dolmuş, so etwas wie ein Sammeltaxi. Die Fahrt in den Club dauerte mehrere Stunden. Als wir endlich ankamen, war es dunkel. Noch bevor ich mein Gepäck auf mein Zimmer bringen konnte, brachte man mich ins Theater. Es war kalt und windig und die dünnen Scheiben des Theaters klapperten im Wind. Die eisige Stimmung spiegelte sich im Theater wider.

Auf der Bühne standen viele Menschen, die probten. Es war ganz anders, als ich es mit vorgestellt hatte. Kalt und herzlos – das war mein erster Eindruck. Sofort dachte ich: „Oh Mann, das kann ja heiter werden."

Geprobt wurde das Musical „A Chorus Line" im Film mit Michael Douglas in der Hauptrolle. Er verkörpert darin einen strengen und oft schlecht gelaunten Theaterproduzenten. Der Clubchef schien diese Rolle verinnerlicht zu haben. Er ließ die Truppe endlos proben und proben. Wie im Film dargestellt, gingen schon alle auf dem Zahnfleisch, aber er ließ immer weiter proben – bis tief in die Nacht.

Am liebsten hätte ich mein Gepäck genommen und wäre zurück nach Deutschland geflogen. Auf so eine Stimmung, auf so einen Clubchef hatte ich überhaupt keine Lust. Das wollte so gar nicht in das Bild passen, was ich vorher von Robinson kennengelernt hatte. Als der Probenspuk dann nach Mitternacht vorbei war, begrüßten mich die andern dann doch echt herzlich. Auch den Clubchef konnte ich noch von einer besseren Seite kennenlernen.

Mein Zimmer teilte ich mir mit einem Mitarbeiter der Rezeption. Wir hatten neben dem Club unsere eigene kleine Welt. Die Gebäude waren schneeweiß und auch eine Art Kneipe gab es dort nur für uns Mitarbeiter.

Bei dem Clubrundgang am nächsten Tag traute ich meinen Augen kaum. Die Anlage stand im Winter leer und war komplett verwahrlost. Die gesamte Clubanlage sah aus, als würde man Jahre brauchen, um darin irgendwann wieder Gäste empfangen zu können. Der Pool ähnelte mehr einem Ententeich als einem Gewässer, in dem Menschen schwimmen. Mir kamen echte Zweifel, ob das alles noch bis zur Eröffnung wieder werden würde.

7.   Tortur

Nachdem die Anfangseuphorie verflogen war, wurde es wie Alltag. Die anderen und ich lernten uns besser kennen. Das verlief nicht immer reibungslos. Das Verhältnis deutscher Mitarbeiter und türkischer Mitarbeiter war ungefähr 50/50. In den Bereichen, die direkter mit Gästen zu tun hatten, überwogen die Deutschen und die Türken, die sehr gut deutsch sprechen konnten. Zu der Zeit waren die meisten Gäste deutsche Urlauber. Doch andere Kulturen bedeuten auch andere Gepflogenheiten im Umgang.

Was mir anfangs schwerfiel, war, von meiner typisch deutschen Denke loszulassen. Was ich niemals vergessen werde, ist, dass mich dann irgendwann die Frau unseres Wasserskilehrers Rio an die Seite genommen hat. Sie sagte zu mir: „Jörg, ich weiß nicht, warum du uns immer wieder diese Geschichten erzählst, was du alles Tolles schon gemacht hast. Das interessiert hier niemanden! Das Einzige, was uns hier interessiert, ist, wer du hier und heute bist und vor allem, was du hier und heute tust. Alles andere ist egal!" Bäm – das hat gesessen. Das war, als würde mir jemand mit dem Hammer vor den Kopf hauen. In diesem Moment hatte ich keinen Boden mehr unter den Füßen. Noch heute bin ich dieser Frau dankbar für diese direkten Worte. Ab diesem Zeitpunkt war alles anders. Ab diesem Zeitpunkt habe ich mich nur auf das Hier und Jetzt konzentriert – und das war so viel leichter und schöner für mich.

8. Belohnung

Jetzt konnte ich loslassen von all dem alten Ballast. Ich brauchte nicht mehr um Anerkennung zu kämpfen. Ich hatte das erreicht, von dem ich immer geträumt hatte – ich brauchte einfach nur zu SEIN. Alles, von dem ich immer geträumt hatte, wurde plötzlich Wirklichkeit und ich konnte es auch genießen. Fast jeden Abend stand ich in den unterschiedlichsten Rollen auf der Bühne. Meine Jugendshow war das Musical „Grease". Ich spielte den Danny, und die anderen Rollen wurden mit den Jugendlichen besetzt. In dieser Rolle konnte ich sogar live singen. Da bei uns im Club einige Staffeln der Serie „Sterne des Südens" gedreht wurden, hatte ich die Möglichkeit, mich vor der Kamera auszuprobieren. In diesem Rahmen konnte ich sogar Judy Winter, eine meiner Lieblingsschauspielerinnen, kennenlernen. Wir haben einige Male zusammen gefrühstückt und sind abends an der Bar gewesen. Sie ist einfach eine tolle Frau und eine ebenso tolle Gesprächspartnerin.

Als ich ihr davon erzähle, dass ich gern Schauspieler, Sänger oder Tänzer geworden wäre, sagte sie zu mir: „OK, dann zeig mal, was du kannst." Ich war verwundert und wusste nicht, was sie meint. Daraufhin sagte sie: „Wenn du es wirklich erst meinst, dann kannst du etwas vorspielen, dann kannst du etwas zeigen, eine Kostprobe deines Könnens. Wenn du das nicht kannst, dann kann es dir auch nicht so ernst damit sein." Bäm, auch das hatte gesessen. Jetzt hatte ich etwas, worüber ich nachdenken konnte, was meine Zukunft als Schauspieler angeht.

Auch das Tanzen war in einigen Rollen von mir gefragt. Als Verantwortlicher für die Jugend war ich natürlich mit auf der Tanzfläche, ob am Schachbrett oder in der Disco, ganz vorn mit dabei. Eigentlich war alles in Erfüllung gegangen, wovon ich geträumt hatte. Das war mein Ziel – nicht zu arbeiten und dafür Geld zu bekommen. Zugegeben, es war nicht viel Geld, aber darauf kam es nicht an. Viel wichtiger war mir, dass ich etwas tun konnte, was mir viel Spaß machte, und ich dafür Geld bekam, von dem ich existieren konnte. Nicht nur ein paar Tätigkeiten – nein, alles war einfach nur wie im Traum für mich. Das hatte ich nicht erwartet, denn ursprünglich wollte ich nur eine Auszeit nehmen und nun hatte ich voll ins Schwarze getroffen. Besser hätte es nicht kommen können. Mehr hätte ich nirgends über mich lernen können.

Einfach nur so sein, wie ich bin, und das tun, was mir Spaß macht, war von nun an mein Erfolgsrezept. Jugend- und Sportanimation war für mich nicht nur Spaß haben. Es gehörte für mich auch dazu, mit den Jugendlichen über wichtige Lebensfragen zu diskutieren. Auf diese Weise habe ich sehr viel über Menschen gelernt. Vor allem eines habe ich noch mitgenommen: Man sieht den Menschen nicht an, welchen Rucksack sie tragen. Die, die am lautesten lachen, haben häufig am meisten zu tragen. Geld dient mehr Menschen als Kompensation, als ich es für möglich gehalten hätte.

Die Menschen in dem Club haben mich einfach für mein Sein gefeiert. Ich bin ein Dienstleister, der Menschen glücklich machen will. Dafür so gefeiert zu werden, hatte ich vorher nie erlebt. Gewohnt war ich, dass ich mich für alles anstrengen muss, sobald ich ein gutes Ergebnis erreichen will. Das bedeutet nicht, dass ich nichts getan hätte oder wie ein Buddha im Schneidersitz nur dagesessen wäre. Nein, objektiv gesehen war ich im Dauerlauf unterwegs. Gerade noch am Strand, schon an der Kochstation, um direkt ins Theater bzw. auf die Bühne zu gehen, um meine Rolle zu spielen. Anschließend noch Clubtanz am Schachbrett, so heißt der Mittelpunkt des Clubs, um dann noch mit den Gästen zusammen zu tanzen. Genau genommen war ich den ganzen Tag in Bewegung, nur angestrengt hat es mich nicht. Hin und wieder war ich körperlich vielleicht etwas k.o., aber emotional war es die ganze Zeit ein Höhenflug. Das, was man einen Flow nennt, erlebte ich die gesamte Zeit über.

Heldenreise Part 4 – Der Weg zurück

9. Rückweg

Meine aktivste Zeit erlebte ich in der Zeit, als in Deutschland die Sommerferien waren. Während dieser Zeit waren am meisten Jugendliche im Club. Als es irgendwann wieder ruhiger wurde, merkte ich, dass auch ich eine Verschnaufpause brauche. Immer nur im Club zu leben, führt auch zu einer Art Lagerkoller. Ich begann mich auf die Zeit zu freuen, in der ich wieder nach Deutschland fliegen und mich mit meinen Freunden und meiner Familie treffen kann.

Gegen Ende der Saison stellte ich mir auch die Frage, ob ich noch eine weitere Saison hier arbeiten wolle. Die Möglichkeit wäre da gewesen, doch ich wollte wieder zurück in die normale Welt. Außerdem hatte ich zu Beginn der Zeit für mich beschlossen, dass ich nur eine Saison hierbleiben werde. Es war nicht leicht für mich, das Angebot abzusagen. Das Bild in meinem Kopf, das mich daran hinderte, doch zuzusagen, war, dass ich irgendwann nicht mehr so einfach in der Lage sein werde, wieder ein normales Leben zu führen. Vielleicht wäre es das Richtige für mich gewesen, eine Karriere im Club zu starten, vielleicht aber auch nicht. Mit dieser Unsicherheit reiste ich zurück in die Welt, aus der ich gekommen war. Eines war gewiss, ich wusste, dass es möglich ist, Geld zu verdienen, ohne zu arbeiten, einfach nur zu sein.

Das war mein Elixier, mit dem ich zurückreiste in die Welt, aus der ich gekommen war. Ich war nicht mehr derselbe wie vor meiner Reise.

10. Sühne

Aus heutiger Sicht kann es auch gut sein, dass ich es mir einfach nicht erlaubt habe, weiter im Club zu arbeiten, weiter meinem Herzen zu folgen. Vielleicht hat mir mein Unterbewusstes einen Strich durch die Rechnung gemacht, ohne dass ich es bemerkt habe. Ich habe meinem Vater jahrelang dabei zugesehen, wie er sich täglich abgemüht hat, damit er sein Geld verdient. Wer war ich, dass ich es mir erlaubte, mein Geld mit Spaß, mit Freude zu verdienen? Es war, als hätte ich es schon als Kleinkind ganz unterbewusst, quasi mit der Muttermilch aufgesogen: „Du musst dein Geld hart erarbeiten, sonst ist es nichts wert." In meinem Fall kommt dem gleich: „Du darfst nicht glücklich sein." Ohne diese

Zusammenhänge damals sehen zu können, war es nur ein Gefühl, dem ich nachgegangen bin. Tief im Inneren hatte ich das Gefühl, weil es mir so gut ging die ganze Zeit, muss ich jetzt etwas tun, was richtig anstrengend ist, um dieses Jahr auszugleichen. Es fühlte sich an wie ein schlechtes Gewissen.

11. Erneuerung

Glücklicherweise bekam ich eine Absage von dem Unternehmen, bei dem ich mich für die Zeit direkt nach dem Club beworben hatte. Dieser Job wäre genau wieder etwas gewesen, was ich eigentlich nicht mehr machen wollte.

Stattdessen hatte ich die Möglichkeit, an einem Projekt bei Robinson teilzunehmen. Während dieses Projektes im Rahmen der damals neuen Kampagne „Zeit für Gefühle", erfuhr ich von einem neuen Produkt, einem neuen Unternehmen, das dafür gegründet wurde. Worum es dabei genau ging, war noch geheim. Bekannt war nur, dass es sich um etwas Vergleichbares wie Robinson Club handelt. Diese Infos reichten mir und ich bewarb mich. Nach einem Assessment wurde ich zu einem Gespräch nach Frankfurt eingeladen. Der Job, der mir dort angeboten wurde, war alles andere als sicher, aber absolut spannend. Die Arbeitsverträge waren jederzeit kündbar und die Bezahlung war eher durchschnittlich. Dennoch war ich begeistert, dabei zu sein, weil es neu und einzigartig war, eine echte Revolution.

Auf den Punkt gebracht ging es dabei um einen Club auf dem Wasser. Die Idee war, die Lockerheit eines Clubs mit der Flexibilität eines Schiffes zu verbinden. Das Schiff sollte dabei nicht nur ein Transportmittel sein, sondern das Ziel an sich. Das, worum es damals ging, ist heute fast jedem unter AIDAcruise bekannt.

12. Rückkehr

Es war eine spannende Zeit, in der wir unter dem Namen „Arkona Reisen" aus dem Nichts einen Reiseveranstalter aufbauten für ein Produkt, was es noch nicht gab. Eine unserer Kernaufgaben war es, eine Konzeption zu entwickeln für das, was an Bord des Schiffes geschehen sollte. Darauf aufbauend machten wir uns daran, eine Vertriebsstrategie aus dem Boden zu stampfen.

Für diese Aufgaben brauchte man Cluberfahrung. Das war vermutlich auch der Grund, warum ein Großteil der Mannschaft aus ehemaligen Mitarbeitern von Robinson bestand. Für mich war der Job perfekt. Alles, was ich bisher in meinem Leben gemacht hatte, konnte ich dazu nutzen, um ein Produkt in die Welt zu bringen, was viele Menschen glücklich machen wird. So bin ich wieder zurück in der normalen Welt angekommen.

Übung: Bitte denke über Folgendes nach:

• Ist dir bewusst, dass du eine Heldenreise erlebt hast?
• Wenn ja, welches war deine bisher größte Heldenreise?
• Aus welchem Grund hast du dein Leben schon mal verändert?

Vielleicht brauchst du etwas Zeit, um darüber nachzudenken. Ich bin mir sicher, dass es bereits eine Heldenreise in deinem Leben gegeben hat. Wenn du etwas gefunden hast, dann probiere es in das Schema auf Seite 199 einzutragen, ähnlich wie ich es auch gemacht habe. Es dient dir dazu, dir zum einen bewusst zu werden, dass du schon ein Held bist und zum anderen wirst du befähigt, dich ganz bewusst auf eine Heldenreise zu begeben.

Jetzt geht es um deine Transformation. Dazu habe ich die wichtigsten Methoden dieses Buches, die du bereits kennenlernen konntest, zusammengefasst und in ein Prinzip ‚gegossen‘.

Kapitel 14 – Das Künstler-Prinzip – mache aus deinem Leben ein Kunstwerk

„Jeder Mensch ist ein Künstler." (Joseph Beuys)

Der genaue Wortlaut ist: „Jeder Mensch ist ein Träger von Fähigkeiten, ein sich selbst bestimmendes Wesen, der Souverän schlechthin in unserer Zeit."

„Das Einzige, was sich lohnt aufzurichten, ist die menschliche Seele ... Nicht nur das Gefühlsmäßige, sondern auch die Erkenntniskräfte, die Fähigkeit des Denkens, der Intuition, der Inspiration ..."

„Als Kind ist jeder ein Künstler. Die Schwierigkeit liegt darin, als Erwachsener einer zu bleiben." (John Lennon)

Ich glaube auch fest daran, dass jeder Mensch ein Künstler ist. Ich bin zudem davon überzeugt, dass das Erwachsenwerden einhergeht mit der Konzentration auf den Verstand. Emotionalität wird eher als Hindernis gesehen. Dabei liegt genau hier der größte Schatz. Unser Verstand ist begrenzt, unsere Intuition ist es nicht. Künstler unterscheiden sich von anderen Menschen darin, dass sie sich erlauben, ihr inneres Kind, ihre Emotionalität zu erhalten. Sie erlauben sich, das zu tun, was sie als sinnvoll erachten. Sie tun das, was ihnen Freude macht.

Kunst: Das Wort Kunst bezieht sich im weitesten Sinne auf jede entwickelte Tätigkeit von Menschen, die auf Wissen, Übung, Wahrnehmung, Vorstellung und Intuition gegründet ist. (Wikipedia)

Das bedeutet für mich, dass jeder Mensch, der seinen Verstand und seine Intuition gebraucht, um Neues zu erschaffen, ein Künstler ist. Echte Weiterentwicklung ist seit Menschengedenken immer von Künstlern ausgegangen. Dazu gehören für mich auch viele Wissenschaftler, die deshalb erfolgreich wurden, weil sie ihrer Intuition gefolgt sind. Menschen, die häufig für das, was sie taten, kritisiert wurden, weil es nicht der allgemeingültigen Meinung entsprach – das gilt gleichermaßen für Wissenschaftler und Künstler. Gäbe es nicht diese mutigen Menschen, würden wir heute noch daran glauben, dass der liebe Gott böse auf uns ist, wenn es donnert.

Im Gegensatz dazu sind Menschen, die grob gesagt „funktionieren", keine Künstler, sondern Soldaten, die überwiegend das tun, was von ihnen erwartet wird, um etwas (z. B. ein Unternehmen) am Laufen zu halten. Sie schalten ihre Emotion ab, damit ihnen nichts im Wege steht. Würden sie auf ihre Emotionen hören, wären sie kritisch, würden sich daraufhin ihre eigenen Gedanken machen.

Was sie dabei vergessen, ist, dass sie damit immer nur auf das zurückgreifen können, was es schon einmal gab. Im Business Umfeld nennt man das „best practice". Der Fehler im Denken dabei liegt darin, dass so keine Zukunft erschaffen werden kann, weil es für unsere zukünftigen Herausforderungen keine Erfahrungen gibt, auf die wir zurückgreifen könnten.

Ich bin fest davon überzeugt, dass wir mehr Künstler brauchen, um unsere Zukunft zu gestalten. Es gibt niemanden mehr, der weiß, was die Zukunft bringen wird. Die Welt ändert sich zu schnell, die Probleme sind zu gravierend, als dass wir in dem Entwicklungstempo weiter machen könnten wie bisher. In der Emotionalität liegt die Intuition und damit die Fähigkeit, schnell flexibel zu handeln. Jeder kennt das aus Gefahrensituationen. Würden wir erst einmal nachdenken, wäre es häufig zu spät. Deine Intuition hat dir schon häufig dein Leben gerettet. Stimmt's?

Warum also warten, bis wir alle in Lebensgefahr sind, weil unser Planet kollabiert? Warum nicht jetzt schon unsere Intuition nutzen, um zukünftige Gefahren abzuwenden?

Es ist auch meine feste Überzeugung, dass jeder Mensch einen sinnvollen Beitrag dazu leisten kann, unser Leben für die Zukunft zu verbessern. Allerdings nur dann, wenn er zum einen bereit ist, sein Potenzial zu entdecken, und zum anderen den Mut hat, seinen eigenen Weg zu gehen.

„Jeder Mensch ist ein Individuum mit einer außergewöhnlichen Gabe, die es ihm ermöglicht, ein einmalig erfolgreiches Leben zu führen."

Das Künstlerprinzip ermutigt und begleitet dich auf deiner Heldenreise mit dem Ziel: frei, erfüllt und erfolgreich zu leben – du wirst zu einer erfolgreichen Mensch-Marke.

Authentisch und gleichzeitig professionell leben = 100 % Freiheit

Was viele sich wünschen, ist, so frei zu leben wie Künstler und so erfolgreich zu sein wie erfolgreiche Künstler. Das ist mit der entsprechenden Struktur möglich.

„Das Wesentliche, der Kern des Künstler-Prinzips, ist deine Haltung und die daraus resultierende Art und Weise, zu denken und zu fühlen."

Du brauchst eine innerlich aufrechte Haltung und das Vertrauen in dich selbst! Das sind die entscheidenden Faktoren für deinen Erfolg. Der Unterschied zu herkömmlichen Erfolgsmethoden liegt in der Liebe zu dir selbst.

„Selbstliebe ist der Gipfel deiner Persönlichkeitsentwicklung und der größte Grad an Freiheit."

Als ‚Mensch-Marke' wird deine Liebe zu dir selbst zu einem Gradmesser deines Erfolges. Du bist das Produkt und je mehr du das Produkt liebst, desto leichter wirst du andere davon überzeugen können. Jeder Verkäufer kennt das: Je mehr er sich mit dem Produkt identifiziert, das er verkauft, desto leichter kann er es verkaufen. Gleiches gilt für dich als Mensch-Marke. Je mehr du mit dir im Reinen bist, je mehr du dich selbst liebst, desto wertvoller ist dein Produkt – du selbst. Weil es so wichtig ist, wiederhole ich es: „Das Wichtigste ist dein Vertrauen in dich selbst. Es gibt kein „best practice" oder andere Vergleichsmöglichkeiten, da es deinen Weg noch nicht gibt."

Ergo: Bevor du losgehst, musst du dir zu 100 % VERTRAUEN. Du musst dich selbst aus vollem Herzen lieben, dann werden dir die Menschen vertrauen. Jedes Zögern, jedes Zaudern gefährdet deinen Erfolg.

Du willst:
* dich frei fühlen?
* mit etwas Geld verdienen, was dich tief erfüllt?
* mehr Leichtigkeit in deinem Leben?

Mit meinem Prinzip ist das möglich, weil sinnvoller Erfolg nicht dem Zufall überlassen wird, sondern strategisch geplant wird. Auf die Idee bin ich gekommen, als ich mir berühmte erfolgreiche Künstler angesehen habe. Warum sind die glücklicher als die meisten Menschen, und warum sind sie erfolgreicher als die meisten anderen Künstler?

- Das Erste, was mir auffiel, war, dass sie grundsätzlich ihrem Herzen folgen, indem sie das tun, was sie lieben.
- Das Zweite, was mir auffiel, war, dass Geld für sie nicht an erster Stelle steht.
- Das Dritte, was mir auffiel, war, dass sie durch ihre Tätigkeit an sich schon glücklich sind – allein, weil sie das tun, was sie am liebsten tun.
- Das Vierte, was mir auffiel, war, dass sie das, was sie tun, zwar für sich tun, weil sie es lieben, aber gleich danach kommt, dass sie es ebenfalls lieben, andere Menschen glücklich zu machen.
- Das Fünfte, was mir auffiel, war, dass sie freier darin sind, wie sie leben. Sie haben ihren eigenen Rhythmus, anders als die Masse der Menschen.

Was macht erfolgreiche Künstler aus?

In erster Linie folgen sie ihrem Herzen. Ihr Herz ist ihr Kompass. Warum können sie das tun? Weil sie in sich etwas spüren, was sie inspiriert und motiviert. Etwas, das größer ist als sie selbst – ein echter Sinn, echte Erfüllung.

Wer Sinn lebt, ist frei von der Meinung anderer. Wer Sinn lebt, braucht sich keine Anerkennung durch andere erkaufen, indem er anderen, auf welche Weise auch immer, imponieren muss. Wer seinem Herzen folgt und dafür sorgt, dass seine Kunst gesehen wird, der wird immer erfolgreich sein. Wer Sinn lebt, vergleicht sich nicht mit anderen, sondern nur mit sich selbst.

„Es kommt im Leben nicht darauf an, wie etwas von außen aussieht, sondern wie es sich von innen anfühlt."

Glück. Wer die Welt besser macht, weil er Sinn lebt, ist auf dem besten Weg, ein erfülltes Leben zu leben. Die Glücksforschung sagt, dass wir immer dann Glück empfinden, wenn wir etwas für andere Menschen tun.

Eigentlich ist das der natürlichste Weg, um erfolgreich zu sein, gerade in heutiger Zeit, in der wir materiell alles besitzen, was unser Leben leichter macht. Ganz im Gegenteil: Haben wir mehr Besitz als wir brauchen, fängt er an, uns zu belasten und unser Glückspegel sinkt.

Das, was uns im Wege steht, sind häufig alte Rollenbilder, die wir mit unserer Erziehung unbewusst aufgesaugt haben. Rollenbilder, die immer weitergegeben werden, wird man sich ihrer nicht bewusst. Darum ist ein neues Bewusstsein, ein Reflektieren, ein ständiges Hinterfragen alter Gewohnheiten der Schlüssel in die Freiheit. Freiheit ist eine Entscheidung, die nicht einfach so passiert. Freiheit ist ein bewusster Prozess.

„Mit dem von mir entwickelten Künstlerprinzip unterstütze ich dich dabei, ein freies und erfülltes Leben zu leben."

Es ist die Essenz dessen, was ich selbst erlebt, erfahren und gelernt habe, um frei zu sein. Frei denken, ohne mich der Meinung der Gesellschaft anpassen zu müssen, um gemocht zu werden oder um dazu zu gehören. Um Freiheit zu leben, ist es vor allem notwendig, innerlich frei und unabhängig von der Meinung anderer zu sein. Meine Frage war, was die größte Kraft ist, die mich unabhängig macht. Irgendwann bin ich darauf gekommen, dass die größte Kraft die Liebe zu mir selbst ist.

Auf meinem Weg zu meiner inneren Freiheit ist mir bewusst geworden, dass wir nur eine Chance haben, ein freies Leben zu leben, wenn wir die Verantwortung für alles übernehmen, was uns jemals widerfahren ist. Tun wir das nicht, dann geben wir die Macht über unser Leben in andere Hände.

All das berücksichtigt mein Künstlerprinzip. Mein Künstlerprinzip folgt der Struktur eines konsequenten Hinterfragens und Reflektierens. Die einzelnen Bausteine hast du bereits kennengelernt. Jetzt werden sie zu einem wirkungsvollen Ganzen zusammengefügt. Zuallererst triffst du eine bewusste Entscheidung: „Formal funktionieren oder frei agieren wie ein Künstler?"

Das Künstler-Prinzip umfasst die folgenden fünf Schritte – als Fragen formuliert:

1. Kernfrage: Wer will ich sein? Deine bewusste Entscheidung, frei zu leben. Deine Vision bestimmt deine Richtung. Emotionale Vision – Visionsarbeit und mentale Bilder.

2. Was habe ich bereits? Werte, Motiv- und Stärkenarbeit – VALK, 16Personalities, ReissProfile, CliftonStrengthFinder.

3. Was ist das Richtige für mich? Der Weg zu deinem erfüllten Leben – IKIGAI.

4. Wie schaffe ich das? Dein Weg, deine Reise in die Freiheit – zu deinem erfüllten Leben. Heldenreise.

5. Wie werde ich als Mensch-Marke bekannt? Entwickle eine Strategie, wie du medial so bekannt wirst, dass du deine Zielgruppe bestmöglich erreichst.

Was braucht es, um ein erfolgreicher Künstler zu sein – von Mensch zu Mensch? Vor allem braucht es Herz – jeder hat Herz.

Grün: Herz | Warum | Leistung | Helfen (Kompass: Werte und Visionsarbeit) | Liebe.

Rot: Wettbewerb | Was | Aktivität | Machen (Heldenreise), Mut, Überwindung, Raus aus der Komfortzone.

Gelb: Strategie | Wer | Kooperation | Kreativität | Moderieren (Netzwerkplanung) | Kommunikation.

Blau: Klarheit | Wie | Vernunft | Analysieren (IKIGAI) und Stärkenarbeit | Verstand.

Als Einstieg: Finde heraus, welcher Typ du bist mit VALK[1]. Hier liegen deine Stärken. Was brauchst du von anderen?

Je nach Typ konzentrierst du dich vielleicht auf das eine oder das andere. Mit dem Künstlerprinzip gehst du die Sache ganzheitlich an, denn Künstler ist nicht gleich Künstler.

---

1   https://jörg-ristau.de

Der Grund, warum Kunst oft als brotlose Kunst angesehen wird, ist, weil es Menschen gibt, die rein ihrer Emotion folgen, und dahinter steht oft weder eine Vision noch eine Strategie.

Wie viel Emotion und wie viel Kognition automatisch dabei ist, hängt von deinem Typ ab. Das Künstlerprinzip baut auf Individualität. Darum müssen wir erst einmal herausfinden, wer du bist und was du genau willst, also deine Vision. So bekommst du eine Orientierung, die dir und nicht der funktionierenden Masse entspricht. Das Eingangstor für dein Leben ist dein Herz, deine Emotion, deine Intuition. Das ist der Kern des Künstlerprinzips. Von hier aus entwickelst du alles weiter bzw. machst du dich auf deinen Weg zu dir und entwickelst die Fähigkeiten, die du brauchst, um zu der Person zu werden, die du in deiner Vision gesehen hast. Der Weg zu dir ist deine Heldenreise.

Fazit / Schlusswort

Zum Abschluss noch eine kleine Geschichte: Ein Journalist kommt zum Teufel in die Hölle, um ein Interview mit ihm zu machen. Der Teufel zeigt ihm ganz stolz seine Waffen, die er gegen die Menschheit einsetzt:

In Raum 1 befinden sich allerhand Drogen, Spritzen und abhängig machende Substanzen. Die Leute wälzen sich auf dem Boden vor Schmerz und Entzugserscheinungen.

Sie gehen weiter zu Raum 2. Die Türe geht auf und darin befinden sich Atombomben, chemische Waffen und tödliche biologische Keime ... Der Reporter schluckt und schreibt sich nervös alles auf.

Danach gehen sie weiter zu Raum 3. Bevor der Teufel die Türe aufmacht, sagt er zum Reporter: „Hier drin befindet sich meine effektivste und zerstörerischste Waffe überhaupt. Bist du bereit?"

Der Reporter antwortet mit einem angespannten „Ja" und der Teufel macht die Türe auf ... Im Raum zu sehen ist nichts weiter als ein Stuhl mit einem Holzstück drauf.

Der Reporter ganz verdutzt zum Teufel: „Was ist das? Du hast mir gerade alle möglichen schlimmen Waffen gezeigt und jetzt zeigst du mir dieses Stück Holz?" Darauf der Teufel zum Reporter: „Das ist nicht nur irgendein Stück Holz. Das ist das Beißholz der Selbstzweifel!"

Die Moral von der Geschichte (und im übertragenen Sinne stimme ich dem absolut zu): Selbstzweifel lässt mehr Leute leiden als jede andere Waffe auf dieser Welt. Selbstzweifel halten dich klein, machen dich runter und ziehen dir jeden Tag aufs Neue Energie ab. Anstatt die großartige Person zu leben, die in dir steckt, versteckst du dich vor dir selber und machst dich selber klein.

Aus meiner eigenen Erfahrung kann ich bestätigen: Es gibt keinen schlimmeren Feind für Selbstliebe als diese ständigen Zweifel an dir selber.

Bonus – Resilient durch PERMA

PERMA-Modell

Hier geht es um einen Denkansatz, der aus der positiven Psychologie stammt und der dir dabei hilft, die wichtigen Bestandteile von Glück zu identifizieren. Nur wenn du verstehst, woraus sich Glück zusammensetzt, kannst du zu einem erfüllteren und glücklicheren Leben gelangen. Es geht darum, dass du zu einem Empfinden von innerer Zufriedenheit gelangst.

PERMA ist ein so genanntes Akronym, das auf den amerikanischen Psychologen und Experten für positive Psychologie Martin Seligman zurückgeht. Hinter den zusammengesetzten Buchstaben PERMA verbirgt sich:

P wie Positive Emotions (positive Emotionen)

Für dein Glücksempfinden musst du aktiv etwas tun. Vor allem geht es dabei um Dinge wie Achtsamkeit, Wertschätzung und Dankbarkeit.

Übung: Notiere dir mindestens drei positive, schöne oder auch lustige Dinge, die du an einem Tag erlebt hast. Das kann das Lächeln einer fremden Person an der Bushaltestelle, ein Witz mit dem Kollegen oder eine Postkarte aus dem Urlaub eines Freundes sein: Hauptsache, du machst dir positive Erlebnisse und Erinnerungen bewusst.

Du wirst es niemals schaffen können, eine positive Ausstrahlung zu erlangen, wenn du negative Gedanken hast. Eine positive Ausstrahlung ist wichtig für ein erfülltes Leben. Nach dem Gesetz der Anziehung ziehst du genau das an, was du selbst ausstrahlst. Mache dir deine eigenen Handlungsmöglichkeiten bewusst und motiviere dich mit der notwendigen Zuversicht.

Übung: Erinnere dich daran, was du schon alles in deinem Leben geschafft hast und schreibe es in dein Erfolgsbüchlein.

Positives Denken hat übrigens nichts mit Schönreden zu tun! Es geht vielmehr darum, dir deine Stärken und Erfolge bewusst zu machen.

E wie Engagement

Engagement ist deine Triebfeder und gleichzeitig das Ergebnis von Glück. Wenn du tust, was du magst, hängst du dich einfach mehr rein. Die Zeit vergeht wie im Fluge und am Ende steht etwas, das einen mit Stolz erfüllt. Es war ein gewisser Mihály Csíkszentmihályi, der für diesen Zustand den Begriff Flow prägte.

Damit du in dieses Flow-Erlebnis kommst, ist es wichtig, dass du etwas tust, was zwischen einer Unterforderung und einer Überforderung liegt. Immer dann, wenn du eins wirst mit dem, was du tust, bist du ganz automatisch glücklich. Denke einfach an deine Kindheit auf dem Spielplatz. Du kannst auch heute noch einen Flow beim Spielen, beim Sport, bei deinem Hobby, aber eben auch bei deiner Arbeit erleben.

Vielleicht gehörst du zu den Menschen, die in einen Flow-Zustand geraten, wenn du deine Lieblingsmusik hörst. Vielleicht bringt dich eine bestimmte Bewegung beim Tanzen oder beim Malen in den Flow. Egal in welcher Situation du in einen Zustand des Flow kommen willst, wird dir das nur gelingen, wenn du in deinen Stärken unterwegs bist.

R wie Relationships (positive Beziehungen)

Wir Menschen sind Herdentiere, anders ausgedrückt, wir sind soziale Wesen. Das wiederum bedeutet, dass uns die Beziehungen zu anderen Menschen wichtig sind. Gute Beziehungen, positive Erfahrungen mit anderen, tragen enorm zu deinem Glücksempfinden bei.

Kannst du dich auf deine Familie, deine Freunde verlassen – auch in der Not? Bist du selbst jemand, auf den man sich verlassen kann?

Übung: Stell dir vor, deine Beziehungen sind wie einzelne Konten bei einer Bank. Jedes Konto trägt den Namen einer deiner Beziehungen. Wie bei jedem Konto gibt es Einzahlungen und Abhebungen. Einzahlungen finden statt, wenn jemand etwas für dich tut, für dich da ist. Abhebungen finden immer dann statt, wenn dich jemand in Anspruch nimmt, wenn du ihm helfen sollst oder du für ihn mit einem offenen Ohr da sein sollst. Wenn jemand bei dir mehr abhebt, als er einzahlt, dann gerät eure Beziehung aus dem Gleichgewicht. Wer von deinen Beziehungen hebt bei dir mehr ab als er einzahlt? Wo hebst du vielleicht mehr ab, als du einzahlst? Achte darauf, dass deine Beziehungskonten ausgeglichen sind. Andernfalls kosten sie dich deine Energie. Hierbei geht es nicht um eine Momentaufnahme, sondern um einen längeren Zeitraum. Gibt es Personen, auf die du gut verzichten könntest?

M wie Meaning (Bedeutung, Sinn, Sinnhaftigkeit)

Meaning bedeutet so viel wie Sinn. Immer dann, wenn etwas für dich von Bedeutung ist, kannst du deine Werte, Wünsche oder Sehnsüchte darin entdecken.

Übung: Was ist für dich von Bedeutung? Wie gut kannst du das einbringen? Empfindest du einen (höheren) Sinn in dem, was du tust? Hier hilft dir das IKIGAI mit seinen Fragen.

Stellst du bei dieser Frage fest, dass du keinen Sinn in deinem Job siehst, wird es Zeit für eine Veränderung.

A wie Achievement/Accomplishment (Leistung, Zielerreichung)

Dir Ziele zu setzen und diese zu erreichen, ist im PERMA-Modell und damit für dein Glücksempfinden ein zentraler Punkt. Jedes erreichte Ziel ist eine Rückmeldung an dein Selbstvertrauen.

Übung: Höre dich selbst sagen: „Schau her, das habe ich geschafft. Dann schaffe ich auch das nächste Ziel." Wie fühlst du dich jetzt?

Für die richtige Zielsetzung ist es wichtig, dass du dir realistische und konkrete Ziele setzt, die auch messbar sind. Große Ziele müssen in den meisten Fällen auf viele kleinere Ziele heruntergebrochen werden. Man nennt das auch den kürzeren Feedbackbogen. Das bedeutet, dass du schneller eine Rückmeldung bekommst, ob dein Ziel erreicht ist. Das ist wichtig für deine Motivation.

Frage dich immer bei deinem Ziel: Was bin ich bereit zu tun? Welche Anstrengungen nehme ich in Kauf? Welche Kompromisse bin ich bereit, einzugehen. Ziele ohne konkrete Planung sind nur Wünsche, von denen du bis an dein Lebensende träumen kannst.

Warum diese fünf Bereiche? Es stellt sich immer wieder heraus: Geld allein macht nicht glücklich. Seligman erkannte, dass die fünf Bereiche des PERMA-Modells hingegen sehr wohl glücklich machen. Das Glück in diesen Bereichen ist messbar. Das liegt daran, dass es sich um Bereiche handelt, die im Einflussbereich eines jeden Menschen liegen.

Das PERMA-Modell hilft dir dabei, dich auf die wichtigsten Bereiche zu konzentrieren und sie in deinen Alltag einzubauen. Natürlich lässt sich keine Liebe erzwingen. Aber du kannst etwas dafür tun, dass andere Menschen dich sympathisch finden, dir ihre Freundschaft anbieten. Ebenso lässt sich ein neuer Job nicht über Nacht finden. Setzt du dich jedoch mit den fünf Bereichen des PERMA-Modells ernsthaft auseinander, wirst du erkennen, was dir Spaß macht und wo deine Stärken liegen.

Charlie Chaplin galt als einer der begnadetsten Schauspieler der Welt. Von außen betrachtet hätte er eigentlich sehr zufrieden mit sich sein können. Doch in Wahrheit quälten ihn starke Selbstzweifel. Er glaubte, er sei nicht gut genug.

Seine Zufriedenheit setzte erst viel später in seinem Leben ein. Man sagt, er habe diesen Text zu seinem siebzigsten Geburtstag geschrieben – als er sich selbst zu lieben begann.

Als ich mich selbst zu lieben begann[2]

Vertrauen ins Leben: Alles, was geschieht, ist richtig

Als ich mich selbst zu lieben begann, habe ich verstanden, dass ich immer und bei jeder Gelegenheit zur richtigen Zeit am richtigen Ort bin, und dass alles, was geschieht, richtig ist – von da an konnte ich ruhig sein. Heute weiß ich: Das nennt man Vertrauen.

---

2   „Als ich mich selbst zu lieben begann" ist ein Gedicht von Charlie Chaplin.

Authentisch sein und seine eigene Wahrheit leben

Als ich mich selbst zu lieben begann, konnte ich erkennen, dass emotionaler Schmerz und Leid nur Warnungen für mich sind, nicht gegen meine eigene Wahrheit zu leben. Heute weiß ich: Das nennt man authentisch sein.

Reife: Das eigene Leben annehmen

Als ich mich selbst zu lieben begann, habe ich aufgehört, mich nach einem anderen Leben zu sehnen und konnte sehen, dass alles um mich herum eine Aufforderung zum Wachsen war. Heute weiß ich: Das nennt man Reife.

Ehrlichkeit: Tue, was du liebst

Als ich mich selbst zu lieben begann, habe ich aufgehört, mich meiner freien Zeit zu berauben, und ich habe aufgehört, weiter grandiose Projekte für die Zukunft zu entwerfen. Heute mache ich nur das, was mir Spaß und Freude macht, was ich liebe und was mein Herz zum Lachen bringt, auf meine eigene Art und Weise und in meinem Tempo. Heute weiß ich: Das nennt man Ehrlichkeit.

Selbstliebe statt Egoismus

Als ich mich selbst zu lieben begann, habe ich mich von allem befreit, was nicht gesund für mich war, von Speisen, Menschen, Dingen, Situationen und von allem, was mich immer wieder hinunterzog, weg von mir selbst. Anfangs nannte ich das „gesunden Egoismus", aber heute weiß ich: Das ist Selbstliebe.

Demut statt Recht-haben-wollen

Als ich mich selbst zu lieben begann, habe ich aufgehört, immer Recht haben zu wollen, so habe ich mich weniger geirrt. Heute habe ich erkannt: Das nennt man Demut.

Bewusst im Augenblick leben

Als ich mich selbst zu lieben begann, habe ich mich geweigert, weiter in der Vergangenheit zu leben und mich um meine Zukunft zu sorgen. Jetzt lebe ich nur noch in diesem Augenblick, wo alles stattfindet. So lebe ich heute jeden Tag und nenne es Bewusstheit.

Die Verbindung von Herz und Verstand

Als ich mich zu lieben begann, da erkannte ich, dass mich mein Denken armselig und krank machen kann. Als ich jedoch meine Herzenskräfte anforderte, bekam der Verstand einen wichtigen Partner. Diese Verbindung nenne ich heute Herzensweisheit.

Keine Angst vor Problemen

Wir brauchen uns nicht weiter vor Auseinandersetzungen, Konflikten und Problemen mit uns selbst und anderen zu fürchten, denn sogar Sterne knallen manchmal aufeinander und es entstehen neue Welten. Heute weiß ich: Das ist das Leben!

Anhang

Der Job als Ursache für Glück

Laut einer Studie dreht sich der positive Effekt des Glückszuwachses durch die Möglichkeit eines höheren Gehaltes ab einem Einkommen von etwa 65 000 Euro um. Der Grund dafür ist, dass ab dann eine höhere Belastung eintritt durch ein Zuviel an materiellen Dingen, um die man sich kümmern muss.

Wenn nicht mehr das Mehr an Konsum für Glück verantwortlich ist, was ist es dann? Mein Eindruck ist, dass so viele Menschen noch in alten Denkmustern gefangen sind, dass sie das Naheliegende, das Offensichtliche nicht sehen.

Stell dir mal vor, dass nicht das Geld, das du verdienst, die Kernursache für dein Glück ist, sondern dein Job selbst. Stell dir mal vor, wie viel Spaß und Energie du dadurch haben kannst. Stell dir dann noch vor, wie erfolgreich du auf diese Weise sein kannst.

Die Welt tickt schon seit vielen Jahren anders, doch nur wenige Menschen reagieren darauf. Viel zu wenige Menschen nutzen die Möglichkeiten, die sie haben, um ein richtig cooles, erfolgreiches Leben zu leben. Warum? Sie sind alten Denkmustern „verhaftet". Denkmuster, die es nicht zulassen, ein tiefes „Werteglück" zu empfinden. Ein Werteglück, das sie unabhängig macht von dem Konsumglück. Der Unterschied zu früher ist, dass die Arbeit nicht mehr nur Mittel zum Zweck ist. Die Arbeit selbst hat das Potenzial, zu einem reichen Glücksmacher zu werden. Du musst es nur zulassen.

Die Ursache von Glück

Menschen sind glücklich, wenn sie das Gefühl haben, etwas Sinnvolles zu tun. Was ist sinnvoll? Glaubt man der Glückstheorie, sind wir Menschen immer dann glücklich, wenn wir etwas für andere tun können. Das Glück wandelt sich vom ‚Konsumglück' zum ‚Werteglück' und damit zum ‚wahren Glück'. Jeder Mensch hat ein Geburtsrecht, glücklich zu sein. Aus meiner persönlichen Sicht ist das der Grund unserer Existenz und damit der eigentliche Sinn unseres Lebens.

Alle Türen stehen offen

Heute leben wir in einem wirtschaftlichen Umfeld, das es so noch nie gegeben hat. Ein Umfeld, das es uns ermöglicht, beruflich alles zu tun, was wir wollen. Uns stehen so gut wie alle Türen offen. Es gibt unzählige Aus- und Weiterbildungsmöglichkeiten. Wir können fast überall auf der Welt arbeiten. Wir können in vielen Berufen von überall auf der Welt arbeiten – die Digitalisierung macht es möglich. Wir haben die Möglichkeit, unser Leben so zu gestalten, wie wir es wollen. Wir haben die große Freiheit, genau das zu tun.

Invest: Wer bist du – was willst du wirklich?

Das Einzige, was wir dafür investieren müssen, ist herauszufinden, was wir wirklich von Herzen wollen. Und um herauszufinden, was wir von Herzen wollen, müssen wir herausfinden, wer wir sind.

- Wer bist du?
- Was willst du?
- Wie kommst du dahin?

Entscheidung Freiheit

Wann bist du wirklich frei darin, das zu tun, was du von Herzen machen willst?

Die absolute Freiheit in der Wahl unserer Arbeit haben wir dann, wenn wir weder anderen Menschen noch uns selbst irgendetwas beweisen müssen. Warum? Jeder von uns braucht Anerkennung. Immer dann, wenn wir uns nach Anerkennung von anderen sehnen, weil wir uns selbst keine Anerkennung geben können, geraten wir in eine Abhängigkeit.

Sind wir abhängig von der Anerkennung und damit von der Meinung anderer, sind wir nicht mehr frei in unseren Entscheidungen.

Bevor wir entscheiden, denken wir darüber nach, was andere über unsere Entscheidungen denken könnten. Erwarten wir eine negative Reaktion, entscheiden wir anders. Und genau dieses Denken „was könnten andere denken", nimmt uns unsere Freiheit.

Dann tun wir die Dinge, die wir tun, nicht deshalb, weil sie uns mit Sinn erfüllen, sondern weil wir uns nach Anerkennung sehnen.

Vielleicht geht das sogar noch einen Schritt weiter und wir entscheiden so, dass wir Applaus ernten wollen, weil wir etwas beweisen müssen.

Geld und Anerkennung

Das, womit wir in unserer Gesellschaft am ehesten Eindruck schinden, um uns oder anderen etwas zu beweisen, ist, möglichst viel Geld zu verdienen. Geld, mit dem wir uns Dinge leisten können, die sich andere nicht leisten können.

Auf diese Weise heben wir uns von anderen ab. Unseren Wert definieren wir darüber, wie viel Geld wir haben bzw. was wir uns alles leisten können.

Niemand außer uns selbst sieht dann, ob wir für das viele Geld leiden, weil das, was wir tun, uns eigentlich keine Freude macht. Vielleicht setzen wir dann ein lächelndes Gesicht auf, weil wir es nicht zeigen wollen, um das Bild, das andere von uns bekommen sollen, nicht zu zerstören.

Gibt es glückliches Geld? Gibt es unglückliches Geld?

Diese Frage habe ich bereits in dem Kapitel über Geld beantwortet.

Beitrag und Anerkennung

Wie wäre es, wenn wir in unserer Gesellschaft dahin kämen, dass wir unsere Anerkennung nicht mehr an der Höhe des Bankkontos allein festmachen, sondern daran, welchen Beitrag wir für die Gemeinschaft, die Gesellschaft leisten? Ist es nicht viel wertvoller, etwas dafür zu leisten, dass unsere Umwelt geschont wird?

Natürlich ist das besser für uns alle! Natürlich ist es aus diesem Grund sinnvoller, zuallererst daran zu arbeiten, dass man mit sich selbst im Reinen ist. Jeder, der mit sich im Reinen ist, braucht niemandem etwas zu beweisen und kann so handeln, wie es für ihn am sinnvollsten ist. Jeder, der etwas tut, was ihn mit Sinn erfüllt und zudem glücklich macht, braucht kein Geld für Status, um sich und anderen etwas zu beweisen. Nur wer keinen Status braucht, ist in der Lage, seinem Herzen zu folgen. Nur auf diese Weise ist es möglich, auf eine leichte Weise erfolgreich zu sein.

Erfolgreiche Menschen arbeiten nicht

Stelle dir vor, du tust etwas, das sowohl deinen Stärken als auch deinen Interessen entspricht. Stelle dir auch vor, dass du etwas tust, was dich mit Sinn erfüllt. Würdest du das dann „Arbeit" nennen – auch wenn du damit deinen Lebensunterhalt verdienst? Als ich noch klein war, habe ich meinen ständig gestressten Vater beobachtet, wie er jeden Tag in sein Büro ging. Meist war er angespannt, selten wirkte er zufrieden.

Mein Eindruck war, dass er hart für sein Geld arbeiten muss, weil er etwas tut, was ihm keine Freude macht. So speicherte ich für mich ab: „Arbeiten ist, wenn man etwas tut, was keine Freude macht, aber man dafür Geld bekommt."

Dieses tägliche Erleben führte mich zu dem Entschluss, niemals in meinem Leben zu arbeiten. Lieber wollte ich erfolgreich sein. In meiner kleinen Welt waren Menschen erfolgreich, die ihr Geld mit etwas verdienen, was sie glücklich macht. Für mich war klar: Erfolgreiche Menschen arbeiten nicht, unabhängig wie viel Zeit sie dafür investieren.

Der wachsende Wert persönlichen Vertrauens

Nachdem auch große Unternehmen gezeigt haben, dass es ihnen mehr um den finanziellen Erfolg ihrer Manager geht als um die Zufriedenheit ihrer Kunden, werden Kunden immer vorsichtiger. Vertrauen nimmt im Business eine immer wichtigere Rolle ein.

Wie Vertrauen entsteht

Angenommen, du willst dir etwas Neues, vielleicht sogar etwas Besonderes kaufen und machst dich auf die Suche. Bei wem kaufst du?

Kaufst du bei einer Person, die einfach nur ihren Job macht – oder kaufst du bei einer Person, die ganz offensichtlich mit dem Herzen dabei ist? Eine Person, bei der du das Gefühl hast, dass es um dich geht?

Eigentlich liegt die Antwort schon in der Frage. Dennoch erlebe ich es tagtäglich, dass viele Menschen ihr wertvoll verdientes Geld Unternehmern und Menschen geben, denen ihr Eigennutz wichtiger ist als die Bedürfnisse der Kunden.

Es gibt einfach zu viele Beispiele, wo Kunden übervorteilt, um nicht zu sagen betrogen werden, nur damit bei dem Anbieter der Profit stimmt. Die bekanntesten Fälle sind der VW-Diesel-Skandal und der Skandal bei Wirecard. Doch diese Fälle sind nur die Spitze des Eisbergs. Es gibt genug Beispiele, wo Kunden selbst von Handwerkern bewusst betrogen werden. Dabei ist es doch so einfach. Häufig merkt man bereits am Telefon oder bei dem ersten persönlichen Kontakt, ob in einem Unternehmen von Herzen gehandelt wird oder eine ‚Freundlichkeit nach Handbuch‘ praktiziert wird.

Was hat das mit dir zu tun?

Es ist mir eine Herzensangelegenheit, dich dabei zu begleiten, innerlich so frei zu werden, dass du den Mut hast, dein Traumleben zu leben. Dein

Traumleben ist wie ein Maßanzug. Es wird nur zu dir und zu niemand anderem passen. Es muss auch niemand anderes verstehen und niemand muss Beifall klatschen. Dein Traumleben ist etwas Intimes, das nur dir gehört – egal was andere darüber denken.

Meine Geschichte - mein WARUM

Schon als Kind war ich sehr aktiv – habe die anderen Kinder im Kindergarten unterhalten. Später spielte ich Theater, wann immer sich die Gelegenheit dazu ergab. Oft stand ich von dem großen Spiegel in unserem Flur und sang ABBA-Lieder mit, auch ohne ein Wort zu verstehen. Ich tat immer das, was mir Spaß machte.

Schon als kleiner Junge hatte ich ein Faible für Autos. Die Formen und Farben faszinierten mich. Als ich etwa zehn Jahre alt war, begann ich, mir mein Taschengeld aufzubessern, indem ich bei einer nahe gelegenen Tankstelle die Autos auftankte. Mehr Geld gab es für das Waschen und noch mehr Geld für das Polieren der Autos. Für mein junges Alter verdiente ich schon richtig viel Geld. Meine größte Freude war es, die großen Augen der Besitzer zu sehen, wenn sie sich über ihr glänzendes Auto freuten.

Arbeit war für mich das, was mein Vater tat. Als selbstständiger Unternehmer war er ständig im Stress, ohne dass ihm seine Tätigkeit Freude machte. Für meinen Vater war es klar, dass ich einmal seine Firma übernehmen würde. Allein die Vorstellung davon löste bei mir Bauchschmerzen aus. Mein Traum war es, auf der Bühne zu stehen. Als Sänger, Tänzer oder Schauspieler wollte ich ein Lächeln in die Gesichter der Zuschauer zaubern. Das, was mein Vater tat, war sicher notwendig, aber es war nicht das Richtige für mich. Widerwillig machte ich auf Druck meines Vaters eine Ausbildung zum Industriekaufmann. Etwas tun zu müssen, was mir nicht entsprach, verfestigte bei mir den Eindruck, ich sei nicht gut genug, so wie ich bin.

Das Gefühl, nicht in die Welt zu passen, festigte sich. Aufgrund des starken Drucks wurde aus diesem Gefühl ein fester Glaubenssatz, der mein Selbstbild und damit mein Leben bestimmte. Mein alles bestimmender Gedanke war, dass ich mich verändern muss.

Das Widersprüchliche daran war, dass ich tief in meinem Inneren nicht wahrhaben wollte, nicht gut genug zu sein. Dieser innere Konflikt sollte mich viele Jahre begleiten. Er war aber auch mein Antrieb. Auf der einen Seite wollte ich meinem Vater beweisen, dass ich gut genug, sogar besser bin als er. Um das zu erreichen, begann ich, eine Rolle zu spielen. Aus mir wurde oberflächlich der Sohn, den sich mein Vater wünschte. Ich wollte seine Anerkennung. Auf der anderen Seite wollte ich wissen, wer ich wirklich bin und was ich daraus machen kann.

Weg von zu Hause

Um mein wahres Selbst zu finden, wusste ich, dass ich weg muss von zu Hause. Meine Reise zu mir begann an meinem Studienort Paderborn. Von dieser Reise habe ich dir in diesem Buch bereits erzählt. Meine Absicht damit ist es, dich zu inspirieren. Was ich geschafft habe, kannst auch du schaffen. Auch wenn es zeitweise sehr, sehr anstrengend war, bin ich heute meinem inneren Konflikt dankbar. Dieser Konflikt war der Grund dafür, dass ich auf meiner Reise so viel gelernt habe. Es gab fast nichts, das ich ausgelassen habe.

So kenne ich (fast) alle Facetten menschlicher Veränderung. Ich bin durch viele tiefe Täler gegangen und habe auf vielen Gipfeln in die Weite gesehen.

Manchmal stellte ich mir die Frage, warum ich nicht schneller meinen Weg gegangen bin. Dazu habe ich neulich etwas Interessantes gelesen: „Die Schildkröte kennt den Weg besser als der Hase." Weil ich langsamer war, kann ich heute meinen Klienten schneller und besser helfen.

Hinzu kommt noch die Zeit, die du selbst mit Arbeit verbringst. Ich weiß, es klingt merkwürdig, weil es so selbstverständlich ist – auch diese Zeit ist deine kostbare Lebenszeit. Was wäre das für eine Verschwendung, wenn du diese Zeit nur gegen Geld eintauschen würdest, so wie die meisten Menschen es tun!

JÖRG RISTAU

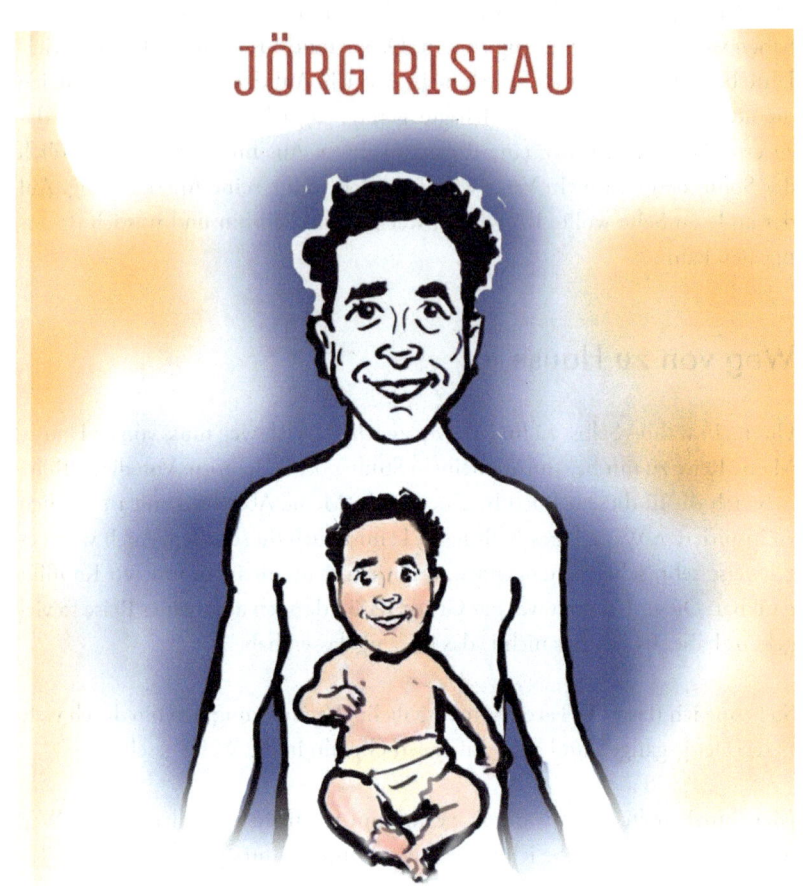

Das innere Kind

Abb. : *Zeichner: Jörg Knör, deutscher Komiker und Parodist*

Der Schafslöwe[3]

Es war einmal vor langer, langer Zeit eine Löwenmutter, die war trächtig und bei der Geburt ist sie gestorben. Das Löwenbaby kam aber gesund auf die Welt. Es schrie nach seiner Mutter, wollte saugen, aber sie war nicht da. Zur gleichen Zeit gab es eine Schafsmutter, die war trächtig und bei der Geburt starb ihr Lamm und sie war traurig und jammerte. Die beiden fanden sich. Die Schafsmutter adoptierte das Löwenbaby. Es saugte Schafsmilch, aß Gras und wusste, dass es etwas anders ist und dachte, es wäre ein minderwertiges Schaf und wuchs mit Minderwertigkeitskomplexen auf.

Eines Tages kam ein Berglöwe vorbei und sah einen Löwen inmitten der Schafherde. Ein Mitglied seiner königlichen Familie. Und dieser Löwe wurde von den anderen hin und her geschubst. Offensichtlich war er ängstlich. Der Berglöwe dachte sich: Was ist denn da los? Welch Schande für meine königliche Familie! Er rannte runter, so schnell er konnte, und packte den kleinen Löwen am Schlafittchen und fragte: „Was machst du denn hier?" Der Schafslöwe schüchtern: „Lass mich bitte, ich bin doch ein Schaf." Der Berglöwe erwiderte: „Ich werde dir beweisen, dass du ein Löwe bist." Der Berglöwe schleifte den Schafslöwen zu einem See. „Beruhige deinen Atem und schaue ruhig in den See. Was siehst du?" „Ich sehe dich zweimal." „Dreh deinen Kopf nach rechts und nach links. Und schau noch einmal hin!" Und zum selben Zeitpunkt drehte der kleine Löwe seinen Kopf nach links und rechts und der große Berglöwe sagte: „Tat tvam asi! Das bist du. Du bist dieser Löwe." Und der Kleine sagte: „Aham Simhasmi! Ich bin dieser Löwe." Zum ersten Mal in seinem Leben brüllte er wie ein Löwe und hatte nie wieder Angst vor irgendetwas.

---

3   Quelle: Orientalische Geschichte, Urheber unbekannt.

Autorenprofil Jörg Ristau

Biografie

Jörg Ristau, Diplom-Kaufmann und Therapeut, hat eine beeindruckende Reise von einer versteckten Existenz hinter einer metaphorischen Glasscheibe zu einem Leben voller Selbstbewusstsein und Selbstliebe zurückgelegt. Seine Erkenntnisse und Erfahrungen teilt er leidenschaftlich in seinen Werken.

Schreibkarriere

In seinem Buch „Erfolg mit Sinn" verwebt Jörg Ristau geschickt autobiografische Elemente mit psychotherapeutischem Wissen. Das Buch dient als Wegweiser für alle, die den Pfad zur Selbstliebe und persönlichen Erfüllung beschreiten möchten.

Philosophie und Kernbotschaft

Jörg Ristau vermittelt eine klare und kraftvolle Botschaft: Selbstliebe ist der Schlüssel zu persönlichem und beruflichem Erfolg. Er betont, dass wahre Selbstliebe weder Selbstherrlichkeit noch Narzissmus ist, sondern ein befreiender Seinszustand, der die natürliche Grundlage für außergewöhnlichen Erfolg bildet.

Stil und Inhalte

Mit einem authentischen und direkten Stil und einer einzigartigen Positionierung als „der Wandelmacher" erreicht Jörg Ristau ein breites Publikum. Seine Inhalte, von „Die wichtigste Beziehung ist die zu dir selbst" bis hin zu „Wenn du dich selbst liebst, brauchst du nie wieder zu arbeiten", sind sowohl inspirierend als auch praxisorientiert.

Aktuelle Projekte

Neben seiner Tätigkeit als Autor ist Jörg Ristau als gefragter Keynote-Sprecher aktiv, wo er seine persönliche Geschichte teilt und sein Publikum dazu anregt, den Pfad der Selbstliebe zu betreten.

Seine persönlichen Erfahrungen auf dem Weg zu seinem wahren Selbst sind die Grundlage für sein sehr erfolgreiches Programm Selbst.Bewusst.SEIN. Dieses Programm unterstützt Menschen dabei, die Lasten ihrer Vergangenheit loszulassen und in ein leichtes, erfülltes Leben zu starten.

Zudem unterstützt er Unternehmen dabei, eine menschliche Unternehmenskultur zu entwickeln. Eine menschliche Unternehmenskultur löst die Probleme, die der demografische Wandel verursacht, da die Möglichkeit, talent- und stärkenorientiert mit Sinn zu arbeiten, besonders für die jüngeren Generationen attraktiv und anziehend ist. Eine menschliche Unternehmenskultur ist die wichtigste Voraussetzung, damit die Vorteile der KI-Revolution greifen können. Außerdem schützt eine menschliche und damit werteorientierte Unternehmenskultur davor, die künstliche Intelligenz zu missbrauchen.

In seinem Führungskräfte-Entwicklungs-Programm geht es vor allem um eine persönliche Haltung sich selbst und anderen gegenüber, anstatt um Methoden.

Ristau legt großen Wert auf die Bedeutung von Selbstführung und individuellem Biorhythmus für ein erfülltes Leben.

Soziale Medien und Kontakt

Jörg Ristau ist in sozialen Netzwerken aktiv. Dazu zählen neben LinkedIn auch Facebook und Instagram, wo er regelmäßig inspirierende und motivierende Inhalte teilt. Er ist offen für Dialoge und schätzt den persönlichen Kontakt zu seinem Publikum. Aus diesem Grund ist er auch Podcaster, geht immer wieder mit spannenden Menschen live und betreibt einen YouTube Kanal.

Aus dem Verlagsprogramm
www.loewenstern-verlag.de

Renate Wettach
Mobbing für Fortgeschrittene
Wie Sie Ihr Leben wieder in den Griff
bekommen
Betroffene finden in diesem Buch
Orientierung und Hilfestellungen, um
nicht in einem heillosen Gefühlschaos
zu versinken. Damit kann es jeder lernen, den perfiden Denkfallen gemeiner
Mobber souverän zu entkommen – oder
gar nicht erst hineinzugeraten.

ePUB-Ausgabe: 12,00 Euro
Print-Ausgabe: 19,99 Euro

Sabine Hasslbauer
Endlich frei vom Säbelzahntiger und
wie die Maus zum Elefanten wird
Narzisstischer Missbrauch als eine Form
von Gewalt in zwischenmenschlichen
Beziehungen und Möglichkeiten, sich
daraus zu befreien.

ePUB-Ausgabe: 10,00 Euro
Kindle-Ausgabe: 9,99 Euro
Print-Softcover: 20,00 Euro

Verlier dich nicht im Marketing-Universum!

Komm in den LöwenBusiness Club:

loewenbusiness.de/club